PRÉCIS HISTORIQUE

SUR LES

ÉTABLISSEMENTS FRANÇAIS

DANS L'INDE

Par M. N.-M. LESCURE,
Substitut du Procureur général.

PONDICHÉRY
É.-V. GÉRUZET, IMPRIMEUR DU GOUVERNEMENT
1864

PRÉCIS HISTORIQUE

SUR LES

ÉTABLISSEMENTS FRANÇAIS DE L'INDE

CHAPITRE PREMIER.

SOMMAIRE. — Prolégomènes. — Le Portugal. — La Hollande. — L'Angleterre. — Les Français. — Gonneville. — Société de Saint-Malo, Laval et Vitré. — Pyrard. — Gérard Le Roy. — De Nets et Beaulieu. — Madagascar. — Premier établissement. — Pronis et Fouquenbourg. — Flacourt. — Le maréchal de la Meilleraie. — M. de Champmargou. — Le père Étienne. — La Case. — Colbert. — Compagnie des Indes Orientales. — L'île Dauphine. — M. de Beausse. — L'île Bourbon. — M. de Mondevergue. — Caron. — M. de la Haie. — Premier essai de colonisation à Bourbon. — Établissement dans l'Inde. — Surate. — Abandon de Madagascar.

La fin du XVe siècle a été marquée par deux des plus grands évènements de l'histoire : la découverte de l'Amérique et celle du passage aux Indes par le cap de Bonne-Espérance. Placés, pour ainsi dire naturellement, au seuil de la période historique moderne, ils ont donné naissance à une ère de révolutions inconnues jusqu'alors, soit dans le commerce et dans l'industrie des nations, soit dans les mœurs, dans la puissance et dans le gouvernement des peuples. A l'origine des âges, longtemps avant les temps historiques, les races auxquelles appartient aujourd'hui l'Europe se sont mises en route d'Orient en Occident ; trajet immense pendant lequel s'est perdu pour elles tout souvenir de leur point de départ, toute mémoire de la patrie primitive. Bien des siècles se sont écoulés dans un oubli réciproque ; mais un moment est arrivé où l'ardente activité européenne s'est tournée de ce côté : à l'époque des Croisades elle s'y est précipitée tout entière. L'Orient et l'Occident se sont heurtés autour du tombeau du Christ ; mais lorsqu'ils se sont retirés de la lice, après le combat, ils sont restés unis par mille liens mystérieux, et depuis ils n'ont cessé de tenter de s'unir soit par de pacifiques embrassements, soit par de formidables étreintes.

La grande pensée du temps, à cette époque, c'était de se frayer un passage par mer vers les Indes. Depuis les Croisades, des rapports assez nombreux avaient continué entre l'Europe et l'Asie ; des relations politiques s'étaient même établies entre quelques souverains de ces diverses régions. Des marchands, des missionnaires, d'intrépides voyageurs s'en étaient faits les intermédiaires. On racontait des merveilles de l'extrême Orient, de ces contrées où le soleil semblait naître, dont Venise importait par la mer Rouge et Alexandrie plusieurs produits précieux, et l'Europe, pleine de joie et d'anxiété, tournait ses regards vers la patrie de la lumière, dans l'attente d'un monde nouveau.

Mais alors se trouvait un homme portant çà et là cette croix du génie parfois d'un poids si douloureux. Debout dans la foule, seul, il regardait silencieusement du côté opposé. Dans sa foi sublime, soit qu'il pensât qu'il devait exister à l'Occident des terres qui fissent contre-poids au vieux continent, soit qu'une erreur de la géographie ancienne lui fît présumer plus étendues, et par conséquent plus rapprochées les extrémités des terres orientales, le pauvre Génois conçut le projet de naviguer à l'ouest, pensant que, s'il ne trouvait pas une route nouvelle pour ce pays, il rencontrerait au moins un nouveau continent. Gênes, le Portugal, l'Angleterre repoussèrent tour-à-tour son projet ; enfin la reine Isabelle de Castille, femme de Ferdinand le Catholique, le comprit, et, le 3 août 1492, l'illustre navigateur, à la poursuite de son idée, mettait à la voile à Palos en Andalousie, n'ayant pas à lutter seulement contre les éléments, mais surtout contre les terreurs grossières d'un équipage ignorant et superstitieux. Tout le monde sait comment l'Amérique vint barrer le passage à cette course aventureuse.

Le Portugal s'était fait l'interprête de l'idée de chercher un chemin aux Indes par le sud de l'Afrique. Dès

1486, Barthélemy Diaz avait découvert le cap des Tempêtes sans pouvoir le dépasser ; mais onze ans plus tard Vasco de Gama, réalisant le rêve, changeait le nom du fameux promontoire en celui de Cap-de-Bonne-Espérance. L'idée longtemps mûrie avait enfin porté son fruit. Désormais le XVe siècle pouvait aller rejoindre ses aînés dans la poussière du passé ; il laissait deux filles immortelles : une grande découverte et une révélation. En effet, en découvrant l'Amérique, Christophe Colomb révéla un monde ignoré, et, en se frayant un passage aux Indes par le sud du continent africain, Vasco de Gama retrouva un monde perdu.

Dès que la route fut tracée, l'Europe se précipita à l'envi vers ces rivages inconnus. Les Portugais, les Espagnols voulurent d'abord se partager les pays découverts, qu'ils regardaient comme leur conquête. Des difficultés surgirent ; le Pape intervint ; une grande ligne de démarcation fut tirée. tout ce qui se trouva à l'ouest des Açores fut déclaré appartenir à l'Espagne, tout ce qui se trouva à l'est, au Portugal. Grotius n'avait pas encore écrit son livre; le droit public de l'époque était favorable à ces prétentions que les nations maritimes de l'Europe semblaient reconnaître légitimes.

Le Portugal régna alors sur une grande portion du globe. L'Orient lui appartenait ; une grande partie des côtes de l'Afrique, les deux presqu'îles de l'Inde reconnaissaient sa souveraineté ; les ports de la Chine et du Japon lui étaient ouverts ; il avait des établissements à Ceylan, aux Moluques, aux îles de la Sonde ; son pavillon se promenait, sans rival, sur toutes les mers qui baignent ces rivages, et il était en mesure d'appuyer au besoin ses prétentions par la force.

L'Angleterre et la Hollande résolurent alors de chercher, par le nord de l'Europe et de l'Asie, le chemin des Indes. Des tentatives infructueuses eurent lieu de la part des deux nations, et, en présence des résultats obtenus par les voyages de Barentz et de sir Hugh Willoughby, l'Angleterre se décida à tenter une autre voie. Ses investigations par le nord-ouest ont duré trois siècles pour aboutir à la solution d'un problème qui n'a été connu que de nos jours, sans autre utilité que celle de confirmer l'existence d'un passage, la plupart du temps impraticable, et de donner une certaine illustration à deux noms contemporains, Franklin et Bellot, victimes tous les deux de leur audace et de leur persévérance[1].

En épousant Marie de Portugal, Philippe II avait réuni les droits que sa femme lui apportait en dot, à ceux que, comme prince des Asturies, il avait à la couronne d'Espagne. Monté sur le trône, il défendit bientôt à ses nouveaux sujets toute relation avec la Hollande, alors son ennemie. Le commerce de cette nation, comme celui de presque toute l'Europe depuis un siècle, s'approvisionnait à Lisbonne. Il venait chercher dans ce vaste entrepôt les produits de l'Orient qu'il se contentait de répandre ensuite dans toutes les parties de l'Europe. Mais un Hollandais, un homme de cœur et de génie, Corneille Houtman, entraîna bientôt ses compatriotes vers les rivages lointains de l'Inde, et la puissance de la Hollande finit par s'y substituer presque entièrement à celle du Portugal.

Les Anglais avaient déjà visité le nouveau monde lorsqu'ils s'avancèrent dans les mers de l'Orient. Vers 1527, Robert Thorn, marchand de cette nation, avait offert à Henri VIII de conduire les Anglais dans l'Inde, par un chemin différent de celui qu'avaient découvert les Portugais et de celui qu'avaient tenté les Hollandais, c'est-à-dire par le nord-ouest. Plusieurs expéditions eurent lieu dans ce but, à la suite de celle de sir Hugh Willoughby, mais toujours inutilement, lorsqu'il fut enfin résolu de pénétrer dans l'Orient par la route battue du cap de Bonne-Espérance. En 1582 et en 1590, deux expéditions furent dirigées de ce côté. Les Espagnols forcèrent la première à regagner les ports de l'Angleterre; les vaisseaux de la seconde, brisés par la tempête sur les côtes de l'Amérique, virent leurs équipages périr par la faim et par la maladie. Cependant, dès le 13 décembre 1577, une escadre, composée de cinq bâtiments, était partie de Plymouth sous les ordres de Francis Drake. Il alla ravager les côtes occidentales de l'Amérique espagnole, et, de là, formant le hardi projet de traverser l'océan Pacifique, il revint en Europe, comme le vaisseau de Magellan, par le cap de Bonne-Espérance, après avoir visité les Moluques, Java, et relâché à l'extrémité sud de l'Afrique. En 1599, une association fut formée à Londres pour l'exploitation des richesses de l'Orient. La reine Elisabeth l'encouragea de tout son pouvoir; elle prenait un si vif intérêt aux voyages, lointains, qu'elle chargea, à diverses reprises, de simples voyageurs de lettres de crédit pour les princes dans les Etats desquels ils comptaient aborder.

Dès 1616, sir Thomas Roë avait eu une audience du Grand Mogol, qui l'accueillit fort gracieusement et autorisa la Compagnie à construire son premier comptoir à Hougly, qui était alors le grand marché du Bengale. Le Portugal ne tarda pas à céder au roi d'Angleterre l'île de Bombay, comme faisant partie de la dot de l'infante Catherine; le comte de Marlborough fut envoyé pour en prendre possession, et, à partir de ce moment, l'Angleterre fut comptée parmi les puissances européennes dans l'Inde.

Le commerce des Indes, qui donnait tant d'éclat à d'autres nations, n'avait que faiblement réveillé l'émulation des Français. L'aiguillon de la nécessité ne les y excitait point comme les Vénitiens, les Hollandais et les Portugais. Ils consommaient cependant plus de productions orientales que les autres peuples, mais ils se bornaient à payer à l'activité étrangère un tribut imposé par une industrie qu'il ne tenait qu'à eux de partager. Malgré cela, quelques marchands de Rouen avaient, dès 1503, expédié un bâtiment pour les régions lointaines. Gonneville, qui le commandait, partit du Havre, et fut assailli, au cap de Bonne-Espérance, par une tempête qui le jeta sur une terre inconnue à laquelle il donna le nom d'Inde méridionale. On a cru pendant longtemps que c'était sur la côte de l'Inde que Gonneville avait abordé, à la suite d'une longue série de mauvais temps; toutefois les documents authentiques qui restent de son voyage rendent cette hypothèse inadmissible, car les détails de mœurs qu'ils renferment semblent plutôt s'appliquer aux hordes sauvages des îles de la Sonde qu'aux populations intelligentes du Dékhan. Quoi qu'il en soit, cette reconnaissance prématurée, résultat du hasard, n'en produisit aucun pour la France, et bien que cette découverte pût devenir une source de gloire et de fortune pour notre pays, on ne lui donna pendant longtemps aucune suite. Il ne fut pas fait plus d'attention aux édits de François Ier de 1537, et de Henri III de 1578, qui exhortaient les peuples aux voyages de long cours ; aussi, un siècle entier s'écoula-t-il sans nouvelle tentative.

Ce ne fut qu'en 1601 qu'une société formée en Bretagne fit partir deux navires pour l'Inde. Cette compagnie, constituée à Saint-Malo, Laval et Vitré, entreprit, suivant les termes de l'auteur de la relation de son premier voyage, Pyrard, « de sonder le gué et de chercher le chemin des Indes pour aller puiser à la bonne source. » Elle équipa deux navires, l'un de 400 tonneaux, *le Croissant*, sous la conduite de La Bordelière; l'autre *le Corbin*, de 200, sous les ordres de François Grout-du-Clos-Neuf. Pyrard, qui s'embarqua sur le second, n'avait qu'un seul but, dit-il : « voir des choses nouvelles et acquérir du bien. » Ce désir lui coûta cher ; jamais le malheur ne parut s'attacher à un homme avec plus d'obstination. Une tempête le jeta à Madagascar d'où il alla visiter les Comores ; il fit ensuite naufrage à Pouladou, une des Maldives, parcourut successivement le Malabar, le Bengale, Ceylan, fut longtemps retenu prisonnier à Goa, et, après dix ans d'infortunes et de misères, il eut le bonheur de retrouver Laval, sa chère patrie, où il rentra le 16 février 1611.

Cependant une autre société s'était formée à Honfleur pour mettre à profit l'expérience d'un certain Flamand, Gérard le Roy, qui avait fait plusieurs voyages aux Indes sur des vaisseaux hollandais. Par lettres patentes du 1er juin 1604, le roi de France avait accordé à Gérard et à ses associés « un port libre, deux pièces d'artillerie un privilége exclusif de quinze années, ainsi que d'autres immunités. » Les fonds manquèrent. Sept ans après, l'intrépide Flamand forma une nouvelle association dont l'inaction eut encore la même cause. Enfin, en 1615, deux marchands de Rouen, Muisson et Canis, sollicitèrent le transfert de son privilège, à la charge de faire partir des vaisseaux dans le courant de l'année. Ce privilège leur fut accordé par lettres patentes du 2 mars, et la nouvelle association se forma sous le nom de *Compagnie des Moluques* ou *Flotte de Montmorency*. De Nets et Beaulieu, commandants de deux vaisseaux équipés par la Compagnie, abordèrent à Java. Heureux dans leurs ventes et dans leurs achats, déjà ils se disposaient au retour, lorsque le gouverneur hollandais ordonna aux sujets de la République, embarqués sur leurs navires, de les quitter sans délai. Cet ordre, qui privait les Français de la moitié de leurs équipages, contraignit de Nets à vendre à vil prix un de ses vaisseaux. Malgré ce désastreux évènement, l'expédition se fit sans perte ; aussi, le 2 octobre 1619, fit-on partir de Honfleur deux autres navires, l'un de 400, l'autre de 450 tonneaux, et un aviso de 75 ; leur destination était Sumatra. Sous la conduite de Beaulieu, ils allèrent former à Achem la plus belle cargaison de poivre que l'on eût vue jusqu'alors, mais malheureusement un des gros bâtiments se perdit sur les récifs de Java, et l'autre, sous la conduite de son intrépide capitaine, rentra au Havre-de-Grâce le 1er décembre 1620.

Le monopole se proposa alors un autre but. On lui avait donné une haute idée de Madagascar ; il résolut d'y former un grand établissement colonial. Les premiers essais ne furent pas heureux. Dès 1505, une flotte, commandée par le Portugais Fernando Suarez, avait découvert Madagascar, qui fut appelée île Saint-Laurent, les uns disent du nom de don Lorenço de Almeïda, premier vice-roi des Indes, d'autres parce que la flotte y aborda le jour de Saint-Laurent. Cette île fut choisie comme centre d'opérations, parce que, dit l'ordonnance, outre les avantages résultant de sa situation, ses habitants étaient *bonaces* [2].

En 1642, les Français y fondèrent leurs premiers Etablissements sous la direction d'une compagnie industrielle, *la Société de l'Orient* ou *Compagnie de Madagascar,* ayant à sa tête le capitaine de marine Rigault et sous le haut patronage du cardinal de Richelieu, « chef et surintendant général du commerce et de la marine. » Par lettres patentes du 24 juin de la même année, un privilège de dix ans lui fut accordé « pour y ériger colonies et commerce, dit Flacourt, et en prendre possession au nom de Sa Majesté très-chrétienne. »

Pronis et Fouquenbourg, ses agents, y débarquèrent à la tête de 12 hommes seulement, qui furent renforcés dans l'année de 70 autres; ils s'établirent à Sainte-Luce. Deux ans plus tard, Pronis prit possession, pour le Roi, de Sainte-Marie et de la baie d'Antongil. Il établit en même temps des postes à Fénériffe, à Manahar, et transporta le siége de la colonie sur la presqu'île de *Tholonharen* ou *Tholongare*, où il construisit le fort *Dauphin*.

La situation de la colonie naissante fut loin d'être toujours prospère. A peine arrivés, Pronis et Fouquenbourg se livrèrent aux plus coupables excès. Pronis, surtout, donnait l'exemple de l'immoralité la plus révoltante; il intervenait dans les querelles des tribus pour leur vendre son appui. Une fois, il faisait assassiner Rahoulou, l'un des chefs malgaches, parce que celui-ci l'accusait avec raison d'avoir volé des bœufs. Pour mille têtes de bétail, on le vit, une autre fois, aider une peuplade à en massacrer une autre. Enfin, se trouvant un jour en marché d'esclaves avec un capitaine hollandais et pressé de livrer une marchandise qu'il n'avait pas, Pronis fit ramasser, par un détachement, 73 indigènes presque tous de familles libres, et les vendit sans pudeur au traitant étranger qui accepta de son côté, sans vergogne, le profit de cet horrible trafic. « Depuis ce moment, dit Flacourt, aussitôt qu'un navire mouillait sur la rade, la côte devenait déserte. » Desperriers, digne lieutenant de Pronis, ne restait pas en arrière; on eût dit que le viol, le vol, le meurtre étaient à l'ordre du jour. Une mauvaise administration ne pouvait être que la conséquence naturelle de semblables déportements. Fatigués de ces vexations, qui s'étendaient aux Français aussi bien qu'aux naturels de l'île, les colons murmurèrent d'abord, mais ensuite une détention de six mois fut infligée à Pronis par ses subordonnés, qui finirent par se révolter contre lui. Rendu à la liberté, il n'en continua pas moins ses dilapidations et ses exactions, et, lors d'une seconde révolte qui éclata deux ans après, mais où il eut le dessus, il fit déporter 12 hommes à la grande *Mascareigne* que Flacourt appela plus tard *l'île Bourbon*. Vingt-trois autres

Français se réfugièrent de l'autre côté de l'île dans la baie Saint-Augustin.

C'est en 1648 et le 4 décembre, qu'arriva à Madagascar un homme énergique et éclairé, Etienne de Flacourt, l'un des directeurs de la Compagnie, qu'elle avait investi du titre de commandant général. Ses vues étaient prudentes et sages. Les exilés de l'île Bourbon, les réfugiés de la baie Saint-Augustin furent rappelés et amnistiés. Son système, comme gouvernement et comme administration, aurait certainement amené d'excellents résultats, si la Compagnie lui avait envoyé avec exactitude les secours qu'elle lui avait promis. Mais malheureusement il n'en fut pas ainsi ; il demeura pendant sept années sans communication avec la métropole, temps pendant lequel son caractère ne se démentit jamais, et fut toujours à la hauteur des circonstances difficiles qu'il eut à traverser.

Dès 1654, les fonds de la Compagnie étant épuisés, le maréchal de la Meilleraie et Fouquet s'emparèrent de son privilège. Le premier, surtout, pensait que l'entreprise n'avait pas réussi par la sottise et l'incapacité de ceux qui l'avaient primitivement conduite. Il fit à ses frais plusieurs armements, renvoya M. de Champmargou gouverner l'île en son nom, et bientôt ce dernier, après avoir soumis presque tout le pays, reçut un tribut de 200,000 insulaires et fit redouter partout la puissance du nom français, quoiqu'il n'eût sous ses ordres que 160 aventuriers.

Le zèle inconsidéré d'un lazariste, le père Étienne, vint tristement changer cette situation. Un roi idolâtre, jusque là ami des Français, ayant refusé d'embrasser le christianisme, quoiqu'il eût solennellement promis de se faire baptiser, le missionnaire, au lieu de le menacer des châtiments du ciel, lui fit peur de la colère des Français, et s'emporta même jusqu'à lui déclarer la guerre. Le prince malgache fit expirer sous le bâton le missionnaire et un Européen qui l'accompagnait; quarante autres Français furent massacrés par ses guerriers dans une embuscade; plusieurs autres encore périrent par le fer et par la maladie, et l'Etablissement, menacé d'une ruine prochaine, se vit à deux doigts de sa perte. Quelque temps auparavant, un sieur La Case, voyant ses services méconnus, s'était retiré chez le chef de la vallée d'Amboule, dont il avait épousé la fille. Vivant avec les indigènes, façonné à leurs mœurs et à leurs usages, il en était devenu l'idole. Bien qu'après sa fuite sa tête eût été mise à prix, loin de chercher à s'en venger dans ces circonstances, il n'usa de son influence que pour secourir ses compatriotes et rétablir la paix compromise avec les chefs des environs. Grâce à ses services, il prolongea encore l'existence de la colonie française qui n'eût pas manqué d'être anéantie dans la guerre désastreuse qui fut le résultat du fanatisme religieux et de la conduite impolitique du père Etienne.

Le déplorable état des Etablissements de Madagascar inspira à Colbert le projet d'une nouvelle association, non-seulement pour rétablir les affaires de cette colonie, mais encore pour étendre le commerce de la France jusqu'aux Indes. La pensée du grand ministre fut de donner un large essor aux entreprises maritimes de la France jusque là si languissantes, et d'affranchir la nation de l'énorme tribut qu'elle payait à l'étranger. C'est dans ce but qu'il créa la *Compagnie des Indes orientales*, sur le modèle des associations commerciales de la Hollande et de l'Angleterre, en réunissant en même temps dans son sein la *Compagnie des Indes occidentales*, formée le 28 mai précédent, qui faisait le commerce de l'Amérique. La direction en fut confiée à neuf célèbres négociants, ayant à leur tête un secrétaire du conseil. Le siége de la société fut fixé à Paris. A la mort du maréchal de la Meilleraie, le Roi venait de lui reprendre Madagascar pour 20,000 francs; il en fit cadeau à la Compagnie qu'il s'efforça d'encourager et de protéger d'une manière toute spéciale. Par l'édit d'établissement, daté du mois d'août 1664, il s'engagea à prêter aux associés une somme de six millions, ne se réservant aucune part aux profits pendant dix ans, se chargeant, au contraire, de toutes les pertes que l'association pourrait faire. Il donna, en outre, des vaisseaux et accorda un privilège de cinquante ans, durée qui devait enhardir la Compagnie à former de grandes entreprises, parce qu'elle lui donnait la certitude d'avoir le temps de profiter de leurs résultats. Tout étranger, prenant un intérêt de 20,000 livres tournois, était de fait naturalisé Français. L'Etat payait à l'exportation une prime de 50 francs par tonneau, et à l'importation, une de 75. Il promettait de soutenir par les armes les Etablissements de la Compagnie, de faire escorter ses convois par des escadres de guerre, et, ce qui était plus décisif encore, le Roi déclarait que ses sujets de la plus haute naissance ne dérogeraient pas en entrant dans la Compagnie. Il voulut assister lui-même à la première assemblée des actionnaires [5].

Un élan général répondit à l'appel du Roi. Une colonie partit de La Rochelle pour aller peupler Cayenne; une autre alla prendre possession du Canada, tandis qu'un premier armement fut envoyé à Madagascar dont on changea le nom en celui d'*île Dauphine* par un édit du 1er juillet 1665. Il consistait en quatre vaisseaux; M. de Beausse, qui était sur cette flotte, fut nommé gouverneur de la colonie. Il avait reçu l'ordre de reconnaître, en passant, les îles Mascareignes, voisines de Madagascar, dont les Français avaient pris possession quelques années auparavant, et dont ils avaient nommé la plus occidentale, l'*île Bourbon*. Vingt passagers, que l'escadre y débarqua, jetèrent sur cette terre, jusqu'alors presque déserte, les premiers fondements de la belle colonie que la France y possède aujourd'hui.

Le fort Dauphin devint alors le chef-lieu de l'île de Madagascar que l'on appela *France orientale*. M. de Beausse y débarqua le 10 juillet 1665 en qualité de gouverneur général pour le Roi. Ce fut le lendemain qu'eut lieu la prise de possession faite au nom de la France pour le compte de la Compagnie des Indes orientales. M. de Rennefort se présenta chez M. de Champmargou, et ce dernier remit l'île entre les mains du porteur des ordres de Sa Majesté. Un conseil souverain fut établi dans la colonie, et la métropole fit des envois considérables d'argent, d'hommes et de matériel. Le gouverneur fut constitué dépositaire des sceaux du Roi dont le plus grand portait pour légende : *Ludovici XIV, Franciæ et Navarræ Regis, Sigillum, ad usum supremi Consilii Galliæ orientalis.*

Les successeurs de Flacourt n'avaient hérité ni de sa fermeté ni de ses talents ; M.. de Champmargou, seul, se fit honorablement remarquer; mais, malgré sa capacité, il ne put relever la situation de la colonie, ni la mettre dans un état satisfaisant. Et d'abord la Compagnie royale avait mal choisi ses postes, ses agents, et donné une mauvaise direction à ses entreprises. Ensuite le gaspillage s'était installé dès l'origine au sein de la Société. Les millions du Roi, les millions de la France, au lieu de concourir au grand but politique qui les réclamait, ne servirent, pendant quelque temps, qu'à alimenter d'odieuses dilapidations. Les différends qui s'élevèrent à Madagascar, entre les officiers de la nouvelle Compagnie et M. de Champmargou, qui y resta en qualité d'agent de la maison de Mazarin, ne permirent pas de tirer une très-grande utilité du premier envoi. L'année suivante, la Compagnie fit partir une flotte composée de dix navires, escortés de quatre vaisseaux du Roi, sous la conduite du marquis de Mondevergue, qui fut revêtu, à cette occasion, du titre « d'amiral et de lieutenant-général du Roi dans toutes les places situées au delà de la ligne. » Deux négociants expérimentés, Caron et de Faye, étaient sur cette flotte. M. de Mondevergue arriva, le 10 mars 1667, en vue de Madagascar et mouilla dans la rade du fort Dauphin. Quoique les Français y fussent établis depuis plus de vingt ans, l'Etablissement était dans un état qui surprit le nouveau gouverneur. Les fortifications se réduisaient à deux petits bastions presque ruinés, à quelques pieux plantés irrégulièrement, et toute son artillerie consistait en neuf pièces de canon de fer sans affûts. De mauvaises huttes formaient le logement des principaux officiers. La guerre ou les maladies avaient enlevé la majeure partie de la garnison ; la misère avait dispersé le reste, et les directeurs eux-mêmes avaient abandonné le fort.

M. de Mondevergue fut reconnu en qualité de lieutenant-général du Roi; de Faye et Caron eurent la direction du commerce. Mais ces nouveaux agents s'aperçurent bientôt que les espérances qu'on avait fondées sur Madagascar n'avaient aucune réalité, et qu'il ne fallait pas s'attendre à tirer de grandes ressources de l'île. C'est ce qu'ils mandèrent en propres termes à la Compagnie, l'exhortant à chercher ailleurs des richesses qu'elle ne trouverait jamais à Madagascar. En attendant sa réponse, ils partirent pour Surate, où ils jetèrent, en 1668, les fondements du premier comptoir que la France ait possédé dans l'Inde.

Pendant ce temps, la colonie était sourdement minée par plusieurs sujets de ruine dont un seul eût suffi pour la perdre. La mésintelligence des chefs, les hostilités fréquentes des naturels, la mauvaise administration intérieure, la discorde qui éclata même dans le camp des directeurs, tout semblait se réunir pour l'accabler; aussi, malgré un secours de deux millions qu'elle reçut du Roi, fut-elle obligée, deux ans plus tard, de faire remise de Madagascar entre ses mains. M. de Mondevergue, dont la conduite ne satisfit pas Colbert, fut révoqué l'année suivante et renfermé au château de Saumur où il mourut de chagrin. On envoya provisoirement à M. de Champmargou le brevet de lieutenant-général de l'île.

A M. de Mondevergue succéda M. Blanquet de la Haie, qui se rendit, en 1670, dans la rade du fort Dauphin avec une flotte de neuf vaisseaux de guerre portant chacun de 34 à 56 pièces de canon. Il éprouva les mêmes obstacles que ses prédécesseurs de la part de M. de Champmargou et des autres colons de l'île, dont la cabale fut toujours contraire aux projets de la nouvelle Compagnie. Leur indocilité le détermina à abandonner Madagascar et à passer à l'île Bourbon avec les troupes qu'il avait amenées de France. Quoique ce dernier Établissement n'eût été commencé que cinq ans auparavant, on y voyait déjà les habitations de Saint-Denis, de Saint-Paul, de Sainte-Marie et de Sainte-Suzanne. Autour du noyau de travailleurs qui y avait été déposé, étaient venus se grouper des matelots, toujours prêts à déserter le bord, quitte à regretter bientôt les ennuis de la navigation, et des flibustiers dénationalisés par le fait d'une vie vagabonde. A cette population improvisée manquant de femmes, le Gouvernement se chargea d'expédier un certain nombre d'orphelines; c'était l'usage dans ce temps-là. Ces jeunes filles, qui n'avaient plus de famille en Europe, se virent appelées à fonder, au delà du Cap, celles qu'on vit plus tard prospérer, s'enrichir, puis se disséminer dans les terres voisines, aux Seychelles et jusque sur la côte de Coromandel. M. de la Haie donna une forme à cette colonie naissante dont les progrès ont toujours augmenté depuis cette époque. De là il porta ses forces à Surate.

Dans l'esprit de Colbert, Madagascar n'avait jamais été jugée susceptible de remplacer l'Inde; c'était de l'Inde qu'il fallait apporter des marchandises, par conséquent, c'était dans l'Inde qu'il fallait s'établir. On manquait d'hommes capables de s'en ouvrir l'entrée; le grand ministre n'oublia rien pour suppléer à ce défaut; mais, s'il eut le bonheur d'acquérir quelques agents versés dans le commerce des Indes, il fut aussi forcé d'agréer le service d'une multitude d'aventuriers et de déserteurs plus propres à traverser ses desseins qu'à les seconder. Deux etrangers avaient été chargés par lui du soin de fonder un premier Etablissement aux Indes : Caron, né en Hollande de parents français, employé pendant longtemps par la Compagnie hollandaise, le même que nous avons déjà vu à Madagascar, et un Persan nommé Marcara-Avanchinz, homme d'une capacité égale à son expérience. Lorsqu'ils se rencontrèrent aux Indes, la jalousie ou la diversité de leur vues les divisa. Caron établit d'abord le comptoir de Surate, après quoi il alla en fonder un autre à Bantam, dans l'île de Java, qu'il avait antérieurement fréquemment visitée. Marcara monta un Etablissement à Mazulipatam, dans le pays de Golconde, dont le roi lui concéda un firman par lequel il permettait à la Compagnie de trafiquer dans tous ses ports à perpétuité, sans payer aucun droit, privilège que les Hollandais avaient inutilement sollicité jusqu'à ce jour, et que les Anglais avaient acheté quinze ans auparavant par des sommes immenses et par vingt années de services sur terre et sur mer rendus dans l'intérêt de ce souverain. Après ce succès la calomnie chercha à renverser Marcara auprès de Colbert; mais il fut assez heureux pour parvenir à se justifier, et un arrêt le déchargea solennellement des imputations de ses ennemis.

Par un édit du 12 novembre 1670, Louis XIV avait supprimé le conseil souverain du fort Dauphin de Madagascar ; la situation de la colonie ne fit alors que péricliter. M. de Champmargou, secondé par La Case, y avait à la vérité maintenu son autorité. Tant qu'il avait vécu, il avait toujours joué le principal rôle dans la direction des affaires, rôle qui ne pouvait lui être contesté par suite de sa triple connaissance des hommes, des choses et des lieux; mais, à sa mort, qui suivit de près le départ de M. de la Haie, le gendre de La Case, M. de la Bretesche, qui lui succéda et qui n'en avait ni les talents, ni la considération, resta presque sans autorité soit dans la direction des affaires commerciales, soit dans le gouvernement du pays. Désespérant alors de se maintenir sur les débris de la colonie, l'exemple de son prédécesseur le gagna, et, profitant du passage d'un navire qui se rendait à Surate, le timide gouverneur abandonna Madagascar. A peine était-il à bord avec sa famille et quelques amis, qu'il aperçut à terre un signal de détresse. Une chaloupe qu'il envoya arriva à temps au pied du fort Dauphin pour recueillir quelques malheureux Français qui venaient d'échapper à un massacre général organisé par les indigènes. Quelques autres purent aller avec leurs femmes et leurs enfants chercher un asile à l'île Bourbon où ils s'établirent en 1672. A partir de ce moment la colonie fut ruinée.

CHAPITRE II.

SOMMAIRE. — Établissements dans l'Inde. — Tentative sur Ceylan. — San-Thomé. — Madras. — Pondichéry. — Civadji. — Aureng-Zeb — Chandernagor. — Balassor. — La Compagnie hollandaise attaque Pondichéry.— Capitulation.— Traité de Ryswick.— Rétrocession. — Pondichéry, siége du gouvernement.— Fortification de Chandernagor. — Fondation du fort William. — Mauvais état des affaires de la Compagnie. — Le système de Law. — Compagnie des Indes. — L'île de France. — Mahé. — Agrandissement de Pondichéry sous Martin. — Détails sur la situation de la ville à cette époque et au moment de l'arrivée de M. Dumas. — Droit de battre monnaie.

Après l'abandon de Madagascar, Surate devint le comptoir favori et le principal Établissement de la Compagnie. Peu de temps après, les Français, établis dans ce lieu, formèrent d'autres factoreries dans les diverses contrées de la Péninsule ; c'est ainsi que l'on vit successivement s'élever les Etablissements d'Hougly, de Chandernagor, de Dacca, de Kassimbazar, dans le Bengale ; de Mirzeou, dans le royaume de Visapour; de Ballipatnam et de Téllichéry, dans la contrée de Kananor; d'Alicota, sur les terres de Kalicut; de Masulipatam, dans le royaume de Golconde; et enfin de Pondichéry. Ce fut en 1670 que la Compagnie établit ce dernier comptoir vers le milieu de la côte de Coromandel, dans un lieu nommé auparavant *Poudoutcheri* ou *Boudoutchéri*, à peu près à égale distance de la ville portugaise de San-Thomé au nord, et de l'Etablissement de Tranquebar au sud, que les Danois y avaient fondé dès l'année 1630 [1].

Colbert, qui avait une grande confiance en Caron, venait d'adopter un projet que celui-ci lui avait soumis et qui consistait à s'emparer d'un des ports et d'une des forteresses de l'île de Ceylan, « ce qui procurerait à la nation française, faisait remarquer l'habile directeur, un abri sûr pour le commerce lucratif des épiceries. » Une expédition fut résolue ; le roi de Kandy devait même la favoriser. M. de la Haie alla attaquer inutilement Pointe-de-Galle, dont il ne put se rendre maître soit par sa mauvaise conduite a la mer ou par l'indiscrétion de quelques Français de Surate, soit par la faute de Caron, soit par les pratiques secrètes de François Martin qui fut piqué, dit-on, d'apprendre qu'en cas de réussite il n'en aurait pas le gouvernement. De là, au commencement de l'année 1672, l'amiral alla mouiller à l'entrée de la baie de Trinquemalé. Il eût été plus heureux dans cette tentative et eût infailliblement enlevé Ceylan à la Hollande, sans la survenance d'une flotte hollandaise de quatorze vaisseaux et de nombreuses maladies qui décimèrent ses équipages. Néanmoins Trinquemalé fut pris ; mais l'amiral dut chercher à s'établir ailleurs, et il alla mettre le siège devant San-Thomé, qui appartenait alors au roi de Golconde. Cette ville, qui faisait autrefois partie de l'empire de *Bisnagar*, s'appelait avant l'arrivée des Portugais *Meliapour*, *Maïlabouram* en tamoul, *la ville des Paons*, parce que les princes du pays avaient un paon pour armes et le faisaient peindre sur leur étendard. C'est à l'imitation des empereurs de Bisnagar, que les souverains mogols, après avoir détruit en partie cet empire, ont fait placer un paon si beau et si riche sur le ciel de leur trône. Les Portugais l'appelèrent San-Thomé, en mémoire de l'apôtre Saint-Thomas qui prêcha, dit-on, dans ce pays, les préceptes de l'Evangile. En 1571, ils bâtirent une église sous l'invocation de *Notre-Dame-du-Mont* sur le sommet d'une petite montagne voisine, appelée le *Grand-Mont*, où l'on montra dans la suite diverses reliques de ce grand apôtre, entre autres un fer de lance, dont un brahme le transperça, une partie de ses ossements et des morceaux de ses habits. Dans une autre église, appelée *de la Résurrection*, édifiée sur une colline à peu de distance de la première, *le Petit-Mont*, une croix miraculeuse en pierre, que l'on disait être l'ouvrage du saint, et au pied de laquelle l'apôtre martyr aurait expiré, avait rendu ce lieu célèbre et en avait fait un but de pélerinage pour tous les nombreux chrétiens répandus dans la presqu'île. On parlait même de l'apparition annuelle du disciple de Jésus le jour de sa fête. Quoi qu'il en puisse être de la vérité de ces traditions, cette ville était le siège d'un évêché, une grande place de commerce et le rendez-vous d'une multitude de populations que l'on qualifiait alors de « chrétiennes, mores et gentiles. » La place fut emportée d'assaut; François Martin en eut le gouvernement. Toutefois, les Français ne conservèrent que deux ans cette importante conquête qui leur fut enlevée en 1674 par les Mogols assistés des Hollandais. A cette époque, le général Ryklof-Van-Goens, qui avait délivré Trinquemalé, vint reprendre San-Thomé aux mains des Français. François Martin fit une belle défense, mais il fut obligé de rendre la ville. Le roi de Golconde, sur les instances des Hollandais qui craignaient que les Français ne songeassent à reprendre la place, fit démanteler le fort et la ville, la leur remit et nomma un nabab à Arcat pour gouverner le Karnatik. Depuis ce temps, San-Thomé resta une place ouverte et sans défense que les Européens abandonnèrent, à l'exception de quelques familles portugaises, qui continuèrent d'y vivre dans quelques pauvres habitations couvertes de feuilles de palmier ou de chaume, vulgairement appelées *paillotes* [5].

L'amiral de la Haie essuya plusieurs coups de vent qui lui firent perdre une grande partie de sa flotte et prendre la détermination de faire voile, avec le reste, pour l'Europe. Caron, qui s'en retournait sur un de ces vaisseaux, périt dans le port de Lisbonne avec d'immenses richesses qu'il allait mettre, à l'étranger, à couvert des recherches que méritait, dit-on, sa conduite.

Les débuts de la Compagnie dans l'Inde furent assez heureux; cependant les espérances qu'ils firent concevoir ne se réalisèrent jamais ; l'association fit peu d'affaires. La mauvaise administration de quelques directeurs, la guerre constante que les Hollandais firent à ses Etablissements, le refus même de la France, livrée aux traitants privilégiés, de recevoir la plus grande partie de ses marchandises, lui porta un coup funeste. Aussi elle attacha peu d'importance à la conservation de ses Etablissements. Ils avaient coûté des sommes immenses; on les abandonna, ou du moins, en les laissant dépourvus de soldats et de munitions, on les exposa à tomber sans défense en des mains ennemies. C'est ainsi que se perdirent ceux de Balassor et d'Hougly dans le Bengale, celui de San-Thomé sur la côte Coromandel; et le besoin seul de se procurer un asile, au moment où ils se voyaient chassés de leur dernier poste, porta les Français à Pondichéry, comptoir formé depuis peu au milieu d'une petite peuplade du royaume de Visapour.

Martin s'y transporta avec les effets de la Compagnie et les débris de la petite garnison de San-Thomé. La chute de cette ville donna lieu, à cette époque, à l'Etablissement de Patna que les Portugais appelèrent Madras, et où les Anglais, qui s'en emparèrent depuis, bâtirent la citadelle à laquelle ils donnèrent le nom de fort *Saint-Georges* [6].

En 1676, François Martin obtint de son ami Schir-Khan-Lodi, gouverneur du pays de Karnate et de Gingy, la permission de se fortifier sur un terrain près de la mer qui n'avait alors que 1,400 brasses de circuit. Ces fortifications furent peu considérables; car les frais ne montèrent qu'à 700 écus. Il afferma, en outre, l'aldée de *Pasquinambat*, à un quart de lieue de la loge française. Enfin l'aldée lui fut concédée pour une somme d'argent qu'il avait prêtée et qu'on ne pouvait lui rembourser. Il y bâtit plusieurs maisons, y attira un grand nombre d'ouvriers indigènes; et, dans quelque temps, les débris de Ceylan et de San-Thomé formèrent, à Pondichéry, une ville qui donna de bonne heure les plus belles espérances.

C'est alors que Civadjî, prince des Mahrattes, ayant conquis une partie de Visapour, subjugua la province de Gingy et vint menacer d'une irruption soudaine le petit Etablissement français. Mais François Martin sut le préserver d'une ruine imminente : un présent de 500 pagodes détourna la colère du farouche conquérant, qui s'engagea même à accorder à la petite colonie de nouveaux privilèges. En effet, il donna à Pondichéry un *kaoul* ou firman par lequel il permettait aux Français de résider à perpétuité dans leur ville, à condition qu'ils ne prendraient aucun parti dans les guerres qui agitaient les Etats voisins.

Bientôt même son général, Ragarnat-Pendit, confirma les Français dans la possession exclusive de leur territoire avec différentes immunités ; seulement Civadjî, qui venait de conquérir Vélour, autre forteresse, séjour des anciens radjahs du pays, exigea que toutes les marchandises que les Français feraient débarquer ou embarquer, seraient soumises à une taxe, à son profit, de un et demi pour cent pendant les cinq premières annees, et, après ce terme, de deux et demi pour cent à perpétuité. Martin trouva, dans la suite, le moyen de s'affranchir de ce tribut onéreux.

Civadjî laissa le gouvernement du Karnatik à son second fils Ram-Radjah, pour se porter au devant du prince Scha-Alem, fils d'Aureng-Zeb, empereur des Mogols, qui rançonnait les rois de Visapour et de Golconde. En vain l'armée mogole essaya de franchir la barrière qui entourait les Etats de Civadjî ; c'était des montagnes couvertes de retranchements. Le prince mahratte la repoussa toujours; il aurait même fini peut-être par s'emparer d'Aurengabad, capitale du Dékhan, lorsqu'un accident délivra les Mogols de leur plus implacable ennemi. En leur enlevant un convoi, Civadjî se rompit un vaisseau dans la poitrine et mourut laissant ses troupes inconsolables de la perte de leur chef (1680).

Aureng-Zeb marcha alors sur Golconde dont il fit le siège. La trahison termina la guerre. Hosseinbeck, général d'Abdoul-Hassan, roi de ce pays, livra son maître. L'armée mogole pilla les trésors qui étaient immenses, surtout en diamants et en pierres précieuses. On exposa le roi captif aux avanies des soldats. Quelques jours après, il fut forcé de ramper à genoux de sa tente jusqu'aux pieds du vainqueur, de manger de la poussière et de demander la vie dans les termes les plus humiliants. Aureng-Zeb promit de lui conserver l'existence, mais, en attendant, il le fit conduire dans la forteresse de Daoulet-Abad, où il devait trouver la mort qu'il était d'usage de faire boire à des prisonniers illustres [7].

Le roi de Visapour, Sikander, pour sauver sa vie et celle de ses enfants, avait été également obligé de renoncer, en faveur du héros mogol, à ses droits de souverain sur le pays qu'il avait gouverné jusqu'alors, et un Persan de nation, Mohammed-Ibrahim, fut mis à la tête des forces de ce royaume qu'il administra au nom de la cour de Delhy. Aureng-Zeb était alors à l'apogée de sa gloire et de sa puissance ; il avait contraint les Anglais eux-mêmes à venir lui demander pardon à genoux, en exigeant que le général Child fût obligé de quitter l'Inde.

Après la conquête des royaumes de Golconde et de Visapour, Aureng-Zeb envoya une armée dans le Karnatik pour s'emparer de Gingy et de toutes les terres qui dépendaient de cette forteresse. Ses efforts furent d'abord inutiles. Cependant l'empereur mogol ne se rebuta point. Il mit à la tête de son armée un général de réputation, Julfakar-Khan, dont le dessein fut pendant longtemps de prolonger le siège, parce qu'il trouvait son intérêt dans sa durée; mais Daour-Khan, un de ses officiers, pressa si vivement l'attaque, qu'il emporta la place et mit par cette conquête toute la principauté sous les ordres du Grand-Mogol.

Dès 1683, les Français, qui avaient fait quelques tentatives pour remonter le Gange, obtinrent du Grand-Mogol, avec la permission de commercer, celle de se fixer dans les provinces de Bengale, de Bahar et d'Orixa, moyennant un droit de trois et demi pour cent sur les ventes et les achats, droit qui fut réduit à deux et demi en l'année 1715. Les négociants français établirent alors un assez grand nombre de comptoirs au Bengale. Le principal était à Hougly. Bientôt ils le transportèrent dans une meilleure situation, à Chandernagor, qui n'était alors qu'un village, mais qui jouissait d'une grande réputation sous le rapport de la pureté de son air. En 1688, Aureng-Zeb leur concéda un territoire d'une lieue de circonférence dans un endroit un peu marécageux où la ville fut bâtie sur pilotis. Ce territoire ne s'est augmenté, depuis cette époque, que du jardin de Goretty.

Alors la ville de Pondichéry possédait une petite garnison de 30 à 40 hommes. Le toit de la loge de la Compagnie n'avait cependant encore qu'une couverture de paille, et le petit Etablissement n'était protégé par aucune muraille ni fortification. François Martin l'augmenta, vers 1686, de deux magasins de briques et de quelques autres édifices. Deux ans après, il fit élever du côté de l'ouest un mur de défense, qui depuis fut continué des trois autres côtés de la ville. Cette muraille fut flanquée de quatre tours, sur chacune desquelles on plaça six pièces de canon.

Les Français commençaient à peine à se fortifier dans ce poste, que la guerre éclata de nouveau en Europe entre la France et la Hollande. Déjà, en 1683, elle nous avait enlevé de vive force le comptoir de Bantam, situé dans l'île de Java. Instruite de la destination des escadres de la France, inquiète de l'état florissant de la colonie naissante, la Compagnie hollandaise entreprit de ruiner Pondichéry en la faisant attaquer par les princes hindous qui l'avoisinaient. Avi-Radjah, qui gouvernait alors la province de Gingy pour Sambadjî, fils et successeur de Civadjî, refusa de servir d'instrument à ce dessein. « Les Français, dit-il, ont acheté cette place, il serait injuste de la leur enlever. » Néanmoins, elle persista dans son perfide projet.

En 1691, il y eut un si grand mouvement dans le port hollandais de Tutukorin, que Martin jugea nécessaire de renvoyer les bouches inutiles de Pondichéry à San-Thomé que le Portugal avait recouvré quelque temps auparavant. Deux années après, la Compagnie hollandaise arma, pour assiéger un Etablissement naissant, des forces capables de réduire la meilleure place de l'Inde. Laurent Pit fondit sur Pondichéry avec une escadre de 19 vaisseaux sans compter les petits bâtiments, 4,000 hommes de troupes et 40 pièces d'artillerie. Le 6 septembre 1693, Martin fut obligé de capituler; dès lors, Pondichéry appartint à la Hollande qui s'empressa d'en faire une des plus belles et des plus fortes places de la Côte, pensant qu'elle ne sortirait jamais plus de ses mains, même dans l'hypothèse d'une paix future. Elle se trompa à cet égard : cinq ans plus tard, le traité de Ryswick replaça Pondichéry sous la domination française; néanmoins les Hollandais ne la rétrocédèrent qu'après l'avoir vendue. Cette vente, signe caractéristique de l'esprit d'une nation marchande, fut passée le 17 septembre 1699, moyennant une somme de 16,000 pagodes que Martin paya au directeur hollandais pour l'achèvement des embellissements et des fortifications qui y avaient été faits. La ville changea aussitôt de face entre les mains de Martin; par son zèle, son activité, son intelligence, il y fit venir une escadre avec des munitions de guerre, 200 soldats européens, d'habiles ingénieurs, enfin tout ce qui était nécessaire pour la mettre dans un état complet de défense; bientôt, même, il ajouta à la garnison européenne 300 topas ou soldats indiens, bâtit une centaine de maisons sur le plan d'une grande ville, et, dans l'espace de quatre ou cinq années, 50 à 60,000 naturels du pays, tisserands, teinturiers, peintres, orfèvres et autres, vinrent y fixer leur résidence « parce que là, plus qu'ailleurs, ils trouvaient protection et liberté, prompt débit de leurs ouvrages et marchandises, et payement plus assuré. » A partir de ce moment, le conseil souverain de Surate fut aboli, le siège de la direction du commerce de la Compagnie et du gouvernement fixé à Pondichéry, dont Martin devint le gouverneur général avec autorité suprême sur les comptoirs d'Hougly, de Chandernagor, de Kassimbazar, de Kabripatnam, de Balassor, de Mirzeou, de Tellichéry et d'Alicota. Par édit de 1701, le conseil souverain fut établi à Pondichéry sur les mêmes bases que celui de Surate créé en 1671. Ce conseil, composé des directeurs généraux de la Compagnie, était chargé de rendre la justice tant au civil qu'au criminel. Les magistrats qui le composaient ne pouvaient rendre arrêt en matière civile qu'au nombre de trois. En matière criminelle le conseil était composé de cinq juges; il s'adjoignait alors deux négociants français capables et de probité qui, réunis aux trois conseillers français, formaient le nombre réglementaire. C'est là l'origine de l'institution des notables. Les noms des premiers magistrats qui ont rendu la justice dans ce pays au nom de la France nous ont été conservés. Ce sont : François Martin, chevalier de Saint-Lazare, de Notre-Dame-du-Mont-Carmel, gouverneur et directeur général, François de Flacourt, Pierre Le Phéliponnac de Chalonge, et Claude Boivin d'Hardancourt [8].

En 1696, les radjahs de la rive occidentale du Gange prirent les armes à l'instigation et sous les ordres du radjha de Burdwan ; la domination de celui-ci renfermait dans son sein les principaux Etablissements des Compagnies anglaise, française et hollandaise. Dès le commencement de la guerre, les comptoirs européens demandèrent au nabab la permission de se mettre en état de défense contre un ennemi commun. Il les y autorisa en termes vagues; ils comprirent cette autorisation ou affectèrent de la comprendre comme une révocation de la défense qui leur avait été faite d'élever des fortifications. Ils entourèrent à la hâte leurs établissements de murailles et de bastions : les Hollandais à Hougly, les Français à Chandernagor, et les Anglais près de Sootanutty, dans un lieu ou ils avaient leurs principaux magasins. Ce fut l'origine des trois forts européens dans le Bengale.

C'est vers cette époque aussi que furent jetés, par les soins de M. Job Charnock, les fondements de cette ville destinée à devenir la capitale d'un nouvel empire transporté du fond de l'Europe en Orient. Suivant le brahme Mrytioumyaga, en reconnaissance des secours qu'ils lui avaient accordés pendant la guerre des Mahrattes, Aureng-Zeb fit aux Anglais, près de Sootanutty, une concession de terrain où ils élevèrent le fort William, dans un endroit appelé Kali-Kata ou Coli-Cota.

Depuis le commencement du siècle jusqu'à la régence, les Etablissements français de l'Inde vécurent à peu près d'eux-mêmes, sans encouragement et sans secours de la métropole, ce qui ne contribua pas peu à anéantir les belles espérances que le génie de Martin avait pu faire concevoir. Les expéditions d'Europe étaient tombées dans une extrême langueur. A partir de 1686, les fermiers généraux avaient fait taxer à des droits exorbitants les toiles et les autres marchandises que l'Inde faisait entrer dans le royaume. Suivant l'édit de 1664, dressé sous les yeux de Colbert, chaque pièce de toile de 10 aunes ne devait payer que 18 sous d'entrée. Les autres marchandises étaient taxées à des sommes modiques; les droits les plus forts ne montaient qu'à trois pour cent. Après la mort de ce ministre, ce tarif fut porté si haut, qu'indépendamment des anciens droits, on exigea « 6 livres pour chaque pièce de coton, 20 francs par aune pour les étoffes brochées d'or et d'argent, 50 sous pour les taffetas et satins unis, et 30 sous pour les étoffes d'écorce d'arbre. Dans la suite, le débit de ces marchandises fut même interdit en France, ainsi que l'entrée des mousselines.

François Martin était mort à Pondichéry le 30 décembre 1707, laissant pour successeur M. Dulivier, chevalier de l'ordre royal militaire et hospitalier de Notre-Dame-du-Mont-Carmel et de Saint-Lazare-de-Jérusalem. Vers cette époque, le ministre avait permis à plusieurs négociants des villes maritimes, de faire le trafic de l'Inde sur les navires de la Compagnie, en lui payant un fret modique. On assujettit bientôt ses agents à des soumissions gênantes, telles que rendre compte à l'amirauté des prises, prendre des brevets et des commissions pour la guerre, etc., et l'on vit aussi la Hollande et l'Angleterre vendre à perte pour ruiner l'association française. Tant de coups portés semblaient annoncer sa chute prochaine.

En 1708, dans l'impuissance où elle était de faire aucun armement, elle permit à un M. Crozat d'équiper deux navires pour l'Inde, se réservant seulement un bénéfice de quinze pour cent sur les marchandises et de deux pour cent sur les prises qu'on pourrait faire. Quatre ans après, sous la direction du chevalier Hébert, elle abandonna son commerce aux négociants de Saint-Malo, et ces particuliers recueillirent, malgré le discrédit de la nation, beaucoup d'avantages de son privilège, parce qu'ils surent ménager à leur gré leurs affaires aussi bien que leur argent.

La Compagnie était obérée de dettes qu'elle avait contractées à un taux énorme : elle devait plus de dix millions. Son comptoir de Surate en était si écrasé, qu'aucun navire français n'osait mouiller sur cette rade dans la crainte d'être saisi comme garantie des engagements de la société. Cependant elle ne laissa pas, en 1714, de solliciter la prorogation de son privilège, dont elle avait joui pendant près de cinquante ans depuis qu'il lui avait été concédé. Elle obtint de l'exercer encore pendant dix années dont elle ne se servit guère que pour vendre au plus offrant des commissions et des brevets. En août 1715, Hébert, devenu général, prit en mains les rênes de l'administration et du gouvernement; mais malgré sa bonne volonté et celle de son successeur,

M. de la Prévostière, qui mourut à Pondichéry en octobre 1721, le commerce français dans l'Inde, exercé aussi précairement sous des conditions si onéreuses, s'affaiblissait de jour en jour et ne pouvait entrer en concurrence avec celui des autres puissances européennes.

Des compagnies particulières avaient, depuis longtemps, obtenu le privilège de faire le commerce maritime en Amérique, à la Chine et au Sénégal. Le commerce de l'Amérique n'était pas florissant; la Compagnie de la Chine n'était pas mieux dans ses affaires que celle des Indes orientales; l'association du Sénégal, la plus ancienne de toutes, mais récemment renouvelée, s'occupait principalement du trafic des nègres. En 1717, il se forma en France une agglomération puissante de commerçants et de capitalistes, qui parut d'abord sous le mon de *Compagnie d'Occident* ou *du Mississipi*. Elle acheta d'abord les droits, privilège et établissements du Sénégal, traita également avec la société des Indes orientales, et finit, deux ans après, par absorber, dans son sein, toutes les sociétés commerçantes du royaume sous la dénomination de *Compagnie des Indes*, titre sous lequel elle est restée connue. La France en était alors à la régence et au *Système*. En instituant cette Compagnie, on avait créé pour 100 millions d'actions de 1,500 livres chacune, productives d'un intérêt de dix pour cent. Avant la publication de l'édit de réunion, ces actions avaient pris une telle faveur, qu'elles montèrent jusqu'à trente fois leur valeur. Dans un second projet qui suivit les statuts primitifs, non-seulement elles furent conservées dans le nouveau règlement, mais on permit encore à la Compagnie d'en créer pour 25 millions. Quoique ces dernières fussent moins avantageuses que les autres, l'engouement était tel, qu'il se présenta pour plus de 50 millions de souscriptions. Law attribua la ferme du tabac à la Compagnie; il lui fit donner, en outre, le privilège exclusif du commerce depuis le cap de Bonne-Espérance jusqu'aux Indes, à la Chine et au Japon. Cette restauration réveilla par une forte secousse la navigation marchande de la France, et, grâce à la ressource des richesses fictives du Système, la Compagnie eut un moment d'éclat. Les directeurs de Pondichéry, qui n'avaient reçu jusqu'à ce moment que de loin en loin des nouvelles de la métropole, et plus rarement encore des subsides, furent tout-à-coup étonnés, après un si grand affaiblissement de leurs opérations commerciales, de recevoir avec abondance, des munitions, des marchandises et une quantité si considérable d'espèces d'or et d'argent. Malgré cela, le commerce ne pouvait se relever que lentement, tant à cause de l'énormité des dettes de la Compagnie, du discrédit dans lequel elle était tombée, que du mauvais état de ses établissements aux îles Bourbon et de France, et dans la presqu'île de l'Hindoustan.

Dès 1721, les Français s'étaient emparés de Maurice que les Hollandais venaient d'abandonner. Dans une de ses hardies expéditions au delà du cap des Tempêtes, qui suivirent le voyage de Gama, l'Espagnol Mascarenhas découvrit, à l'est de Madagascar, un groupe de trois îles situées sous le tropique du Capricorne au milieu de l'océan Indien, terres auxquelles il donna son nom. Ce sont aujourd'hui Rodrigue, Maurice et la Réunion. Dès 1598, les Hollandais avaient pris possession de celle des îles Mascareignes que l'on prétend avoir été connues anciennement sous le nom de *Cerné*, à laquelle ils avaient donné le nom de Maurice, en l'honneur du prince d'Orange. Ils y avaient aussi formé quelques Etablissements; mais, comme ceux-ci leur étaient devenus inutiles en raison de la proximité de leur colonie du cap de Bonne-Espérance, ils abandonnèrent l'île après avoir renversé les édifices qu'ils y avaient construits. Quelques Français allèrent alors s'y établir; ils furent suivis de plusieurs colons de Bourbon qui y transportèrent, avec leurs pénates, leur fortune et leur industrie. La Compagnie hésita longtemps, ne sachant si elle devait conserver ou abandonner cette possession; malheureusement Bourbon n'avait pas de port, et elle se décida à la garder en réunissant les deux colonies sous un même gouvernement : on la nomma *l'île de France*.

En 1722, Bayanagor, roi de Bargara, sur la côte Malabare, accorda sa protection à la Compagnie française, et, dans plusieurs circonstances, il opposa son influence à celle des commerçants anglais. Cependant, à la paix conclue entre ce prince et la Compagnie anglaise, les Français se virent obligés de se retirer sans avoir reçu les concessions promises pour l'appui qu'ils lui avaient prêté. Ce ne fut qu'en 1725, que, l'épée à la main, sous la conduite de M. de Pardailhan et avec l'escadre de la Bourdonnais, ils s'emparèrent de Mahé, bloqué depuis dix-huit mois par les *Naïrs* ou guerriers du pays, dont ils firent le principal comptoir de la côte Malabare. L'année suivante, un traité de commerce fut signé, sous l'administration de M. Lenoir, gouverneur de Pondichéry, entre Bayanagor et le gouvernement français. Par cet acte, le prince hindou accorda un terrain à la Compagnie, avec le droit d'y planter, bâtir, se fortifier et jouir des mêmes privilèges que les autres Etablissements du littoral.

Cependant, depuis longtemps, Pondichéry avait vu agrandir son territoire qui ne s'était étendu, à l'époque de la première concession, qu'à une demi-lieue au nord et à une petite lieue au sud et à l'ouest de l'Etablissement. En 1690, sept villages concédés par Ram-Radjah, fils de Civadjî, avaient formé un accroissement d'une demi-lieue de rayon en plus vers le sud. Le 2 août 1708, les aldées d'Ariancoupan, Mourgapakom, Patambac, Olandé, avaient été concédées par le nabab Pharoup-Sing; enfin le nabab Saëd-Doulakhan avait concédé, en 1716, le village d'Oulgaret avec le territoire en dépendant situé à l'ouest de la ville. A la mort de François Martin, ce gouverneur avait laissé Pondichéry défendu par une garnison de 7 à 800 hommes. Il l'avait édifiée sur le plan régulier d'une grande ville et y avait attiré, par l'intelligence et la douceur de son administration, une population qui s'était élevée, au bout de quelques années, au chiffre imposant de 80,000 habitants. Vers 1735, Pondichéry était ainsi devenu une des places les plus importantes que les Européens possédassent en Asie. On y avait construit des magasins pour la Compagnie et pour les particuliers, une grande et belle place, un immense marché ou bazar, un palais pour le gouverneur, et, au couchant de la ville, un autre palais pour recevoir les princes et les ambassadeurs étrangers, avec un jardin planté de belles allées d'arbres servant de promenade publique, appelé *Jardin de la Compagnie* ou *Jardin du Roi.* Six portes, onze bastions, une citadelle régulière, le fort Louis, protégeaient ses murailles qui avaient été considérablement augmentées depuis la rétrocession par la Hollande, travaux dont les frais avaient été supportés en partie par la Compagnie, en partie par les habitants eux-mêmes, qui n'avaient pas craint de contribuer à l'entreprise en se frappant d'une imposition de deux sous par mois et par tête. Elle renfermait aussi un arsenal largement pourvu de munitions de guerre. 300 pièces de canon garnissaient les ouvrages préposés à sa défense. La ville avait une lieue et demie de tour et une agglomération de près de 120,000 âmes. Le pays voisin, bien cultivé, produisait du riz en grande abondance. Peu de ville possédait un marché plus abondant en grains de toutes espèces, viande, poisson, gibier, volailles, que l'on y vendait presque à vil prix. Les RR. PP. Capucins y avaient un couvent ; les Jésuites et les Prêtres des Missions étrangères, chacun de leur côté, une maison et une église. Cette prospérité était le fruit des vertus personnelles de Martin et de ses successeurs qui, s'ils n'eurent pas tous son génie, ne laissèrent pas tout de même que de contribuer à perfectionner l'œuvre du fondateur. Ils ménagèrent les radjahs voisins, dont l'amitié, nous dirons presque la protection, était si nécessaire à une colonie naissante. Ils ne leur envoyèrent pour agents que des hommes recommandables. Martin avait su persuader aux Français que, pour réussir dans l'Inde, il fallait abandonner la voie de violences et d'exactions parcourue jusqu'ici par les sujets du Portugal, de la Hollande et de l'Angleterre, et, qu'en se pliant au génie des peuples hindous, ainsi qu'aux nécessités des temps et des circonstances, ils ne pourraient que donner une idée avantageuse de leur conduite et du caractère national, et, par suite, profiter des relations heureuses qui pourraient s'ensuivre [9].

Si la direction de la Compagnie en France eût répondu aux grandes choses que son premier représentant et ses successeurs avaient faites dans l'Inde, il n'est pas douteux qu'elle n'eût élevé sa prospérité commerciale au niveau de celle de la Hollande et de l'Angleterre. Cependant, sous l'administration de M. Orry, homme d'affaires et financier habile, le commerce de l'Inde reprit des forces, et ses progrès devinrent bientôt sensibles.

Pondichéry est heureusement situé sur la côte de Coromandel, au centre des Etablissements qui en dépendaient vers le commencement du dernier siècle. C'est le meilleur mouillage de tout le littoral; le côteau voisin de Pérambé peut servir aux navires de point de reconnaissance par sa teinte rougeâtre. Sa proximité de l'embouchure de la rivière d'Ariancoupan donnait alors l'espérance qu'au moyen de quelques travaux, on pourrait y creuser un port vaste et commode. Cependant, aucune tentative, aucun essai ne paraît avoir été fait à cet égard.

Telle était la situation de la ville, la circonscription de son territoire et l'état des Etablissements secondaires, lorsqu'en 1735, Dumas vint, en qualité du gouverneur-général, prendre la direction des affaires et la haute administration du pays. Il obtint d'abord du Grand-Mogol, petit-fils d'Aureng-Zeb, le privilège de battre monnaie, et fit immédiatement élever un hôtel destiné à cet usage. Il frappait, tous les ans, pour 5 ou 6 millions de roupies, marquées au coin d'Arcat, ce qui valut à la Compagnie un bénéfice annuel de 5 à 600,000 francs résultant de ce seul droit souverain de monnayage [10].

Pour l'intelligence de ce qui va suivre, nous sommes obligés de faire une incursion dans l'histoire des différents Etats de la Péninsule.

CHAPITRE III.

SOMMAIRE. — Aperçu historique de l'Inde. — Les quatre âges du monde. — Dynasties mythologiques. — Les castes. — Premières invasions. — Mahmoud-le-Ghaznévide. — Mahomet-le-Gaurien. — Kouttoub. — Tamerlan. — Béloli. — Origine des Mogols. — Baber. — Houmayoun. — Akbar. — Le Dékhan. — Division administrative de l'empire mogol. — Jehan-Guir. — Schah-Jehan. — Aureng-Zeb. — Les Mahrattes. — Civadjî. — Sambadjî. — Sahodjî. — Schah-Alem Ier. — Jehandar-Schah. — Mohamed-Schah. — Thomas-Kouli-Khan. — Décadence de de l'empire mogol.

L'Inde a deux faces : l'une, tournée vers le passé, se cache derrière le voile mystérieux que déchira un instant le glaive d'Alexandre ; l'autre, tournée vers l'avenir, est sortie peu à peu des ténèbres qui l'environnaient et s'éclaire de jour en jour d'une façon plus complète aux rayons que l'Occident projette sur elle. Pendant trois siècles, quelques nations européennes s'y sont disputé la prépondérance ; seule une compagnie de marchands a été assez heureuse pour y maintenir sa domination; et après avoir conquis province par province les deux presqu'îles, avec l'espace compris entre le Sindh et l'Hymalaya, se faisant un jeu comme autrefois à Rome de décider du sort des rois barbares, elle a superposé son organisation récente à un régime social invariablement suivi depuis l'antiquité la plus reculée.

Les Hindous font remonter leur origine jusqu'à une époque voisine des premiers âges de la création. Ils divisent l'âge du monde en quatre périodes (*yugas*), dont la dernière nommée *Kali*, celle qui subsiste encore, comprend, selon leurs livres religieux, 432,000 années. Au commencement de la première période, dite *Satya* ou *Crita*, vivait le septième Manou appelé Satyavatra ou autrement Vaïvastrata ; lui et sa famille échappèrent au déluge qui engloutit le reste de l'espèce humaine. Ses descendants se divisèrent en deux branches royales, l'une appelée *les enfants du soleil*, l'autre *les enfants de la lune*. Leurs dynasties subsistèrent jusque dans la millième année de la période Kaly où elles s'éteignirent. Satyavatra prolongea son existence et son règne à travers toute la période Satya, et sa postérité, composée de cinquante-cinq princes, ses successeurs, exerça la souveraineté jusqu'au temps de Rama, qui occupa le trône d'Ayodia (Oude), jusqu'à la fin de la seconde période appelée *Treta*. Le règne fabuleux de ces cinquante-cinq princes présente, pour chaque règne, une durée de 23,000 années. Pendant la période suivante, celle de *Dwapara*, vingt-neuf princes régnèrent, chacun à raison de 29,793 années. Du commencement de la période Kali, c'est-à-dire de l'époque actuelle, jusqu'au moment où finit la race des princes du soleil, on compte 1,000 années et trente princes. La durée moyenne de leur règne n'est donc plus que de 33 ans. La dynastie des princes de la lune correspondait exactement avec celle des princes du soleil, toutefois à une différence près de quinze princes dans les deux premiers âges.

Une autre dynastie, qui régna dans le Magadha ou Bahar, commença avec la quatrième période. Vingt princes, descendants d'un certain Jarasandha, régnèrent jusqu'à la conclusion des premiers mille ans de la période actuelle, et furent contemporains des trente derniers princes des dynasties de la lune et du soleil. A l'extinction de ces dynasties, celle de Jarasandha vint aussi à manquer; le souverain régnant fut tué par son premier ministre, qui couronna son propre fils Pradyota, dont les quinze successeurs régnèrent jusqu'au temps de Nanda, époque où s'éteignit cette famille. Le dernier de ces princes, tué par un brahme, fut remplacé par un homme de la race Maurya, nommé Chandragoupta, appelé aussi Sandracottos ou Sandracottus, que les historiens font contemporain d'Alexandre. Neuf princes, ses fils et ses petits-fils, lui succédèrent pendant 187 années au bout desquelles le généralissime de ses troupes remplaça le dernier, et compta lui-même neuf descendants qui occupèrent le trône pendant 112 années. A cette époque, le prince régnant fut tué et remplacé par son ministre Vasadéva, auquel succédèrent quatre princes qui régnèrent 345 années. Le pouvoir royal fut alors usurpé par un *Soudra*, homme de basse caste, qui tua son maître, s'empara du gouvernement, et dont les descendants, au nombre de vingt-et-un, régnèrent pendant une période de 456 années. La fin du règne de ces princes, dit M. Barchou de Penhoën, dans son beau livre : *De la conquête et de la fondation de l'Empire anglais dans l'Inde* (dont nous avons extrait presque littéralement les détails généalogiques qui précèdent), correspondant à l'année 2645 de la période Kali, c'est-à-dire, à l'année 446 avant Jésus-Christ, termine le système de la chronologie hindoue.

Les voyageurs qui ont parcouru l'Inde, les auteurs qui se sont occupés de son histoire, s'accordent à penser qu'antérieurement aux temps historiques, le peuple qui parlait la langue sanscrite et dont une émigration fit la première conquête de l'Inde où elle s'établit, habitait les hautes contrées que les Grecs appelaient *Scythie-intra-Imaüs*. C'était l'antique Aria sur les rives de l'Oxus, plateau élevé dont la pente tournée vers l'Orient et les terres basses de la Perse a semblé de tous temps inviter ses populations à se précipiter sur les plaines arrosées par les ondes de l'Indus et du Gange. « Les *Aryas* ou hommes purs, dit M. Flourens, habitaient dans l'Asie occidentale entre la mer Caspienne et les monts Belour. Les uns marchèrent à l'Orient et atteignirent l'Hindoustan ; les autres se dirigèrent vers l'Occident et nous les retrouvons en Europe. Ceux qui vinrent dans l'Hindoustan y trouvèrent des peuples noirs. Ils les soumirent et, afin d'empêcher le mélange entre les deux races, ils établirent les castes. S'allier avec des individus d'une autre caste devint le plus grand des crimes. Les classes mêlées furent vouées à l'opprobre et à l'abjection. »

Les Hindous ont toujours été divisés en quatre grandes castes : les Brahmes, les Kchatryas, les Vaycias et les Soudras. Suivant le *Livre de la loi de Manou* (Manava-Darma-Sastra), rédigé en sanscrit, le plus ancien monument de la législation hindoue, les uns et les autres sont sortis de Brahma lui-même, le Dieu réel et tout-puissant;

les Brahmes ou prêtres, de la tête ; les Kchatryas ou guerriers, parmi lesquels ou choisissait les rois, des bras et de la poitrine; les Vaycias, commerçants, industriels, etc., du ventre et des cuisses ; les Soudras, laboureurs, serviteurs , domestiques , des pieds. Les populations vaincues formèrent sans doute une cinquième catégorie, la caste des Pariahs, qui, à proprement parler, n'est pas une caste, et au sein de laquelle les quatre premières, comme dans une piscine épuratoire, rejetèrent leurs plus impures sécrétions.

Les peuples de l'Hindoustan paraissent avoir été de tout temps exposés aux invasions des nations qui les ont avoisinés au nord-ouest. Néanmoins, avant le XIe siècle, on n'en trouve presque aucune trace ; antérieurement à cette époque, l'Inde disparaît en quelque sorte de l'histoire ; on ne sait rien des évènements dont elle a été le théâtre ; son état politique nous est inconnu. Lorsque les dynasties mythologiques viennent à disparaître, elles ne sont pas remplacées par des dynasties historiques. L'histoire n'est pas un produit de l'Inde ; elle n'a jamais pu s'y acclimater, et le peu que nous savons de la sienne nous a été transmis par celle de ses dominateurs [11].

Suivant l'historien persan Mohammed-Kassem, surnommé Féristha, le nom d'Hindoustan dérive de *Hind*, fils de Cham, fils de Noé, qui vint y demeurer avec son frère *Sind*, lequel laissa aussi son nom à une partie du pays.

Depuis l'ère chrétienne et après les races barbares connues sous le nom de Scythes, les Persans furent les premiers qui firent des incursions au delà de l'Indus. A leur exemple, les Arabes, sous les premiers kalifes, y vinrent tenter des conquêtes, mais ils ne purent s'y établir qu'au XIIe siècle, l'an 587 de l'hégire. Pendant ce temps ce ne fut que guerres et persécutions causées par l'ambition et le fanatisme musulmans. L'idolâtrie eut alors ses martyrs.

En 966, Subuctajî, un serviteur de la dynastie persane des Samanides, fut nommé gouverneur de la province hindoue de Kandahar, appelée Ghazna, du nom de sa capitale. Il s'y rendit puissant, laissa à sa mort le gouvernement à son fils Mahmoud, qui renversa le trône des Samanides, fit des conquêtes dans les pays méridionaux et devint le fondateur de la dynastie des Ghaznévides. C'est à lui que commence l'histoire de l'Inde mahométane.

Vers l'an 1000, dit Féristha, Mahmoud tourna sa face du côté de l'Inde. Il ramena à l'obéissance quelques petits princes de ce pays révoltés, défit Gépal, roi de Lahore, et revint promptement dans ses Etats réprimer une invasion de Tartares. Onze ans après, il attaqua Delhy qu'il pilla, et s'en retourna chargé d'or et d'objets précieux. Il subjugua plus tard Kanoge, Mérat, Mavin, Mutra, s'empara de la pagode de Sumnaut, fort situé dans le Guzerate, où, d'un coup de masse de fer, il ouvrit le ventre à une gigantesque idole hindoue dont la large blessure laissa aussitôt ruisseler un torrent de diamants, de perles et de rubis, qui devinrent ainsi la récompense de la sainte inflexibilité du vrai croyant. Mahmoud mourut en 1028 avec la réputation d'un des plus grands princes de l'Orient, et d'un des plus grands protecteurs des lettres et des sciences. C'est à sa cour que vécut Ferdouzi, l'auteur du *Shah-Named*, poëme épique qui contient toutes les traditions héroïques de la Perse.

Dès 1158 l'empire de Mahmoud, divisé entre ses descendants, eut la partie orientale usurpée par une famille de Gauriens ou Afghans originaire des montagnes de Gaur, entre le Khorassan et la Bactriane. Mahomet-le-Gaurien parvint à chasser du trône les descendants de Mahmoud et agrandit encore l'étendue de son empire qui fut divisé à sa mort. Les pays persans demeurèrent sous la domination d'Eldore, la partie hindoue passa sous celle de Kouttoub, qui fonda la dynastie gaurienne qui régna la première sur l'Hindoustan, et sous laquelle eurent lieu les premières invasions des Mogols. On sait quelle fut l'immensité des conquêtes de Gengis-Khan. Il menaça l'Hindoustan, mais sans y pénétrer. Ses successeurs envahirent les contrées du nord à diverses reprises ; ils s'établirent même dans le Pendjab. Ainsi pressés, les Afghans, appelés aussi Patans, se portèrent à l'est et au midi. En 1210, Firouz-Schah conçut le projet de s'emparer du Dékhan ; ses successeurs en tentèrent plusieurs fois l'exécution ; néanmoins les princes Gauriens n'y firent aucun établissement permanent.

Vers la fin du quatorzième siècle apparut Tamerlan. Issu de la tribu mogole des Berlas, qui descendait d'Yedensy-Berlas, petit-fils de Tumana, trisaïeul de Gengis-Khan, Timour-Beg naquit à Kech, ville du Mogolistan, vers l'an 1335, sous le règne de Kazan, vingt-deuxième khan du Zakataï. Son père, Tragaï, dont on fait remonter l'origine jusqu'à Noé, était émir d'un petit Etat dont Kech était la capitale. Après avoir conquis la Perse, Timour jeta les yeux sur l'Hindoustan (1398) s'empara du Tatta, du Moultan, de Lahore, marcha sur Paniput où il battit complètement Mahmoud-Schah, et enfin arriva à Delhy où on le proclama empereur. Irrité d'un échec qu'il avait éprouvé en assiégeant la citadelle, il ordonna de passer au fil de l'épée tous les habitants au-dessus de quinze ans. L'ordre fut exécuté et 100,000 individus massacrés de sang froid. Quelques difficultés s'étant élevées au sujet des contributions imposées par le vainqueur, le sang coula de nouveau et par torrents. Enfin après une résidence de quinze jours à Delhy, le conquérant se remit en route pour Samarkande, ramenant, à travers les montagnes du Kaboul, son armée sur le passage de laquelle s'élevait une immense et lamentable clameur qui le saluait de ce nom terrible : « prince de la destruction.... » Quelque temps après, Mahomet III qui s'était réfugié dans le Guzerate mourut, et avec lui finit la première dynastie gaurienne (1413).

Khiser-Khan, Afghan à qui Tamerlan avait donné le gouvernement de Lahore, prit le titre de roi et s'empara de Delhy où il mourut quatre ans après. Sa famille occupa le trône jusqu'en 1451, époque à laquelle Béloli, Afghan de la tribu de Lodi, s'empara de la couronne, et devint le chef de la dynastie des Lodis, qui régna sur l'Hindoustan jusqu'en 1525, époque de la défaite et de la mort d'Ibra-Shim-Schah, dernier roi de cette famille, auquel succéda Baber, le fondateur de la dynastie mogole.

Un écrivain Tartare, Abul-Ghasi, fait remonter l'origine des Mogols jusqu'à Japhet. Ce fils de Noé, ayant quitté les montagnes où l'arche s'était arrêtée, serait allé s'établir sur les bords du Volga avec ses huit enfants, Turk, Kars, Saklab, Rus, Maninakh, Shin, Kamari et

Tarik. Turk eut quatre fils, dont l'aîné, Taunak, lui succéda. Ce dernier laissa à son tour quatre descendants dont le quatrième, Alanza, engendra Tatar et Mungl, entre lesquels il divisa ses domaines.

Le premier eut en partage la partie orientale, et donna son nom aux *Tatars*, appelés depuis *Tartares*. L'autre eut la partie occidentale, et il fut le fondateur des *Mungls* dont le nom successivement altéré a été *Moguls*, *Mongols* et *Mogols*. Depuis Mungl jusqu'à Temugin, surnommé Gengis-Khan, deux dynasties occupèrent le trône des empereurs mogols. La première compte huit souverains jusqu'à Il-Khan sous lequel l'ancien empire mogol fut détruit, et la famille royale réduite à deux princes, Kayan, le plus jeune de ses fils, et Nagos, son neveu, obligée de chercher un asile dans une vallée qu'ils nommèrent Irganakon. Les Khans ou princes mogols d'Irganakon, sont inconnus pendant 450 ans, jusqu'au moment où sous la conduite de Bertezena, descendant de Kayan, ils retournèrent dans le pays de leurs ancêtres. Bertezena fut le fondateur de la deuxième dynastie et le restaurateur de la ligne de Mungl, qui compta vingt souverains jusqu'au fils de Yesserghi-Bahadour, à qui ses exploits méritèrent le surnom de Gengis-Khan, en langue mogole : *le Grand Chef*.

Baber, fils d'Omar-Scheïk, fils d'Abou-Seïd, qui avait pour père Tamerlan, descendait aussi de Gengis-Khan, unissant ainsi le sang des deux plus terribles conquérants qui aient parcouru la terre. Profitant de sa victoire sur Ibrahim-Lodi, Baber entra dans Delhy où on le proclama empereur. A la gloire des entreprises guerrières ce prince joignit le prestige de la poésie et des arts. Sans être exempt de plusieurs défauts qui tenaient de sa race et de son époque, Baber était doué des plus belles et des plus nobles qualités : beau, de manières prévenantes, affable, doué d'un esprit de justice éminent, généreux jusqu'à la prodigalité, cet homme fit l'étonnement et l'admiration de ses contemporains. De mœurs licencieuses comme les orientaux, à l'ombre des palmiers, au bruit des fontaines, au milieu des femmes et des poëtes, il se délassait des fatigues du trône à deviser, avec ses courtisans, de guerre, d'amour et de poësie. Poëte lui-même, il avait fait graver sur une colonne au milieu de ses immenses jardins, ces vers qu'il avait composés : « Qu'on me donne du vin et de belles filles ; sachez en jouir, Baber, pendant qu'il en est temps encore ; quand la jeunesse est évanouie, c'est pour ne plus revenir. » Son fils Houmayoun lui succéda en 1530.

Il ajouta aux conquêtes de son père la province de Malwa, une partie du Guzerate et du Bengale, mais, dans la onzième année de son règne, détrôné par Schir-Khan, Afghan de la tribu de Sour, prince de Patna, dont le père avait été dépouillé de ses domaines par Baber, Houmayoun se vit dans la nécessité, après la bataille de Kalpy, de chercher un refuge à la cour du roi de Perse, Schah-Thamas, le second des Sophis. Dans sa fuite, il fut obligé de traverser un petit désert de sables où un grand nombre de ses compagnons devinrent fous de soif. C'est pendant qu'il se trouvait réduit à de si pénibles extrémités que naquit Akbar, sous lequel l'empire mogol devait monter à l'apogée de sa splendeur.

Après sa victoire, Schir-Khan prit le titre de Schah (1540). Son autorité fut reconnue des bords de l'Indus aux rives du golfe du Bengale, domination plus étendue que n'en avait possédée depuis des siècles aucun prince de l'Hindoustan. Le siège de la forteresse de Kaloungour lui procura une fin digne de sa vie guerrière et aventureuse. Alors deux de ses fils se disputèrent le trône. Le plus jeune l'emporta et se fit couronner sous le nom de Sélim. En mourant, il laissa un enfant qui fut assassiné dans les bras de sa mère par un neveu du dernier empereur. Celui-ci monta sur le trône sous le nom de Mahommed. Attaqué par son frère Ibrahim, il fut forcé de s'enfuir dans les provinces orientales. Alors un autre neveu de Schir-Khan, Sikander-Schah, fit ses dispositions pour attaquer Agra. Il défit Ibrahim et se fit proclamer en 1554. On vit alors trois empereurs afghans se disputant le trône récemment reconquis.

Cependant, cette même année, Houmayoun cherchait à reprendre son royaume. Il entra sans coup férir à Lahore et envoya une armée prendre position à Machywazza, sous les ordres de son général, Beiram-Khan. En 1555, les Afghans vinrent offrir la bataille. Houmayoun accepta le défi, et l'armée ennemie fut rompue par les Mogols qui forcèrent Sikander-Schah à s'enfuir dans les montagnes. Peu de jours après, Delhy et Agra tombèrent au pouvoir du vainqueur ; à partir de ce moment l'empire appartint pour toujours à la postérité de Tamerlan. Six mois après, Houmayoun mourut d'une chute qu'il fit en visitant les travaux d'un superbe mausolée qu'on lui bâtissait. Il a laissé la réputation d'un prince brave et magnifique, des poësies remarquables et l'histoire de sa vie.

Akbar, son fils, lui succéda à l'âge de quatorze ans (1556). Ses premiers soins furent d'affermir l'empire que ses ancêtres lui avaient laissé, ensuite de l'augmenter par de nouvelles conquêtes. Il attira dans ses Etats une multitude de Tartares et de Persans à quelques-uns desquels il conféra même les premières dignités de la cour. Il prit à sa solde un grand nombre de Radjpouts, peuple idolâtre du nord de l'Hindoustan, brave, belliqueux, les lança sur le Kaboul, le Kachemire, le Guzerate, et, après avoir pacifié le Bengale qui cherchait à se rendre indépendant, il rassembla une armée nombreuse qui se mit en mouvement pour conquérir le Dékhan.

Les géographes hindous ont donné la dénomination générale de Dakchina, midi, à cette partie de la Péninsule située au sud de la Nerboudha, des frontières du Bahar et du Bengale jusqu'au cap Comorin. Les Mogols ont métamorphosé ce nom en celui de Dékhan. Une immense chaîne de montagnes, les Ghattes, qui s'étend depuis la rivière Tapti jusqu'à l'extrémité sud et qui longe la mer dans la partie occidentale à une distance de 30 à 40 milles, y forme cette étroite division appelée côte de Malabar ou de Maley-Bar, c'est-à-dire, pays des montagnes. Au seizième siècle, la presqu'île pouvait être divisée en trois contrées principales : le royaume de Visapour au nord; celui de Karnatik au sud, et l'Etat de Bagnagar, que les Persans et les Mogols ont appelé Hyderabad et les Européens Golconde, du nom de sa forteresse, située à peu de distance de sa capitale [12]. Le Karnatik ou Karnate comprenait alors le royaume de Bisnagar, autrement dit de Narsing ou Chandéguiri, dont le souverain prenait le titre de *Roi des rois* et de *Mari de mille femmes*. Il s'étendait jusqu'au cap Comorin en englobant le Travancor, le Kanara, le Malabar entier, le Konkan, avec les villes de Baçaïm, Bombay, Goa, Mangalor, Kananor, Kalicut, Kranganor et Cochin sur la côte occidentale; le Karnate, Karnata ou Karnatik proprement dit, le Tanjaour, le Marava, le Maïssour, le Maduré et la principauté de Gingy sur la côte orientale, appelée de Cholamandalom ou Coromandel, avec les villes principales de Bisnagar, Kangibourom, Arkat, Vélour, Tarcolam, Tanjaour, Madura, Trichenapaly, Négapatam, Tranquebar, Gingy et Sidambaram ou Chelambrom.

Ce pays, envahi vers le VIIIe siècle par divers essaims d'Arabes, tomba, vers l'an 1380, sous la puissance de princes Musulmans venus de Perse, qui, un siècle auparavant, s'étaient établis à Delhy en la personne de Djelaloudin-Keldji, qui fit périr le dernier des Gauriens. En 1310, pour la première fois, les armées régulières des Musulmans pénétrèrent dans le Dékhan lorsque Kafour alla combattre le roi du Karnata. Mahmoud-Schah-Nasr-Eddin, celui sous lequel Tamerlan prit Delhy, subjugua le Visapour appelé aussi Konkan, du nom d'une de ses provinces, ensuite l'Etat de Golconde, et s'avança sur la frontière du Karnatik. Il laissa dans le pays un de ses généraux, Habed-Schah, qui s'occupa plus de ses intérêts que de ceux de son maître et se rendit indépendant. Madhoura, son neveu, hérita de son ambition et de sa puissance, se révolta ouvertement et joignit le Karnatik aux provinces que son oncle avait usurpées. Cet empire subsista jusqu'au XVIIe siècle, mais avec divers degrés de puissance.

Telle était la situation politique du Dékhan, lorsque Akbar résolut d'y porter la guerre. Il donna l'ordre à son fils Mourad d'aller mettre le siége devant Amednagar qui se défendit avec une grande énergie. Enfin, en 1598, Mirza, son lieutenant, prit le commandement de l'armée Mogole, à la tête de laquelle l'empereur lui-même vint se mettre quelque temps après. La ville vigoureusement assiégée se vit dans l'obligation d'ouvrir ses portes, et son territoire devint une province de l'empire Mogol. Akbar transporta le siége de l'empire à Agra, fit fleurir le commerce dans ses Etats, et, par les institutions politiques qu'il créa, donna à son règne un éclat extraordinaire. Il eût pour ministre le sage et savant Aboul-Fazil qui contribua beaucoup à la gloire de son maître. Pour faciliter à son souverain la parfaite connaissance de son empire, il ordonna à tous les gouverneurs de lui envoyer le détail le plus circonstancié de leurs provinces. Cette description de l'empire s'appela l'*Ayen-Akbari*, le miroir d'Akbar. En 1597, ce prince fit monter son fils Sélim sur le trône, parcourut avec lui ses Etats, permit aux Jésuites portugais de prêcher l'Evangile, leur donna même de l'argent pour construire des églises, et vint mourir à Agra en 1605, après avoir rempli l'Inde et l'Asie entières du bruit de son nom pendant un règne de cinquante ans.

Dans la quarante-huitième année de son règne, ce prince, qui pensait que le meilleur moyen de plaire à Dieu c'est de faire le bonheur du peuple, divisa son empire en douze soubahs ou vice-royautés : Allahabad, Agra, Oude, Amenabad, Adjmire, Bahar, Bengale, Delhy, Kachemire qui renfermait Kaboul, Lahore, Moultan et Malwa. Celles de Bérar, de Kandeish, d'Amednagar y furent ajoutées, ce qui porte le nombre à quinze. L'empire se divisait, en outre, en 105 *cirkars* ou provinces, ayant, au point de vue administratif, quelque rapport avec nos départements; enfin en 737 *kusbahs*, autres subdivisions des cirkars qui correspondaient à nos arrondissements. Chacune des grandes divisions ou soubahs de l'empire était gouvernée par un *soubahdar* ou *sepahsillar*, délégué immédiat et représentant de l'empereur. Sous les ordres du soubahdar et avec le titre de *phousdar*, des serviteurs intelligents et dévoués étaient, en outre, nommés par le Grand-Mogol pour l'administration de plusieurs cirkars ou kusbahs. Ces derniers prenaient volontiers la qualité de *Nabab*, qui plus tard leur demeura et devint synonyme de vice-roi. Ce moment fut l'apogée de la puissance Mogole.

A la mort de son père, Sélim se fit couronner sous le nom de Jehan-Guir « *conquérant du monde.* » Il devint amoureux de la femme d'un de ses officiers, Nour-Mahal, qu'il épousa après avoir fait massacrer son époux. Cette femme exerça sur l'esprit de ce prince l'empire le plus illimité; elle fit son père visir, ses deux frères omrahs, et conduisit les affaires avec une intelligence servie par une grande activité. Néanmoins des troubles s'élevèrent dans plusieurs provinces de l'empire. Les Persans lui reprirent le Kandahar, les Tartares Usbecks le Kaboulistan; ses fils se révoltèrent contre lui, furent vaincus et pardonnés, et Sultan-Khouroun, le second, fut envoyé dans les cirkars méridionaux pour réprimer l'agitation dont ils étaient travaillés. L'empereur lui donna à cette occasion le titre de Schah-Jehan, *Roi du monde*. A la suite d'une expédition qu'il fit dans le Kachemire, Jehan-Guir mourut à son retour en 1627. Il avait fait de Lahore sa résidence et la capitale de ses Etats.

Après avoir eu raison de ses compétiteurs, les princes Bolaki et Shariar, Khouroun fut proclamé empereur à Agra en 1628, sous le nom de Schah-Jehan. Il envoya une armée contre les Portugais, leur enleva la forteresse d'Hougly, et prit la garnison entière composée de 6 à 700 hommes. Ayant apaisé quelques troubles et rétabli partout la tranquillité, il s'occupa de son projet favori, la conquête du Dékhan. Il y conduisit une armée qu'il divisa en douze corps principaux; ce furent douze torrents dévastateurs qui inondèrent tout-à-coup les royaumes de Visapour et de Golconde. Les souverains du Dékhan sollicitèrent la paix; elle leur fut accordée à la condition de se reconnaître tributaires du Grand-Mogol. Aureng-Zeb, le troisième fils de l'empereur, eut le commandement de l'armée et de la vice-royauté des pays assujettis. Peu de temps après, il se révolta contre son père, triompha de ses frères Dara, Sujah et Mourad, tant par ses ruses que par sa sage politique, et fut solennellement couronné le 20 octobre 1660, à l'âge de 42 ans, sous le titre d'Alem-Guir, *Conquérant du monde*, non toutefois sans avoir été soupçonné d'avoir abrégé les jours de son père.

Son règne fut troublé par des guerres continuelles. Il sacrifia tout à la soif de régner, ensanglanta les marches du trône du sang de tous ses frères, soumit les royaumes de Golconde et de Visapour d'une manière complète, et chercha ensuite par ses vertus de souverain à faire oublier son usurpation et ses crimes. Nuit et jour appliqué aux soins du gouvernement, pieux, juste, sobre, bienfaisant, il porta l'empire Mogol au plus beau degré de puissance et de gloire.

Aureng-Zeb régnait depuis dix ans, lorsqu'un nouvel ennemi se présenta qui devait devenir promptement redoutable à ses successeurs. C'était Civadjî, le fondateur de l'empire des Mahrattes, prince d'un courage héroïque, dont l'histoire est un merveilleux roman.

Dans les régions montagueuses qui s'étendent des frontières du Guzerate jusqu'à celles du Kanara, appelées *Maharashtra* ou *grand pays*, vivait une peuplade d'Hindous sauvage, grossière, mais en même temps hardie, belliqueuse, les Kabyles de l'Inde, à laquelle on donna le nom de Mahrattes, et que Civadjî affranchit du joug des Mogols en les élevant par les armes au rang des nations. Civadjî, de la famille des Bounslah, branche des radjahs d'Oudipour, était fils de Shadjî, Hindou au service d'Ibrahim-Adil-Schah, roi de Visapour, dont il reçut un Jaghire [15] dans le Karnatik, avec le commandement d'un corps de 10,000 hommes. Il eut pour mère une fille du radjah de Pounah, Yaddou-Roy, qui le mit au monde à Pounah, en 1628. Détachant du service des empereurs Mogols des corps de cavalerie qu'il avait commandés lui-même, et dont les Musulmans tiraient de si grands avantages, il fit un appel aux seigneurs des montagnes dont la vie se passait jadis à fourrager la plaine et à se retirer avec leur butin sur les cimes presque inaccessibles de leurs rochers. Son père Shadjî, ayant déjà secoué le joug en se déclarant souverain de la principauté dont l'empereur Mogol lui avait confié le commandement, Civadjî continua l'œuvre d'émancipation, donna à sa cause un caractère sacré, et rêvant la réunion du pays sous un seul chef, il réalisa bientôt son dessein. Shadjî mourut en 1657, laissant deux fils : Civadjî, qui lui succéda dans le Maharashtra, et un autre fils qu'il avait eu d'une autre épouse, Ekodjî, que nous retrouverons plus tard sur le trône du Tanjaour. Au fur et à mesure que les villes et les citadelles tombaient au pouvoir de Civadjî, il agrandissait le théâtre de ses campagnes sans cesser de tenir entre ses mains l'autorité suprême. Comme jamais avant lui aucun prince n'avait eu autant d'ascendant sur la nation, il trouva toujours obéissance et dévouement dans le cœur des seigneurs les plus rebelles ; malgré le caractère indomptable de ces peuples, le fédéralisme mahratte s'effaçait de lui-même parce qu'il se sentait impuissant à reconquérir l'indépendance. Lorsqu'il mourut en 1680, Civadjî laissa à son successeur, Sambadjî, un Etat compact dont Settarah, la nouvelle capitale, était à 25 lieues de l'ancienne, Pounah.

Les Mogols avaient eu rudement à lutter contre cette puissance naissante des Mahrattes. Aussi, après la mort de son fondateur, allèrent-ils porter la guerre dans leur pays. Sambadjî les repoussa victorieusement, leur fit successivement lever le siége de Settarah, de Pounah, de Raïri ou Rajegour, les mit en fuite, et, pour les atteindre alors même qu'ils n'étaient plus à la portée de ses armes, il fit empoisonner les sources et les fontaines des contrées que ses ennemis devaient traverser. Aureng-Zeb jura de ne rentrer à Delhy qu'après avoir vu tomber la tête du radjah Mahratte (1688). Il n'était pas facile de s'emparer de force ouverte d'un homme tel que Sambadjî; on y réussit par la ruse. Aureng-Zeb connaissait la passion du prince pour les femmes; ce furent de jeunes filles que l'empereur Mogol chargea de le faire tomber dans le piége. Sambadjî était trop redoutable pour qu'il lui fût permis de vivre; mais Aureng-Zeb souilla sa fortune en repaissant ses regards du spectacle de son ennemi aux prises avec le supplice ; toutefois les terreurs de la mort n'abattirent pas le caractère indomptable de son fier prisonnier. Aureng-Zeb lui proposa d'embrasser l'islamisme : pour toute réponse, Sambadjî se mit à chanter les louanges de ses dieux. Les bourreaux lui coupèrent la langue et le sommèrent une seconde fois. Ne pouvant parler, il écrivit son refus. Alors le Mogol lui fit arracher le cœur qu'il jeta aux chiens.

Ce supplice produisit les plus tristes conséquences. La rage saisit au cœur les Mahrattes, et des milliers de victimes furent immolées aux mânes de Sambadjî. Son fils

Sahodjî lui succéda. Héritier du courage de ses ancêtres, pendant un règne de cinquante ans, il étendit au loin les limites de son empire et consolida son ouvrage au point de pouvoir défier désormais toute la puissance des empereurs Mogols.

A la mort de Sambadjî, ses femmes, ses enfants étaient tombés au pouvoir du vainqueur. Seul, Rama, son frère, connu sous le nom de Ram-Radjah, s'échappa du Konkan, et, passant dans le Karnatik, se jeta dans le fort de Gingy, place d'une très-grande importance. De 1692 à 1700 il donna de l'occupation aux armées impériales et rendit incomplète la soumission du Karnatik.

Pour le mettre à l'abri de la jalousie de celui de ses frères qui monterait sur le trône de Delhy, Aureng-Zeb avait donné le gouvernement du Visapour à son fils Schah-Alem, avec un corps considérable de Mogols et de Tartares sous les ordres de Ghazi-Eddin-Khan, homme chargé d'années et d'expérience, qui avait conquis une grande réputation dans les guerres du Dékhan. Schah-Alem le nomma soubahdar du Guzerate, et son fils Tschyn-Kelitsch-Khan fut reçu favorablement à la cour.

Aureng-Zeb mourut le 21 février 1707, laissant plusieurs fils qui se disputèrent sa succession. Schah-Alem combattit ses frères, finit par les vaincre et régna cinq ans, après lesquels il expira d'une maladie violente dans son camp près de Lahore (1712), laissant à son tour quatre fils dont les luttes fratricides ensanglantèrent l'Hindoustan qui fut le théâtre de trois grandes batailles dans lesquelles trois princes périrent en faisant couler le sang de 400,000 soldats qu'ils commandaient. Moïz-Eddin-Khan, l'aîné, défit tous ses compétiteurs et se fit proclamer sous le nom de Jehandar-Schah. Son neveu, Firouz-Schir, régna après lui. Prince voluptueux, cruel, peu attaché à la religion de ses pères, gouverné par une danseuse, son gouvernement et sa personne tombèrent bientôt dans le mépris. Indignée des grâces et des faveurs qui tombaient sur les parents de cette femme, la noblesse Mogole le déposa en 1719, et le fit ensuite mourir après lui avoir crevé les yeux. C'est sous le règne de cet empereur, que Tschyn-Kelitsch-Khan fut appelé au poste de soubahdar ou vice-roi du Dékhan.

Une renommée méritée par de grands talents et des services militaires éminents lui valurent ce poste avec l'appellation de Nizam-El-Molouck « *Soutien de l'Etat,* » titre honorifique qui devint plus tard un nom propre pour ses descendants.

Vers la fin du règne d'Aureng-Zeb, pendant la minorité de Sahodjî, la veuve de Rama, frère de Sambadjî, jouissait d'une autorité temporaire; elle proposa de mettre un terme à toutes les dévastations des Mahrattes dans le Dékhan, moyennant un dixième du revenu de cette province, impôt que les Mahrattes appelèrent *Desmukkie.* Aureng-Zeb repoussa avec mépris la proposition; mais sous les règnes de Schah-Alem et de Jehandar les choses avaient changé de face; le gouverneur du Visapour s'était soumis à payer le *chout,* c'est-à-dire, le quart du revenu.

A l'arrivée de Nizam-El-Molouck comme soubahdar du Dékhan, la perception du *chout* donna naissance à des discussions bientôt suivies d'hostilités. Une grande bataille lui gagna la partie; sans aucun doute il serait parvenu à mettre un terme au pillage des Mahrattes, si, au bout de quelques mois, il n'avait été rappelé à la cour de Delhy où sa présence avait été jugée indispensable.

Rouffiz-El-Dirjaut avait été placé sur le trône du Grand-Mogol et proclamé au bruit du canon après la mort de Firouz-Schir. Son état maladif ne lui permit pas un long règne. Il mourut de consomption cinq mois après son couronnement, laissant l'empire à son jeune frère, Rouffiz-El-Daoulat, qui décéda à son tour en 1723.

Mohammed-Schah, petit-fils de Schah-Alem, fut élevé à la dignité impériale par un peuple inconstant et cruel qui s'accoutumait à faire la loi à ses maîtres. Il montait sur un trône ébranlé par de violentes secousses et encore teint du sang de ses derniers prédécesseurs; la mollesse l'y endormit dans un état de confiance et de sécurité, qui le précipita dans un abîme d'infortunes et de misères. C'est sous son règne qu'eut lieu l'invasion du célèbre Thamas-Kouli-Khan, qui, après avoir usurpé le trône de Perse, s'était fait couronner sous le nom de Nadir-Schah. Cette histoire est si connue, qu'il nous suffira d'en rappeler les principales circonstances.

De la tribu des *Otichars*, que Schah-Abbas avait reléguée dans le Khorassan, Nadir-Kouli naquit à Kharres, dans les montagnes de Kélat. Son père, Iman-Kouli, était chamelier; son métier était de transporter des marchandises et de conduire des caravanes. Le fils s'appela Nadir-Kouli jusqu'au moment où Schah-Thamas, en récompense de ses services, lui fit l'honneur de lui donner son nom avec la dignité de prince, et voulut qu'il s'appelât Thamas-Kouli-Khan. Sous le prétexte de châtier les Afghans réfugiés dans le Kaboul, voyant que les frontières de l'Hindoustan ou les défilés qui y donnent accès n'étaient pas gardés; sur l'invitation, dit-on, de Nizam-El-Molouk, après une course rapide sur une route rouge de sang, Nadir fondit comme un ouragan sur l'empire Mogol. Rien ne put l'arrêter, ni montagnes, ni déserts, ni citadelles, ni armées; ses conquêtes furent aussi rapides que celles d'Alexandre. Toujours victorieux, il arriva, le 17 de la lune de février 1739, devant Delhy, et campa à Karnal à quatre jours de marche de la capitale. L'armée Mogole l'attendait de pied ferme dans des retranchements qui avaient six lieues d'étendue du côté le plus faible.

L'audace du Persan eut un prompt succès. Après plusieurs combats dont il sortit toujours vainqueur, Thamas entra dans Delhy; ce fut le signal d'un massacre mêlé de viol qui dura depuis l'aurore jusqu'à midi. Delhy nagea dans le sang; elle ne s'en est jamais remise. Du haut du palais de Nichock, un sabre à la main, pareil à l'Ange exterminateur, Thamas présidait au carnage[14]. Après avoir levé une contribution de près de 5 milliards de francs, il retourna en Perse, et, joignant une froide ironie à une cruauté impitoyable, il conseilla au Grand Mogol de bien prendre garde à son visir le Nizam-El-Molouck, trop rusé, dit-il, pour un sujet. Néanmoins Nizam eut l'impudence de venir demander en pompe à son maître l'investiture du Dékhan; il l'obtint et s'achemina ensuite vers sa vice-royauté.

L'histoire offre peu de calamités semblables à celles qui accompagnèrent la terrible excursion de Nadir. Frappé, jusque dans la solitude, des désolations de toute sorte qui accompagnaient la retraite du conquérant, un derviche eut le courage de se présenter devant lui: « Nadir, lui dit-il, si tu es un Dieu, agis comme un Dieu; si tu es un prophète, conduis les hommes dans la voie du salut; si tu es un roi, rends les peuples heureux.— Derviche, lui répondit Nadir, je ne suis point un Dieu pour agir comme un Dieu; je ne suis point un prophète pour conduire les hommes dans la voie du salut.... Je suis celui que Dieu envoie aux nations qu'il a résolu de visiter dans sa colère.» C'est le mot d'Attila.

L'Hindoustan présentait alors le spectacle qu'avait donné l'Europe dans le moyen-âge, lorsqu'après la mort de Charlemagne des souverainetés nombreuses s'étaient rangées autour des Césars germaniques, vassales de nom, indépendantes de fait. C'est en vrais souverains que, sous le nom de soubahdars ou vice-rois, les Omrahs exerçaient à leur tour un suzeraineté sur les phousdars ou nababs, sous-gouverneurs qui, dans les limites de leur autorité, se rendaient presque aussi indépendants des soubahdars que ceux-ci l'étaient du Grand-Mogol. Une faiblesse générale avait envahi l'empire par une marche lente et progressive.

Après la mort d'Aureng-Zeb, il manqua une tête assez puissante pour savoir employer toutes les ressources qu'avaient accumulées dans l'empire son génie et celui de ses ancêtres. La vie se retirait peu à peu de ce corps immense. Nadir venait de le parcourir comme un fléau dévastateur; Nizam et les autres soubahdars ne professaient plus qu'une obéissance équivoque au trône de Delhy; les Afghans renouvelaient au nord avec les Sicks qui commençaient à poindre, leurs terribles invasions; les Mahrattes avaient formé une puissance redoutable; le midi de la Péninsule était de fait indépendant de l'empire. Enfin des ennemis plus menaçants encore, les Anglais et les Français avaient pris simultanément pied au Bengale et dans le Karnatik. Les rivalités européennes de ces peuples ne pouvaient manquer de leur mettre bientôt les armes à la main sur ces nouveaux rivages.

CHAPITRE IV.

SOMMAIRE. — Etat de la Compagnie. — Lorient. — M. Orry. — M. Fulvy. — Comptoirs et Etablissements anglais, hollandais, portugais, danois, français, en 1735. — Le Karnatik. — Le Maduré. — Le Tanjaour. — Karikal. — Ragodjî-Bounslah. — Bataille du Kanamay. — La famille de Daoust-Ali-Khan à Pondichéry. — Sabder-Ali-Khan. —Cession d'Archiwack et Tindouvanattam. — Menaces et lettre de Ragodjî. — Siège de Trichenapaly. — Bara-Saheb. — Chanda-Saheb, prisonnier des Mahrattes. — Mort de Sabder-Ali. — Nizam envahit le Karnatik. — Saïd-Mohamed. — Anaverdy-Khan.

La confusion, dans laquelle étaient tombées les affaires par suite du *système*, n'avait pas permis à la Compagnie française d'envoyer dans les mers de l'Inde tous les navires qu'il eût été nécessaire d'y expédier. L'argent distribué aux différents comptoirs n'avait servi qu'à éteindre une partie des dettes qui déshonoraient son commerce dans ces régions. En France, les directeurs ne songeaient guère alors qu'à tirer de l'argent des cessions qui leur étaient faites par le Gouvernement en Afrique et en Amérique, ainsi que des faveurs que laissait tomber de ses mains le ministère complaisant de Paris-Duverney. L'esprit d'agiotage, avec ses vues rétrécies, s'était emparé de la direction de la Compagnie, et on ne le vit se ralentir qu'au moment où M. Orry fut chargé des finances du royaume.

Dès 1720, Lorient, qui n'était encore qu'une bourgade obscure, avait été cédée à la Compagnie, pour que, dans un lieu qui lui fût propre, elle pût faire plus commodément ses armements et ses ventes. Ce fut bientôt une ville florissante, remplie de magasins, de quais, de chantiers, d'arsenaux. Il fut décidé que tous les navires de l'Inde feraient leur retour dans cette rade, et y déposeraient leurs cargaisons.

M. Orry, qui fut un ministre désintéressé et intègre, avait un frère nommé Fulvy, à qui il confia la direction de la Compagnie. Ses affaires prirent bientôt un nouvel essor en ses mains habiles et actives. Malgré l'horreur qu'on avait alors pour un rejeton du *système*, les deux frères surent persuader au cardinal de Fleury qu'il convenait de protéger efficacement la Compagnie des Indes. Ils engagèrent même ce premier ministre, plus habile dans l'art de ménager les richesses que dans celui de les multiplier, à lui prodiguer les bienfaits du Gouvernement. Ensuite ils ne mirent à la tête des entreprises de la Compagnie que des sujets d'une capacité reconnue. Ceux qui dans l'Inde occupaient les premiers postes furent en outre invités à employer tout ce qu'ils avaient d'expérience, de crédit et de fortune au service de l'association [15]; aussi vit-on bientôt le commerce de l'Inde arriver à un haut degré de prospérité sous la direction intelligente d'hommes tels que Beauvallier de Courchant, Lenoir, Dumas et Dupleix qui le porta à son apogée. En 1742, sept vaisseaux seuls rapportèrent pour plus de vingt-quatre millions de marchandises, au point qu'on fut obligé d'en laisser une partie dans les magasins pour n'en pas trop jeter dans le commerce.

Vers 1730, l'Angleterre était la puissance européenne qui comptait le plus d'Etablissements dans l'Inde, tant sur les côtes que dans l'intérieur de la Péninsule. Ils étaient au nombre de cinquante-sept, entre lesquels on pouvait mettre au premier rang : Kalicut, Kananor, Beypour, Bombay, chef-lieu de ceux situés sur la côte occidentale; Hougly, le fort William, au Bengale; Visagapatam, Mazulipatam, Dévi-Kotta, Goudelour, sur la côte de Coromandel, avec Madras, siège du gouvernement de tous les Etablissements anglais à partir de la côte orientale jusqu'en Chine. La Hollande en comptait trente-et-un, entre autres : Kochin et Kranganor dans le pays Malabar; Chinsura, Hougly, Dacca, au Bengale; dans le Karnatik, Négapatam, Sadras et Paliakat où ses sujets avaient construit le fort de Gueldres, résidence de leur Gouverneur. Déchu de son ancienne splendeur, le Portugal conservait encore la côte du Konkan avec les villes de Daman et de Baçaïm,

Goa, ainsi que des comptoirs à Kochin, Kalicut, Mangalor, Tchaoul dans l'Aurengabad et Bandel dans le Bengale. Le Danemarck s'était établi à Tranquebar, dans le Tanjaour, et à Sérampour ou Frédéric-Nagar, sur le Gange, entre Calcutta et Chandernagor.

La France possédait alors : 1° au Bengale, avec les loges de Dacca, Cassimbazar, Patna, Bankibazar et le comptoir de Balassor, Chandernagor, où, sur un territoire de trois milles de circonférence, 60,000 Hindous vinrent bientôt fixer leurs ateliers et leurs industries ; jusque là les affaires s'y étaient réduites à peu de chose : la Compagnie n'y avait envoyé que quelques rares bâtiments, et son défaut d'action n'y avait jamais été compensé par le zèle et l'activité de ses agents ; 2° sur la côte d'Orixa : Yanaon, petite ville située sur une branche du Godavéry, où se fit assez longtemps le commerce d'une grande quantité de belles toiles, et Mazulipatam où les premiers négociants français aux Indes avaient fait des affaires aussi considérables que le leur avait permis la médiocrité de leurs capitaux; 3° sur la côte Malabar, entre le Kanara et Kalicut, dans la province de Kartenate appartenant à un petit Etat de dix lieues d'étendue sur le littoral, Mahé, avec un territoire de trois à quatre milles de circuit et des factoreries à Tellichéry, Kochin et Kalicut; 4° sur la côte du Konkan, Radjepour, que par un caprice inexplicable, la Compagnie avait préferé à Mirzeou, près de Goa, qu'elle avait abandonné; c'était cependant son seul point d'approvisionnement pour le poivre et l'endroit où cette épicerie était le plus commune et par conséquent le moins chère; 5° sur la rive orientale de la rivière Tapti, à cinq lieues de la mer, dans le cirkar de Broatch, Surate, notre ancien comptoir et la première ville de commerce de l'Inde, si son port eût pu admettre de grands navires; 6° sur la côte de Coromandel, la loge de Kavéry-patnam, dans le Tanjaour, les factoreries de Porto-novo, de Goudelour et l'Etablissement principal de Pondichéry avec les aldées en dépendant, situés dans le Karnatik. Ce pays ne devait pas tarder à devenir le théâtre de la lutte de la France et de l'Angleterre. Madras et Pondichéry étaient deux villes rivales; leurs intérêts se trouvaient trop rapprochés, souvent trop opposés, pour que Français et Anglais ne fussent pas animés du désir de se rencontrer sur un champ de bataille.

Le Karnatik est une portion de la côte de Coromandel, bornée au nord par le Krischna, au sud par la branche la plus septentrionale du Kavery, le Koleron, à l'ouest par les dernières ramifications des Ghattes qui le séparent du Maïssour et que l'on ne pent guère franchir que par les défilés de Mogly, de Palighat et d'Ambour. Il formait alors une des principales provinces du Soudah du Dékhan.

Après la prise de San-Thomé, le vice-roi de Golconde avait établi un phousdar ou nabab à Arkat, capitale de tout le Karnatik. Suivant Dostagor-Saheb, historien mogol qui a écrit en persan, ce nabab fut confirmé par l'empereur de Delhy avec le droit de succession; d'autres prétendent le contraire. Dans tous les cas, au commencement de XVIIIe siècle, un descendant de ce premier nabab, n'ayant point d'enfant, adopta deux de ses neveux. L'aîné, Daoust-Ali-Khan, succéda à son oncle; le second, Bocker-Ali, eut le gouvernement de Vélour.

En étendant leurs conquêtes dans le sud du Dékhan, les Mogols avaient laissé subsister les anciens royaumes de Trichenapaly, de Tanjaour, de Maduré, de Maïssour et de Marava. Ces Etats continuaient d'être gouvernés par des princes hindous, radjahs, *naïks* et *paléakarens*[16], chargés seulement envers l'empereur d'un tribut annuel qu'ils n'étaient pas toujours fort exacts à payer. Le Grand-Mogol était souvent obligé de faire marcher contre eux ses armées pour les y contraindre. Depuis longtemps ces radjahs tributaires étaient redevables de sommes considérables qu'avaient laissé accumuler la mollesse de Mohammed-Schah. Sous le prétexte de recueillir les tributs dûs par les princes du Tanjaour et du Maduré, Daoust-Ali-Khan saisit cette occasion de porter la guerre dans leurs Etats.

Le Maduré, joint au Marava, portait autrefois, selon Ptolémée, le nom de Pandimandalom, royaume de Pandi ou de Pandion, roi fameux dont les descendants, au nombre de 362, occupèrent successivement le trône. Les Hindous nommèrent le premier Pourourouven, le dernier Warhudi ou Sihulimaren, mort sans postérité. Après eux régnèrent des princes de la race des Kryaras, tribu du Malabar. Plus tard, quand l'empire de Bisnagar vint à être divisé, un des principaux officiers de l'empereur, Moutou-Virapa-Naïk, obtint le Maduré en partage. Son petit-fils, Soccalinga-Naïk, envahit et perdit le Tanjaour en 1674. Après la mort de ce prince et celle de son fils, qui le suivit de près, sa femme Mangamalle gouverna le pays en qualité de tutrice de son petit-fils. Son ministre ou talavay, se fit remarquer par une administration aussi pleine de désintéressement que de sagesse et d'énergie. Le petit-fils de Mangamalle, Renga-Krischna-Mouttou-Vira-Soccalinga-Naïk, mourut après un règne de vingt-huit ans, vers 1732. Alors sa mère, Minatchiamalle, s'empara de l'autorité suprême.

Daoust-Ali-Khan avait plusieurs enfants : Sabder-Ali, âgé de vingt ans lorsque son père monta sur le trône ; Hassan-Ali, et plusieurs filles dont la première épousa son cousin Mortiz-Ali, fils de Bocker-Ali, gouverneur de Vélour ; la seconde, un parent éloigné nommé Chanda-Saheb[17] ; la troisième, un seigneur mogol, Taqua-Saheb, qui devint dans la suite premier divan du Karnatik. Le projet du Nabab était de former un royaume pour Sabder-Ali, son fils, et un autre pour Chanda-Saheb, son gendre, princes qui ne manquaient ni de la capacité ni de l'énergie nécessaires à l'accomplissement de son dessein. En 1736, il crut l'occasion favorable à l'exécution de cette entreprise. A cet effet il rassembla une armée de 25 à 30,000 chevaux dont il confia le commandement à Sabder-Ali et à Chanda-Saheb. Les généraux mogols s'avancèrent lentement avec leurs troupes vers le sud de la Péninsule, en ayant soin de séjourner auprès de Madras et de Pondichéry, où Dumas sut capter les bonnes grâces du gendre du Nabab, et contracta avec lui une alliance intime. Cette armée alla mettre le blocus devant Trichenapaly (6 mars). Minatchiammalle soutint un siège de cinquante jours avec une vigueur et un courage que l'on trouve rarement chez une femme. Mais, le 26 avril, emportée d'assaut suivant les uns, ouvrant librement ses portes suivant les autres, la ville vit flotter sur ses remparts l'étendard du Grand-Mogol. Minatchiamalle, séduite, dit-on, par les bonnes grâces de Chanda-Saheb, aurait consenti à le recevoir dans la ville avec une partie de ses troupes; celui-ci aurait prêté serment sur le Koran de la pureté de ses intentions. Quoi qu'il en soit, une fois dans la place, le général musulman prit le titre de nabab, désarma la garnison, fit emprisonner la reine, et fut remplacé à Arkat dans ses fonctions de divan par Mir-Assoud-Khan, ami intime de sa famille. De là, l'armée mogole alla assiéger Sahodjî-Maha-Radjah dans Tanjaour, sa capitale.

Le Tanjaour avait été successivement possédé par trois dynasties dont les souverains prenaient la qualité de *Naïk*, prince. La première est celle des Tschoren, qui, depuis l'an 80 de l'ère chrétienne, compta soixante-quatre princes, dont le premier s'appelait Nalli et le dernier Killi ; la seconde, celle des Valeier, d'origine malabare, qui se décoraient aussi du titre de *Deven*, génie, compta douze souverains depuis le premier, Porabii-Dei-Deven, jusqu'à Krischna-Deven ou Rama-Patira-Naïk, le dernier ; la troisième, celle des Varduger ou Valvaduger, qui compta seulement quatre princes : Sevapa-Naïk, Atschaudapa-Naïk, Ragounada-Naïk et Viseiaragava-Naïk.

En 1674, le Tanjaour avait passé aux Mahrattes, dans la personne d'Ekodjî, frère de Civadjî, qui prit le titre de Maha-Radjah, le *Grand-Roi*. Ce prince eut trois fils : Sahodjî, l'aîné qui régna jusqu'en 1711 ; Sarbodjî, Subodjî ou Satubadjî, qui lui succéda et mourut le 18 novembre 1729 ; et Tukodjî, le plus jeune, qui vit ses enfants se disputer le trône et leurs différends se terminer en 1734, par la mort de l'aîné, Anna-Saheb [18]. Baba-Saheb, le troisième, qui le remplaça l'année suivante sous le nom d'Ekodjî-Maha-Radjah, deuxième du nom, mourut le 1er août 1736, laissant enceinte une de ses femmes qui succomba au chagrin de n'avoir mis au monde qu'une fille. Sousan-Baï, une autre des épouses de Baba-Saheb, monta sur le trône. Wapra, oncle maternel du roi défunt et Citodjî-Dada, prince de la même famille, gouvernèrent sous le nom de la reine, l'un comme souverain, l'autre comme premier ministre. Alors surgit un compétiteur,

Subodjî, qui fut reconnu roi du Tanjaour le 21 juillet 1738. Il était fils de Sarbodjî ou Satubadjî, mort en 1729. Gadtikai, frère de sa mère, le plaça sur le trône à la suite d'une conspiration qui causa la perte de Citodjî et de Wapra. Subodjî n'eut pas plutôt mis la couronne du Tanjaour sur sa tête, qu'un de ses cousins la lui disputa. A peine eut-il le temps de se réfugier à Chelambrom, aldée dépendant de l'empire mogol, dont le gouverneur lui conseilla de rechercher l'amitié et l'appui des Français. Pour en obtenir des secours, Subodjî leur proposa la cession de Karikal avec le fort de Kariklanchéry, et dix aldées ou villages des environs. Les Hollandais établis à Négapatam employèrent la séduction et ensuite la menace pour le détourner de l'exécution d'un traité qui avait été déjà conclu. Ils firent même chasser les Français de Kavéry-patnam, petit poste qu'ils occupaient depuis 1638, et déterminèrent l'envoi d'un corps de 6,000 hommes du Tanjaour, commandés par Covindachetty, frère d'Anapa, premier ministre du roi, contre Karikal où Dumas avait déjà envoyé une garnison de 50 Européens sous les ordres du brave commandant Febvrier. Celui-ci prit le parti de s'enfermer dans le fort, en attendant du secours de Pondichéry. Heureusement qu'il ne tarda pas à paraître ; c'était un convoi de provisions de bouche et de guerre expédié par les bâtiments de la Compagnie, le *Fidèle,* la *Rose,* et le bot l'*Expédition,* ainsi qu'un détachement de 200 soldats français commandés par un officier du plus grand mérite, M. Paradis. Voir l'ennemi, l'attaquer, l'enfoncer à la baïonnette après une décharge à bout portant, tout cela fut l'affaire d'un moment; les troupes du Tanjaour ne purent résister : ce fut une déroute générale. Néanmoins elles allèrent se retrancher derrière l'Arselar, sur une petite éminence qui commande la plaine. Après deux heures de repos donné à ses troupes, Paradis traversa la rivière à gué, l'eau jusqu'au cou, et conduisit de nouveau à l'ennemi ses soldats animés d'une intrépidité et d'une ardeur extraordinaires. Il lui fit éprouver des pertes si considérables, que Karikal et quatre aldées devinrent le fruit de ces exploits. La garnison fut augmentée. Des officiers, les sieurs Mainville et d'Escoraille, y furent envoyés avec 360 hommes sans compter les volontaires des vaisseaux le *Fleury* et le *Pondichéry*, des cipayes et 80 topas.

Une conspiration replaça Subodjî sur le trône. Les Hollandais le trouvèrent alors disposé à rétracter la donation qu'il avait faite de Karikal non encore fortifié et faiblement défendu par sa petite garnison. Mais Sabder-Ali et Chanda-Saheb l'assiégeant dans sa capitale, mirent le gouverneur de Pondichéry en possession de tout le pays originairement concédé par Subodjî à la Compagnie des Indes, et lui-même, après une résistance suffisamment expliquée par l'attitude hostile des Hollandais, finit par ratifier la concession rétablie à main armée par ses ennemis. En 1739 une intrigue de palais, organisée et conduite par ses oncles, installa à sa place un de ses cousins, Pratop-Sing, qui le fit étouffer dans un bain de lait tiède.

Cependant les radjahs du sud de la Péninsule, alarmés de l'invasion subite des Mogols, avaient fait un appel aux Mahrattes pour leur demander du secours, leur laissant entrevoir que, sans eux, c'en était fait de leurs États et de leur religion qui leur était commune. Sahodjî, leur souverain, leva alors une armée de 60,000 cavaliers et de 150,000 fantassins dont il confia le commandement à son fils Ragodjî-Bounslah. Ces troupes partirent au mois d'octobre 1739 et prirent la route du Karnatik.

Au bruit de leur marche, Daoust-Ali-Khan écrivit à son fils et à son gendre d'abandonner le Tanjaour et de revenir en toute hâte auprès de lui. Les généraux mogols eurent peine à renoncer à une conquête qu'ils regardaient comme assurée. Différant de jour en jour de se rendre aux ordres du nabab, ils donnèrent aux Mahrattes le temps d'approcher des frontières du Karnatik. Réduit à ses seules forces, Daoust-Ali-Khan, avec les troupes qu'il put réunir, alla s'emparer des défilés des montagnes du Kanamay, à 20 lieues à l'ouest d'Arkat, passage très-difficile et qu'un petit nombre de soldats peut aisément défendre. Les Mahrattes y arrivèrent au mois de mai 1740. La trahison d'un prince hindou qui commandait un corps de 5 à 6,000 hommes chargé de la garde, d'un poste si étroit et si escarpé qu'il n'y avait nulle apparence que l'ennemi pensât à tenter par là le passage, permit aux Mahrattes de déboucher dans la plaine. Daoust-Ali-Khan, surpris par de furieuses décharges de mousqueterie, monta sur son éléphant et marcha droit à l'ennemi. La mêlée fut terrible. Les Mogols soutinrent le combat avec toute la valeur et l'intrépidité désirables. Mais plusieurs officiers généraux ayant succombé et le Nabab lui-même, blessé de plusieurs coups de feu, étant tombé de dessus son éléphant, ce ne fut plus qu'une déroute générale. « Jamais champ de bataille, dit un écrivain contemporain, n'offrit un spectacle plus affreux ni plus terrible. La terre avait été détrempée pendant la nuit par la pluie qui était tombée; de quelque côté qu'on portât ses regards, on n'apercevait que des chevaux et des éléphants blessés, furieux, renversés pêle-mêle avec les officiers et les soldats, faisant de vains efforts pour se tirer des bourbiers sanglants où ils étaient enfoncés, et foulant aux pieds des monceaux de morts et de blessés qu'ils achevaient d'écraser par leur chute, ou de mettre en pièces avec leurs dents et leurs trompes. Tout ce qui résista fut passé au fil de l'épée ou fait prisonnier. Le reste chercha son salut dans la fuite. On ne put jamais retrouver le corps du Nabab, ni ceux des principaux officiers, qui, ayant sans doute été écrasés par les éléphants et ensevelis dans la boue, furent confondus dans la multitude des morts sans qu'il fût possible de les reconnaître. » Cette bataille eut lieu le 20 mai 1740, à quarante lieues à l'ouest de Pondichéry : 20,000 hommes, le Nabab et Hassan-Ali, son second fils, y périrent, ainsi que Taqua-Saheb, un de ses gendres, grand divan, et un autre Nabab tributaire, Eraz-Khan-Mirzoutorh, commandant général de la cavalerie.

La nouvelle de cette défaite et de la mort de Daoust-Ali-Khan causa dans le pays une consternation générale. On vit bientôt arriver à Pondichéry les débris de l'armée mogole avec une prodigieuse multitude d'Hindous, qui, croyant déjà l'ennemi sur leurs traces, demandaient à grands cris qu'on leur accordât un asile. La foule les fuyards devint si grande, qu'on fut obligé de fermer les portes de la ville. On laissa seulement ouverte celle de Valdaour dont la garde fut renforcée pour empêcher le désordre. Les gens de guerre campèrent en dehors des murs; les autres entrèrent dans l'enceinte en nombre si considérable, que tout ce qui ne put trouver place dans les maisons, fut obligé de rester dans les rues, qui se trouvèrent bientôt si encombrées, que cinq jours après la bataille, on ne pouvait y circuler. Ce spectacle fut suivi d'un autre qui n'était pas moins touchant. La veuve du nabab Daoust-Ali-Khan se présenta à la porte de Valdaour, suivie de toute sa famille, implorant la protection de la France et demandant avec prière d'être reçue dans la cité où elle apportait tout ce qu'elle avait pu sauver d'or, de pierreries et d'objets précieux. La situation était délicate. Refuser, n'était-ce pas se faire des ennemis des Mogols, surtout de Chanda-Saheb devenu l'ami des Français, et en même temps méconnaître les premières lois de l'hospitalité à laquelle a droit l'infortune ? Accorder, n'était-ce pas exposer la ville à la fureur des Mahrattes ? Enfin Dumas, dans une occasion si pressante, se détermina à accorder un refuge à la famille du Nabab vaincu, sous la protection du drapeau de son pays. La veuve de Daoust-Ali-Khan, ses autres femmes, ses filles, ses neveux, escortés d'un détachement de 1,500 cavaliers, firent leur entrée à Pondichéry avec les honneurs qui leur étaient dûs. M. Dumas alla les recevoir à la porte de Valdaour, entouré de ses pions, porté dans un palanquin dont le dais et les carreaux étaient brodés en or, avec des crépines et des glands du même métal ; toute la garnison était sous les armes, bordant les remparts qui les saluèrent d'une triple salve d'artillerie. Le cortège se composait de 20 palanquins, 24 éléphants, 300 chameaux, 200 voitures à bœufs et plus de 2,000 bêtes de charge.

Sabder-Ali, accourant au secours de son père, apprit ces tragiques évènements à Arkat, et alla s'enfermer aussitôt dans la forteresse de Vélour. A la suite d'une négociation survenue entre lui et les Mahrattes, il s'engagea à leur payer annuellement 100 lacks ou 10 millions de roupies, à évacuer le Tanjaour, promettant en même temps de chasser son beau-frère Chanda-Saheb de Trichenapaly. Alors il prit le titre de nabab. Sur les informations qu'il reçut de Pondichéry d'où sa femme, sa mère et toute sa famille lui écrivirent l'accueil favorable qui leur avait été fait par les Français, il se rendit dans cette ville, pour les voir, les consoler et les ramener avec lui à Arkat. M. Dumas le reçut avec la distinction due à sa personne et à son rang. Sabder-Ali resta dix-sept jours à Pondichéry, temps pendant lequel il accorda des *Paravanas* ou lettres patentes par lesquelles il fit donation à M. Dumas, qui les céda plus tard à la Compagnie, des aldées d'Archiwack et Tindouvanatam (28 août, 12 septembre 1740). Il en partit avec sa mère, sa femme et ses enfants, n'y laissant que sa sœur, femme de Chanda-Saheb qui avait refusé d'accéder au traité fait avec les Mahrattes, et qui, au lieu d'évacuer Trichenapaly, s'y était renfermé avec une nombreuse garnison, résolu de se défendre jusqu'à la dernière extrémité.

Cependant les Mahrattes, après avoir reçu une partie de la somme dont ils étaient convenus, menaçaient de rentrer dans le Karnatik, Sabder-Ali-Khan leur faisant attendre le payement du surplus du tribut stipulé. Dans l'impossibilité où il était de remplir ses engagements, le Nabab fit vendre tout ce qu'il avait d'objets précieux et, à force de prières et de promesses, engagea Ragodjî à tourner ses forces contre Trichenapaly. Le 15 décembre 1740, l'armée mahratte ouvrit la tranchée devant la place. Elle se composait encore de 70,000 cavaliers et 55,000 hommes d'infanterie. Chanda-Saheb avait 2,000 chevaux et 5,000 hommes de pied, des vivres et des provisions pour un mois environ.

Ce fut au commencement de ce siège que les Mahrattes apprirent l'asile donné par M. Dumas à la famille de Daoust-Ali-Khan après la défaite du Kanamay. Croyant que de grandes richesses avaient été transportées à cette occasion dans Pondichéry, ils résolurent de se rendre maîtres de cette position après la réduction de Trichenapaly qui ne leur paraissait pas devoir être fort éloignée. Cette résolution fut suivie de lettres pleines de reproches et de menaces à l'adresse du Gouverneur.

Nous n'en citerons qu'une avec la réponse de M. Dumas, modèle de noblesse et de fermeté.

«Ragodjî-Bounslah-Sena-Saheb-Soubah, à M. le Gouverneur de Pondichéry, Ram, Ram.

« Je suis en bonne santé, écrivez-moi l'état de la vôtre. Depuis que nous sommes venus dans ce pays, nous vous avons écrit plusieurs lettres, sans que vous y ayiez fait aucune réponse. C'est ce qui nous a déterminé à faire marcher notre armée contre vous. Souvenez-vous que c'est nous qui vous avons anciennement établi dans le pays où vous êtes, et qui vous avons donné Pondichéry, parce qu'il nous paraissait que vous étiez une nation juste qui ne manquerait jamais à sa parole. Nous avons ordre du Maha-Radjah, notre roi, de prendre Trichenapaly et Gingy, d'y mettre garnison, et d'exiger les tributs qui nous sont dûs depuis quarante ans par les villes européennes du bord de la mer. Si vous voulez que nous soyions amis, il faut me remettre la femme et le fils de Chanda-Saheb avec leurs pierreries, leurs éléphants, leurs chevaux et leurs kazenas [19]. Si vous différez de le faire, je me verrai obligé de vous y forcer moi-même.

« Vous savez ce qui est arrivé dans ce pays à la ville de Baçaïm, appartenant aux Portugais. Mon armée est fort nombreuse, et il me faut beaucoup d'argent pour ses dépenses. Je compte que, pour vous conformer à ma lettre, vous m'enverrez la femme et le fils de Chanda-Saheb avec ses éléphants, ses chevaux, ses pierreries et ses kazenas.

« Le 15 du mois de scheval.»

Sans s'effrayer de ces menaces, le Gouverneur français crut devoir à cette lettre une réponse dans laquelle l'énergie et la fermeté ne devaient pas exclure la modération et la courtoisie. Il répondit au général mahratte en ces termes :

« Tant que les Mogols ont été les maîtres de ce pays, ils ont traité les Français avec les égards dûs à l'une des plus illustres nations du monde. Nous nous faisons gloire aujourd'hui d'être l'appui de nos bienfaiteurs. Il n'est pas dans le caractère français d'abandonner des femmes, des enfants, pour les voir impitoyablement massacrer. La femme et le fils de Chanda-Saheb sont à Pondichéry sous la protection du Roi mon maître ; tout ce qu'il y a de Français dans l'Inde perdrait plutôt la vie que de vous les livrer.

« Vous me dites que depuis quarante ans nous devons un tribut à votre souverain. Jamais la nation française n'a été tributaire de la vôtre. Il m'en coûterait la tête, si le Roi de France, mon maître, apprenait que j'ai pu écouter la proposition d'une redevance.

« Vous avez ordre, dites-vous, de vous emparer des forts de Gingy et de Trichenapaly. A la bonne heure, si ce voisinage n'est pas pour vous une occasion de devenir notre ennemi.

« Vous me menacez, si je ne me conforme pas à votre demande, d'envoyer votre armée contre nous et d'y venir vous-même. Je me prépare de mon mieux à vous recevoir, résolu que je suis à défendre la place jusqu'à la dernière extrémité.

« Je mets du reste ma confiance dans le Dieu tout-puissant devant lequel les plus formidables armées sont comme la paille légère que le vent emporte et dissipe de tout côté; j'espère qu'il favorisera la justice de notre cause. J'ai bien entendu parler de ce qui s'était passé à Baçaïm; mais cette place n'était pas défendue par des Français. »

Après un échange de quelques lettres qui ne produisirent aucun résultat, Ragodjî crut que ses menaces auraient plus d'effet s'il les appuyait de quelques démonstrations hostiles de la part de ses troupes. A cet effet il envoya un détachement de 8,000 cavaliers qui se présentèrent le 25 à midi devant Porto-Novo, place ouverte et sans défense, où ils pillèrent à leur aise les factoreries hollandaises, anglaises et françaises, après quoi ils se portèrent sur Goudelour qu'ils ravagèrent encore, malgré le canon du fort Saint-David qui ne put les en empêcher. De là, ils vinrent camper au village d'Archiwack, à une lieue et demie de Pondichéry, sans oser s'avancer plus près de la ville. Alors ils députèrent au Gouverneur un de leurs officiers qui vint renouveler les prétentions de leur chef, en menaçant toujours M. Dumas d'un siège en règle de la place par toutes les forces mahrattes après la réduction de Trichenapaly. Dumas reçut poliment cet officier, et, pour toute réponse, il lui fit voir l'état de la ville et de l'artillerie qui la défendait. Cependant sur les avis qu'il reçut que quelques partis ennemis pillaient Oulgaret et Ariancoupan, aldées appartenant à la Compagnie, il envoya, pour les charger, 200 grenadiers et quelques volontaires sous le commandement de M. de Cossigny. Mais les Mahrattes les ayant aperçus et le fort d'Ariancoupan leur ayant envoyé quelques volées de coups de canon, ils se retirèrent et allèrent camper à cinq lieues à l'ouest de la ville, d'où ils fondirent sur Konjemur et Sadras où ils dévastèrent les Etablissements hollandais.

Cependant Trichenapaly était réduit aux dernières extrémités. Instruit de la situation désespérée de la place, Bara-Saheb, frère de Chanda-Saheb, réunit promptement 25,000 hommes, des vivres, des munitions en abondance, et se mit en marche pour se jeter dans la ville. Quand il parut sous ses remparts, les Mahrattes la serraient de si près, qu'il lui fut impossible d'y pénétrer. Furieux d'avoir manqué son coup, prévoyant d'ailleurs les malheurs dont sa famille était menacée, pour dégager son frère, Bara-Saheb, avec ses 25,000 hommes, osa affronter la formidable armée des Mahrattes, et vint demander aux chances d'une bataille contre un ennemi cinq fois supérieur en forces, le succès d'une entreprise qu'il avait conçue avec autant de grandeur d'âme que de témérité. Ragodjî accepta le défi, toutefois en donnant des ordres pour qu'on ménageât la vie de Bara-Saheb. Les Mogols fondirent avec impétuosité sur les Mahrattes qui les eurent bientôt accablés par le nombre. Chanda-Saheb avait fait une sortie pour se joindre à son frère. Mais, voyant qu'il ne pouvait faire pencher la victoire de son côté, il se retira en bon ordre, résolu plus que jamais de s'ensevelir sous les ruines de la cité.

Bara-Saheb au désespoir, et toujours animé du désir de secourir son frère, fit aussi sa retraite avec les débris de sa petite armée. Bientôt, la rage dans le cœur, il harangua sa troupe consternée, et, ce qu'il serait difficile de croire, il entreprit de persuader à ces hommes à peine échappés à l'épée du vainqueur, de mourir avec honneur en se sacrifiant pour la patrie, ou de mettre par leur valeur leurs femmes, leurs enfants, leurs princes et leurs fortunes à l'abri des insultes de leurs ennemis. De 7,000 hommes qui l'écoutaient, 4,000 jurèrent de mourir avec leur général ou de pénétrer dans Trichenapaly. Bara-Saheb n'eut garde de laisser refroidir le zèle de sa troupe ; dans l'ardeur qui l'animait, il alla même jusqu'à la férocité. Non content d'avoir convaincu ces hommes de la nécessité de vaincre ou de mourir, il entreprit de leur persuader que, pour aller plus courageusement à la victoire ou à la mort, ils devaient eux-mêmes sacrifier leurs femmes, afin de les soustraire aux insultes des Mahrattes, qui ne manqueraient pas de les couvrir d'infamie. Alors, joignant l'exemple aux paroles, après avoir encore parlé au nom de la patrie, Bara-Saheb fit venir sa femme et, saisi d'une fureur aveugle, il lui plongea un poignard dans le sein. Tous les assistants furent frappés d'horreur à la vue de ce cruel spectacle, mais tous suivirent l'exemple de leur chef. Après cette exécution barbare et une distribution de bangue [20] à toute sa troupe, Bara-Saheb fondit sur les Mahrattes. Les Mogols donnèrent mille morts avant que d'en recevoir une. Sans doute ils eussent été vainqueurs si le courage seul donnait toujours la victoire. Malgré leurs efforts surhumains, victimes de leur propre bravoure, épuisés à force de vaincre, ils furent bientôt immolés sous les coups d'un ennemi supérieur en forces. Bara-Saheb refusa vingt fois la vie qu'on lui offrait ; il ne cessa de tuer que quand les forces lui manquèrent. A la fin, les soldats furieux de se voir massacrer par un prince qui refusait de céder au plus grand nombre, pour mettre leur propre vie à couvert, malgré les ordres de Ragodjî qui voulait épargner Bara-Saheb, furent obligés de tirer sur lui et ne cessèrent que lorsqu'ils le virent tomber percé de vingt-deux blessures. Le général mahratte pleura sa perte : il avait moins compté en faire un prisonnier qu'un ami ; ayant fait couvrir son corps de riches étoffes, il le renvoya à son frère.

Chanda-Saheb prit alors le parti de rendre la place aux Mahrattes, en même temps de se constituer prisonnier de guerre. Ragodjî lui offrit la liberté, moyennant une énorme rançon que le prince mogol ne put lui payer. Alors le vainqueur entra dans Trichenapaly d'où il enleva toutes les richesses, et, après y avoir laissé une garnison, il sortit des provinces du Maduré, traînant avec lui son prisonnier qu'il conduisit dans le Malabar (mai 1741).

Plusieurs officiers de l'armée victorieuse opinaient pour aller attaquer les Établissements européens de la côte de Coromandel, surtout Pondichéry où l'on croyait encore renfermés les trésors d'Arkat enlevés après la bataille du Kanamay; mais le rapport fait par l'officier député à M. Dumas sur le bon état de la place, et quelques bouteilles de liqueurs de Nancy, envoyées, dit-on, par le Gouverneur, engagèrent le général à se retirer vers son pays par un autre chemin. Il fut même décidé qu'on enverrait à Pondichéry un officier de distinction porter au Gouverneur un riche *serpeau* [21], habillement à l'usage des princes hindous, en lui demandant son amitié. Cet ambassadeur partit deux jours après accompagné de 300 cavaliers, se rendit à Pondichéry où il reçut le plus gracieux accueil, et s'en alla au bout d'une semaine rejoindre l'armée qui, sur le bruit d'une révolution arrivée dans le Karnatik, se hâtait de regagner les montagnes du Maharashtra.

La cour de Delhy, qui protégeait l'ancien nabab d'Arkat, fut si satisfaite de la conduite des Français dans cette guerre, que Nizam-el-Molouck fut chargé de transmettre au Gouverneur de Pondichéry une lettre de remerciement en lui envoyant en même temps un riche cadeau de la part du Grand-Mogol. Quelque temps après, cette faveur fut couronnée par une autre : M. Dumas fut fait Mansoubdar, commandant de quatre azaris et demi, c'est-à-dire de 4,500 cavaliers mogols, dont il pouvait garder deux mille à son service, sans être chargé de leur entretien. Jamais encore aucun Européen n'avait obtenu un pareil honneur dans l'Inde. Des historiens vont même jusqu'à dire qu'il lui fut conféré une dignité bien plus élevée, celle de Nabab. Quelque dignes de créance que soient leurs écrits, nous ne saurions ajouter pleine et entière confiance à leurs assertions dans cette circonstance. Cet honneur nous paraît avoir été réservé à son successeur. Dans tous les cas, il n'eut pas le temps d'en jouir, car, sollicitant depuis longtemps son retour en France, il quitta Pondichéry au mois d'octobre 1741, en laissant à son remplaçant, M. Dupleix, le gouvernement des possessions françaises de l'Inde dans l'état le plus florissant.

La révolution du Karnatik avait été causée par la mort tragique de Sabder-Ali. Mortiz-Ali, son beau-frère, mettait beaucoup de retard à payer sa part dans la contribution due aux Mahrattes. Le Nabab le pressait de s'acquitter, le menaçant de sa colère en cas de refus. Irrité, Mortiz-Ali se lia avec les ennemis de son beau-frère, et, dans une fête, il le fit empoisonner. La forte constitution du prince triompha du poison, mais le poignard acheva l'œuvre dans la nuit suivante, et Mortiz-Ali se fit proclamer nabab à la place de sa victime. Les amis du défunt, trop faibles pour s'opposer à l'usurpation, placèrent sous la protection des Anglais son fils encore enfant, Saïd-Mohammed, sa famille et sa fortune. En attendant, Imam-Saheb, parent de Chanda-Saheb, était parti pour la cour de Golconde informer Nizam-el-Molouck de l'attentat qui venait d'avoir lieu.

Le Soubahdar était alors un vieillard hideux, contrefait, souillé de trahison et de crimes; mais, par son génie oublié de l'histoire, il n'était pas inférieur à cet homme qui, sous le titre de tributaire et de vassal, a fondé de nos jours une dynastie sur le trône des Pharaons. Généralissime des troupes du Grand-Mogol, vice-roi de tout le Dékhan, il commandait aux Nababs et aux Radjahs de toute la presqu'île, et jouissait d'une autorité incontestée sur ces populations qui le craignaient plus qu'elles ne l'aimaient, et qui surtout ne voyaient pas sans surprise que les grands talents qu'il avait déployés dans sa jeunesse, au lieu de s'affaiblir sous le poids d'une vieillesse centenaire, semblaient au contraire acquérir avec les années plus de vigueur et d'étendue. Avec une armée de 70,000 cavaliers, 200,000 fantassins et 15,000 Mahrattes, Nizam envahit le Karnatik, traînant après lui un parc d'artillerie de 500 pièces de canon, 1,200 éléphants, dont un portait un étendard formé d'une tête de crocodile dorée et la gueule ouverte, un autre un pavillon garni d'une queue de cheval blanc, qui représentait un croissant, avec une main armée d'un cimeterre, symbole de sa dignité de Nizam-el-Molouck, *bras fort de l'empire,* et dans une cage de fer, son second fils, Nazyr-Sing, qui s'était révolté contre lui et qu'il avait fait prisonnier dans une bataille. Son arrivée rétablit la tranquillité dans le Karnatik. Le 2 août 1743, il investit Trichenapaly que Kodja-Abdoula-Khan, son général, enleva le 25 du même mois aux Mahrattes.

Mortiz-Ali n'avait pas tardé à éprouver l'inconstance de la fortune : détrôné par une révolte de soldats, à peine avait-il eu le temps de s'échapper de Vélour sous un déguisement de femme. Nizam confirma le gouvernement d'Arkat et du Maduré à Saïd-Mohammed, fils de Sabder-Ali, mais comme il n'était âgé que de neuf ans, il nomma pour régent, pendant la minorité du jeune prince, Kodja-Abdoula, le vainqueur de Trichenapaly. Ce dernier, à peine installé, fut trouvé mort un matin dans son lit ; son corps portait des traces évidentes de poison. Anaverdy-Khan, un ancien joueur de tambourin, qui avec du talent et de l'esprit s'était concilié depuis longtemps les faveurs de Nizâm, fut nommé tuteur du jeune prince, qui périt peu de temps après sous les coups de soldats patans ou afghans soudoyés on ne sait si par le nabab de Vélour, son oncle, ou par Anaverdy-Khan lui-même, son tuteur.

Nizam-el-Molouk, de sa propre autorité, donna alors le gouvernement du Karnatik et du Maduré à Anaverdy-Khan. Il nomma Maphous-Khan, son fils aîné, nabab avec droit de survivance, et fit soubdar le cadet, Méhémet-Ali-Khan. Anaverdy-Khan retint le premier auprès de lui pour l'aider dans le gouvernement du Karnatik, et envoya le second prendre le commandement de Trichenapaly et du Maduré. Cependant les populations ne voyaient pas d'un bon œil l'élévation de cette famille. Celle de Daoust-Ali-Khan avait depuis longtemps gouverné le pays ; il s'était habitué à la regarder comme la dynastie légitime, et ce n'était pas sans quelque peine mêlée de regret qu'il voyait un étranger sur le trône. Plusieurs gouverneurs des meilleures places, indignés de se voir commandés par le nouveau Nabab, résolurent de secouer le joug et s'installèrent en souverains dans leur petit gouvernement. Parmi les rebelles, on comptait surtout celui de Vélour, à quelques lieues d'Arkat, celui de Valdaour et celui de Permakoul dans le voisinage de Pondichéry.

Il était de l'intérêt d'Anaverdy-Khan de ménager les nations européennes établies à la côte de Coromandel, surtout les Français, qui, ayant donné asile et accordé leur protection à la famille de Chanda-Saheb, pouvaient par la suite lui susciter des affaires embarassantes. Pénétré de ces raisons dont il comprenait l'importance, le nouveau Nabab envoya d'abord une magnifique ambassade à Pondichéry avec de grands présents pour le Gouverneur. Peu de temps après, il vint lui-même faire sa visite en qualité de souverain. Dupleix lui fit rendre les plus grands honneurs, accueil dont le Nabab parut extrémement touché. Il jura une amitié constante et solide à la nation française, demanda qu'elle entretînt toujours auprès de lui un agent, et refusa de céder aux invitations des Anglais qui le sollicitaient vivement de les honorer d'une visite. Mais l'insatiable avidité du vieux Nabab ne pouvait pas résister longtemps à l'argent et aux promesses de l'Angleterre, et Anaverdy-Khan, oublieux de la foi jurée, ne devait pas tarder à devenir notre ennemi.

CHAPITRE V.

SOMMAIRE. — Dupleix. — Sa famille. — Ses débuts. — Mahé de La Bourdonnais. — Ses projets. — Vues de Dupleix sur l'Hindoustan. — Leur mésintelligence. — Prise de Madras. — Échecs au fort Saint-David, à Ariancoupan. — Siége de Pondichéry. — Félicitations au Gouverneur français. — Chanda-Saheb délivré. — Jàn-Bégom. — Mort de Nizam. — Usurpation de Nazyr. — Mursapha, son compétiteur. — Chanda-Saheb se joint à lui. — Bataille d'Ambour. — Concessions territoriales.

Le 14 janvier 1742, Dupleix avait remplacé M. Dumas dans le gouvernement des possessions françaises de l'Inde. Jusqu'à cette époque, les deux Compagnies anglaise et française étaient restées totalement étrangères l'une à l'autre. Cependant elles se trouvaient dans ce pays sur le pied de deux puissances territoriales ; elles avaient des troupes, des places fortes, de grands revenus ; de plus, elles étaient mêlées aux intérêts politiques des princes de la Péninsule, nababs ou paléagars [22]. Cette situation nouvelle crée une seconde phase de l'histoire de la Compagnie bien autrement importante que la première ; grâce au génie politique d'un homme, des évènements d'une immense portée vont s'y produire. Possesseurs de Chandernagor et de quelques autres comptoirs en dépendant , les Français avaient le dessus au Bengale ; Calcutta n'était encore qu'un village. Seule, sur la côte de Coromandel, Madras, rivale de Pondichéry, maintenait la balance entre la puissance de la France et celle de l'Angleterre. Un homme vint, qui rompit l'équilibre. Dupleix donna l'Inde à la France, mais le gouvernement pusillanime de Louis XV n'eut pas le cœur de l'accepter.

Issu d'une famille gasconne de Condom, qui comptait au rang de ses ancêtres l'historien Scipion Dupleix, le nouveau gouverneur, Joseph Dupleix, était fils d'un contrôleur général de la province de Hainaut. Il naquit à Paris au commencement du XVIIIe siècle. Dès son adolescence, Joseph avait donné des preuves d'une rare intelligence unie aux supériorités du caractère. On l'avait embarqué à douze ans, et il n'en comptait pas dix-huit, lorsqu'il revint dans sa famille après avoir visité l'Amérique et les Grandes-Indes. Son père résolut de le renvoyer en Asie. Quoique riche, il lui donna vraisemblablement peu d'argent et incontestablement un très-méchant trousseau : six paires de bas, quelques douzaines de chemises, une couverture, un oreiller, et, pour charmer les ennuis de la navigation, une basse de viole qui ne le quitta jamais pendant trente ans, et le consola dans toutes ses traverses. C'est avec ce léger bagage dont l'inventaire est encore conservé dans sa famille, que Joseph Dupleix s'acheminait à la conquête de l'Inde. Il arriva à Pondichéry le 16 août 1722, sur le navire l'*Atalante* commandé par M. de Lassale.

Son début fut convenable, mais n'eut rien d'extraordinaire. Par le crédit dont son père jouissait dans la Compagnie, dont peu après il devint directeur, Joseph Dupleix fut nommé d'emblée membre du Conseil supérieur de Pondichéry, et installé le lendemain de son arrivée en qualité de premier conseiller et de commissaire des troupes [23]. Il ne put d'abord déployer que les qualités d'un agent inférieur; toutefois initié peu à peu aux détails de l'Administration, il se prépara en silence au grand rôle qu'il joua plus tard. Après dix ans de stage, pendant lesquels il fit plusieurs voyages dans l'Inde et même jusqu'en Chine, le jeune conseiller fut nommé directeur du comptoir de Chandernagor et des autres factoreries du Bengale. Dès que Dupleix sortit de tutelle, son génie parut. L'Établissement se trouvait dans l'état le plus déplorable : le port était presque désert; quelques mauvaises baraques en bois, éparses çà et là, composaient toute la ville. Sous l'administration honnête mais timide de MM. Deslandes, Dulivier et de Flacourt qui en avaient été les premiers directeurs, l'influence métropolitaine s'était perdue dans ces contrées. Dupleix la releva soudain. Bientôt deux mille maisons en briques s'élevèrent comme par magie ;

quinze vaisseaux furent construits et lancés dans le port, et dans peu de temps, on compta jusqu'à soixante-douze navires appartenant à Dupleix et à ses associés.

Jusqu'à cette époque on ne s'était livré qu'au commerce officiel de la Compagnie; des voyages si bornés et si peu fréquents ne comportaient pas les éléments d'une grande prospérité commerciale; ce résultat, Dupleix le demanda à des spéculations particulières que lui avait recommandées M. Le Noir et qu'il avait pratiquées lui-même, au commerce *d'Inde en Inde*, comme on les appela, c'est-à-dire au cabotage sur une grande échelle. Personne avant lui n'avait osé le tenter. Dupleix n'hésita pas. Devenu riche par ses spéculations à Pondichéry, à Chandernagor et par la mort de son père, il consacra toute sa fortune au commerce qu'il se trouva obligé de soutenir seul, plus tard, après l'avoir créé. La Compagnie en était arrivée à ne pouvoir lui être d'aucun secours. Sa famille, des parents, des amis y suppléèrent. Il envoya des navires à Surate, à Moka, à Manille, aux Maldives, en Perse et jusqu'en Chine. Ses bénéfices furent immenses. Dans son contrat de mariage avec une opulente créole née et élevée au Bengale, Joanna de Castro, Dupleix avait déclaré plusieurs millions de biens. Tout le monde applaudit à ses succès fondés non-seulement sur des combinaisons savantes et hardies, mais encore sur une administration irréprochable au point de vue de la justice et de la probité. Ni alors, ni plus tard, on n'essaya de jeter aucun doute sur la légitimité de ses spéculations.

Le gouvernement de la Compagnie était endetté de cinq millions de livres. Il imagina que Dupleix saurait reproduire à Pondichéry les merveilles de Chandernagor; d'ailleurs il était riche, et c'était si avantageux pour une colonie obérée d'avoir un gouverneur en état de faire des avances pour le service public. Il fut donc appelé de Chandernagor à Pondichéry, c'est-à-dire, au gouvernement général de tous les Établissements français de l'Inde. Son génie y réalisa le même prodige; le succès dépassa même les espérances.

Ce que Dupleix venait de fonder à Chandernagor, Mahé de La Bourdonnais l'avait accompli aux îles de

France et de Bourbon, dont il était gouverneur depuis 1735. Né à Saint-Malo en 1699; embarqué tout enfant pour visiter les mers de l'Orient; versé dans les mathématiques, le commerce, la navigation; énergique, juste, entreprenant; d'une intelligence élevée et d'un caractère supérieur, nul homme ne convenait mieux que lui au poste difficile que réclamait la situation gouvernementale des deux îles sœurs. Elles n'avaient ni commerce, ni agriculture, ni industrie, ni gouvernement. Mahé de La Bourdonnais s'y montra tout à la fois administrateur, agriculteur, ingénieur, architecte. Il y fit cultiver les grains nécessaires à la nourriture des habitants, y introduisit la culture du coton, de la canne à sucre, de l'indigo et celle du manioc, repoussée jusqu'alors par des préjugés populaires. Ces îles étaient sans défense. La Bourdonnais y fit élever des fortifications, ouvrir des routes, creuser des canaux, construire des quais, des ponts, des aqueducs, Il créa en même temps un gouvernement régulier, détruisit les nègres marrons et fit construire dans quelques mois un brigantin et deux vaisseaux, l'un de 300, l'autre de 500 tonneaux, qui plus tard furent armés en guerre. C'était une opinion généralement reçue que l'homme qui avait construit ces vaisseaux était également propre à les conduire et à les défendre. En effet, il donna bientôt la preuve qu'aux qualités éminentes de l'administrateur se joignaient en lui, au plus haut degré, les vertus héroïques du marin et du soldat. On lui a reproché un amour passionné pour les richesses; il faut cependant dire à sa louange que cette soif de l'or ne tenait dans son cœur qu'un rang secondaire, et qu'il lui préféra toujours l'honneur, la gloire et la patrie.

Ses conceptions et ses projets avaient tous de la grandeur; l'esprit de détail qu'il avait à un degré supérieur n'en retrécissait jamais les vues et la portée. Après avoir organisé le gouvernement de sa double colonie, la pensée lui vint d'en faire l'entrepôt du commerce de l'Inde. Ce ne pouvait être une idée heureuse que de vouloir un entrepôt à quinze cents lieues de son pays de production. Quant à la presqu'île indienne, La Bourdonnais songeait bien à y ruiner la puissance naissante de l'Angleterre, mais c'était à brûler les comptoirs, à rançonner les villes, à emporter un riche butin, qu'il bornait ses plans; et certes il était homme à les exécuter; seulement ce moyen n'avait rien de neuf, ni de décisif: ce n'était pas une découverte.

Les vues de Dupleix sur l'Hindoustan étaient d'une portée plus haute et avaient une autre signification. « Maître de lui et de son secret, dit M. le comte de Saint-Priest dans sa magnifique *Etude diplomatique sur la perte de l'Inde*, profond, impénétrable, rempli à la fois de hardiesse et de sens, brillant et mystérieux comme cette terre de l'Inde, où les palais et les temples se cachent dans le centre des montagnes, Dupleix fut le créateur de l'idée que le gouvernement de Louis XV ne sut pas comprendre, et sur laquelle il n'osa pas même laisser tomber son débile regard; idée féconde que l'Angleterre n'a pas conçue, mais qu'elle a réalisée, non pas pour son malheur, comme le prétendent quelques esprits systématiques, mais pour sa puissance, pour sa grandeur et pour sa gloire. Il ne suffisait pas à Dupleix d'armer en course et de mettre le feu à des comptoirs: se contenter du faible commerce de la Compagnie ne lui semblait qu'un jeu stérile; même le trafic exclusivement indien, dont il était le promoteur, n'était à ses yeux que l'occupation de quelques particuliers pressés de s'enrichir; mais rendre la France maîtresse de l'Hindoustan par la négociation et la conquête, entrer dans les guerres intestines de ses princes, prendre parti pour les compétiteurs sans nombre qui se disputaient son sol et ses trésors, pénétrer jusqu'au faible cœur de cet empire sans se laisser éblouir par l'or et les diamants dont il était couvert, faire plus que reine une Compagnie de marchands, Dupleix l'avait rêvé pour sa patrie. Il l'aurait accompli pour elle si elle l'avait voulu, ou plutôt si son gouvernement le lui avait permis. »

La guerre venait d'éclater en Europe entre la France et l'Angleterre. Les deux nations semblaient d'abord vouloir garder dans l'Inde une neutralité avantageuse au commerce des deux Compagnies, lorsque tout-à-coup une escadre anglaise, sous les ordres du commodore Barnett, vint croiser dans le détroit de la Sonde, et s'empara de trois vaisseaux français qui se rendaient de Chine en Europe et d'un quatrième qui retournait de Manille à Pondichéry. Au mois de juillet 1745, cette escadre vint se montrer sur la côte de Coromandel.

Le Gouverneur des îles de France et de Bourbon avait obtenu une commission du Roi, pour commander en cas de guerre les vaisseaux de la Compagnie. En apprenant la reprise des hostilités entre la France et l'Angleterre, La Bourdonnais, qui, sur les ordres du ministère, avait, quelques mois auparavant, renvoyé en Europe l'escadre qu'il commandait, s'empressa d'armer en guerre les vaisseaux de la Compagnie qui se trouvaient sous sa main. La tâche était difficile ; tout semblait conspirer contre lui, les maladies, la sécheresse, la disette, jusqu'aux accidents les plus imprévus. Le *Saint-Géran*, qui lui apportait des vivres de France, échoua devant l'île d'Ambre, non au cœur de l'hiver par une affreuse tempête et la faute de la destinée, mais dans une belle et claire nuit des tropiques par la faute d'un capitaine imbécile et d'un bosseman ivre. La Bourdonnais ne se découragea pas. Grâce à sa persévérance et à son habile activité, le 24 mars 1746, il mettait à la voile à la tête de neuf bâtiments armés en guerre, qu'il dirigea sur Madagascar pour y compléter ses approvisionnements. Un coup de vent qui le surprit à Foule-Pointe lui fit chercher un refuge dans la baie d'Antongil où il put réparer ses bâtiments avariés par la tempête. Avec des efforts surhumains il put y construire un quai en pierres, des ateliers, des forges, une corderie, et tira ses bois de construction des forêts voisines, en les amenant au rivage sur une chaussée improvisée à travers un marais autrement impraticable et d'une largeur de plus d'une lieue. Enfin après avoir passé 48 jours dans ces gigantesques travaux, et perdu par la maladie 95 Européens et 33 noirs, le 1er juin, La Bourdonnais put reprendre la mer.

Le 6 juillet, sur la côte de Coromandel, il rencontra la flotte anglaise, commandée par le capitaine Peyton. La sienne était numériquement supérieure ; mais les Anglais avaient de la grosse artillerie qui leur donnait un avantage bien marqué. Leurs vaisseaux avaient tous du 24, ceux de

La Bourdonnais du 8 et du 12 ; quelques-uns seulement du 18. Le commandant français manœuvra pour prendre le vent et aborder l'ennemi : c'était le moyen d'annihiler l'effet de ses gros canons. De son côté l'Anglais chercha à éviter l'abordage. Ces diverses manœuvres prirent beaucoup de temps ; il était quatre heures et demie lorsque le combat s'engagea. Il fut meurtrier et dura jusqu'à la nuit. Les Anglais eurent 35 morts et 400 blessés ; les Français 300 hommes tués ou blessés ; toutefois les vaisseaux ennemis avaient le plus souffert ; l'un d'eux, de 60 canons, menaçait de couler bas. Le lendemain le commodore Peyton fit voile pour Trinquemalé, et l'escadre française, après avoir offert deux fois le combat, finit par se diriger sur Pondichéry.

L'accueil que La Bourdonnais reçut de Dupleix lui parut malveillant et hautain. La mésintelligence commença dès ce moment à se mettre entre ces deux hommes, moins par des motifs de basse jalousie, comme on a bien voulu le dire, qu'en raison de la diversité de leurs vues politiques, et surtout par la faute de la Compagnie et des instructions ambiguës, fallacieuses même du Gouvernement, ainsi que par la stupidité ou la perfidie du ministère d'alors, qui, ne voulant pas l'union de ces deux hommes éminents, suscita entre eux une rivalité qui lui paraissait nécessaire.

Depuis plusieurs années, La Bourdonnais nourrissait le projet d'attaquer Madras. Il ne voyait dans cette entreprise qu'un siège à faire et une rançon à exiger. Pour Dupleix au contraire, Madras était une conquête durable, un accroissement de territoire pour la France. Chacun en avait écrit au Gouvernement dans son sens, et le Gouvernement crut faire un chef-d'œuvre d'habileté en leur donnant, à l'insu l'un de l'autre, des instructions opposées et contradictoires. Par une ordonnance royale contre-signée Orry, tous les officiers de la Compagnie, tant à terre que sur mer, devaient obéir à La Bourdonnais. Une lettre secrète du ministre lui défendait expressément de s'emparer d'aucun comptoir ennemi pour le conserver. En même temps des instructions opposées étaient envoyées à Dupleix. En cas de prise de Madras, il lui était formellement ordonné d'y établir son autorité et de la remettre à Anaverdy-Khan, nabab du Karnatik.

Le 12 septembre 1746, La Bourdonnais appareilla pour Madras de la rade de Pondichéry. Il avait avec lui 2,400 Européens, 500 noirs, 500 cipahis, environ 3,400 hommes. Le 16 il commenca par mer l'investissement de la place, et après avoir débarqué 900 hommes avec deux pièces de canon, il opéra près de San-Thomé une seconde descente soutenue par les hommes de la première. Le 19 les Anglais vinrent tirailler sur le front du camp français; ils furent vivement repoussés. Le même jour les assiégeants s'emparèrent d'un faubourg où ils se fortifièrent et établirent deux batteries. Enfin trois des vaisseaux de l'escadre canonnèrent la ville pendant toute la nuit; 5 ou 600 bombes furent envoyées dans la place. Cependant les Anglais ne répondaient pas ; leur résignation était inexplicable. Le 20 le commandant français se préparait à une attaque générale, lorsqu'il reçut la visite de deux parlementaires, qui lui étaient recommandés par une belle-fille de Dupleix, Madame Barneval, mariée à un Anglais de Madras. Le soir même la place capitulait moyennant une rançon de dix millions.

Dupleix fit déclarer la capitulation nulle par le Conseil de Pondichéry. Il s'opposa en même temps à la restitution de la ville et exigea qu'elle fut rasée. La Bourdonnais réclama hautement contre cette violation de sa parole. Tous deux soutinrent si vivement la lettre de leurs instructions, qu'au plus fort de la dispute qui s'ensuivit, des agents de la Compagnie anglaise, qui assistaient à ce malheureux démêlé, s'enfuirent ne se croyant plus en sûreté. De ce nombre était un obseur commis qu'on appelait Clive. Les choses allèrent même plus loin; Dupleix accusa la cupidité de La Bourdonnais à qui il reprochait d'avoir vendu sa conquête aux Anglais, et résolut de le faire arrêter. Le général français prévint ce scandale. Après avoir pris la détermination de se défendre à main armée, il se retira sur sa flotte. Une tempête vint peu de jours après détruire ses vaisseaux et ses dernières espérances. Enfin, vaincu par les éléments et par les hommes, La Bourdonnais quitta la rade de Madras après avoir vu installer dans la ville

M. d'Eprémenil en qualité de gouverneur et M. Paradis comme commandant de la place. A cette occasion Dupleix reçut les cordons de Saint-Michel et de Saint-Louis, ainsi que le titre de marquis. La Bourdonnais alla se justifier en France où, pour récompense de ses services, l'attendait une longue captivité. Dupleix chercha ensuite à se rendre maître du fort Saint-David, situé dans le voisinage de Goudelour, mais il ne put y réussir.

Le Nabab du Karnatik, Anaverdy-Khan, n'avait pas tardé à comprendre que la promesse de Dupleix de lui rendre Madras n'était qu'une ruse pour l'empêcher de venir au secours des Anglais. Irrité, il envoya, contre notre nouvelle conquête, une armée de 10,000 hommes sous les ordres de son fils Maphous-Khan. Un détachement de cette armée arrêta et retint prisonniers M. de Kerjean, neveu de Dupleix, et M. Gosse, membres du Conseil, qu'on avait députés à Anaverdy-Khan. Alors Dupleix donna des ordres pour que Madras fît une vigoureuse défense. Paradis le secondait admirablement; dans une sortie, à la tête de 460 hommes et avec 2 pièces de campagne, il attaqua à la baïonnette l'armée entière du Nabab dont les troupes furent si maltraitées, que Maphous-Khan fut un des premiers à s'enfuir. Cette victoire exalta le courage des Européens. Depuis longtemps on avait pris l'habitude de trembler au seul nom des Nababs du Grand-Mogol; ce furent les Français qui dissipèrent ce prestige, en dispersant une armée entière avec une poignée de soldats. Maphous-Khan prit pour quelque temps l'habit de fakir en signe de deuil. Toutefois il ne laissa pas d'aller plus tard secourir les Anglais assiégés à Goudelour. Après la prise de Madras, Dupleix avait concentré dans le fort d'Ariancoupan un détachement de 1,600 fantassins, 50 cavaliers européens et 2 compagnies de Caffres que dans la nuit du 19 au 20 décembre il dirigea sur le fort Saint-David. Cette entreprise échoua, grâce au secours fourni par Anaverdy-Khan aux Anglais. Les Français furent tout-à-coup enveloppés par un corps d'armée considérable envoyé par le Nabab. Le péril était grand. Dupleix, fertile en ressourses, entra aussitôt en négociation; il tenta même une diversion en faisant ravager les Etats du prince

Mogol dans les environs de Madras, et profitant de ce que quelques vaisseaux français s'étaient montrés sur la rade de Pondichéry, il répandit adroitement le bruit que des forces imposantes arrivaient à son secours. Trompé par cette rumeur fallacieuse, le Nabab s'empressa de demander l'alliance des Français, et, pour la sceller, il envoya son fils Maphous-Khan à Pondichéry où Dupleix le reçut avec un faste et une magnificence tout orientale.

Cependant, vers la fin de 1747, une escadre de 9 vaisseaux était partie d'Angleterre sous les ordres de l'amiral Boscawen qui avait été chargé, chemin faisant, de s'emparer de l'île de France, contre laquelle néanmoins il ne fit aucune entreprise après en avoir exploré le littoral. De là il se dirigea sur la côte de Coromandel où son escadre se joignit à celle de l'amiral Griffins. Cette armée navale était la plus considérable qui fût encore venue dans l'Inde; elle ne comptait pas moins de 30 vaisseaux et apportait avec elle le major Laurence, officier d'une grande réputation, à qui on avait donné le commandement supérieur de toutes les forces de la Compagnie. A ce moment, pleins d'ardeur, les Anglais se montraient impatients d'aller venger sur Pondichéry, la chute de Madras. Le danger était imminent; par bonheur l'amiral Boscawen résolut d'attaquer Pondichéry par terre et alla préalablement investir le fort d'Ariancoupan, qui se trouvait sur le chemin de l'armée débarquée près de Goudelour. De braves officiers s'y étaient renfermés pour arrêter l'armée anglaise : c'étaient MM. de la Touche, de la Borderie, le comte d'Auteuil, le chevalier Law, neveu du célèbre financier, et, avant tous, Paradis, ingénieur d'un rare savoir et militaire d'une éclatante bravoure. L'escalade fut repoussée; une sortie heureuse commandée par Bussy-Castelnau, un vrai paladin de la Table-Ronde, aurait même eu pour résultat de faire lever le siège aux Anglais, lorsqu'un accident força les assiégés à évacuer la petite forteresse. Un boulet ennemi vint mettre le feu à 7 caissons de poudre qui tuèrent ou blessèrent une centaine d'hommes dont plusieurs furent brûlés et défigurés. Un découragement général s'empara de la garnison. Le commandant d'Ariancoupan fit alors sauter les fortifications et se retira en bon ordre à Pondichéry, ne laissant à l'ennemi qu'un monceau de ruines.

L'amiral anglais demeura cinq jours à Ariancoupan, releva quelques fortifications écroulées, et resta quelque temps indécis sur la question de savoir s'il y laisserait une garnison pour faciliter ses communications avec la flotte pendant la durée du siège de Pondichéry. D'après l'avis des ingénieurs, il se décida néanmoins à attaquer Pondichéry par le nord-ouest. Dans les derniers jours du mois d'août, il vint donc à cet effet camper sous les murs de la ville avec 3,000 Anglais ou Hollandais de troupes de débarquement, 1,800 matelots exercés pour combattre à terre, et 10,000 indigènes que Maphous-Khan, aussi oublieux de ses serments que peu jaloux de sa gloire, lui envoya sous le commandement de son beau-frère. Sous le prétexte de contenir quelques rebelles, le vieil Anaverdy-Khan lui-même se tenait avec un corps de 10,000 hommes à une douzaine de lieues de Pondichéry. Le 30 août la tranchée fut ouverte.

Depuis longtemps Dupleix s'était préparé à une vigoureuse résistance. Bestiaux, grains, vivres de toute espèce avaient été accumulés dans la place. A chaque instant présent partout, cet homme se montra dans cette circonstance tout à la fois administrateur, munitionnaire, artilleur, ingénieur, général. Paradis le secondait de toute la force de son intelligence et de son intrépidité. L'amiral anglais s'était vanté d'emporter Pondichéry en huit jours. Son impéritie fut égale à sa présomptueuse vanité. Il choisit mal son point d'attaque, prit position trop loin du rivage, ce qui rendait périlleuses et difficiles les communications entre le camp et l'escadre de l'amiral Griffins qui bloquait la ville par mer. Une sortie que fit Paradis à la tête de 500 Européens et de 700 cipahis fut le seul engagement dans lequel les Anglais eurent quelque succès. A l'attaque des tranchées, les Français furent repoussés avec perte et leur brave commandant mortellement blessé. Néanmoins après avoir essuyé un feu meurtrier de la place, et avoir avancé ses travaux, l'amiral anglais fut obligé de se retirer devant l'obstacle d'un marais impraticable qu'on avait négligé de reconnaître.

Alors il fit établir toute son artillerie en 3 batteries qui foudroyèrent la ville. Mais l'artillerie des assiégés n'en conserva par moins une grande supériorité. Il eut bientôt recours à d'autres moyens d'attaque; les vaisseaux de la rade se formèrent en ordre de bataille et ouvrirent un feu très-vif, toutefois à une distance telle que cette canonnade demeura sans résultat. Ils ne réussirent quelques jours après qu'à tuer une vieille femme qui s'était trop avancée dans une rue.

Comme dernière ressource, l'amiral Boscawen essaya de soulever les Hindous des environs. Quelques-uns se joignirent à lui; mais le découragement et la maladie s'étaient mis dans l'armée anglaise; la moitié de leur artillerie était hors de service, la saison des pluies commençait à se faire sentir, le rembarquement pouvait devenir difficile. Un conseil de guerre ordonna la levée du siège : il avait duré cinquante-six jours, dont trente-huit de tranchée ouverte, temps pendant lequel les assiégeants avaient perdu 1,065 Européens et un assez grand nombre de soldats indigènes, sans compter les prisonniers. La perte de la garnison ne s'éleva qu'à 200 Européens et 50 cipahis, malgré le feu d'une escadre et d'une armée qui avait bombardé la ville avec 5,000 bombes et 40,000 coups de canon. Le triomphe des Français aurait été complet s'ils n'eussent pas eu à déplorer la mort de Paradis, de ce chef que blancs, noirs et mulâtres suivaient au pas de course en criant avec enthousiasme : «*Paradis jusqu'en Enfer !*»

Dupleix fit chanter un *Te Deum* en action de grâce dans toutes les églises de Pondichéry, et sans perdre de temps il informa tous les Nababs, le Soubahdar du Dékhan et jusqu'au Grand-Mogol lui-même de l'heureux événement de la délivrance du chef-lieu des Établissements français. Tous lui répondirent par les félicitations les plus pompeuses sur ses talents ainsi que sur le caractère guerrier de sa nation; des ambassadeurs chargés de présents vinrent de toutes parts le complimenter; l'empereur de Delhy lui envoya les titres de *Khan-Mansoubdar-Nabab-Mouzaffer-Sing-Bahadour*, avec le sceau attaché à ses dignités. C'est au bruit des mousquetades,

des cloches sonnant à grandes volées, des fêtes données aux princes natifs qui venaient le visiter dans sa capitale, au milieu de son triomphe, enfin, que Dupleix reçut du cabinet de Versailles l'ordre de rendre immédiatement Madras aux Anglais. Le traité d'Aix-la-Chapelle (18 octobre 1748) venait de réconcilier la France et l'Angleterre. Toutes les conquêtes faites dans l'Inde pendant la guerre devaient être restituées *sur le pied qu'elles étaient ou devaient être antérieurement.*

Sahodjî, roi des Mahrattes, avait fait féliciter Dupleix sur la fermeté et la sagesse de son gouvernement par Ragodjî-Bounslah, son fils et son général. Le gouverneur français crut pouvoir profiter de cette occasion pour lui demander la liberté de Chanda-Saheb, dont la famille et celle de Bara-Saheb, son frère, étaient toujours réfugiés à Pondichéry. Seize laks de roupies avaient été jusqu'à ce moment la rançon fixée pour le rachat du prisonnier. Sur la demande de Dupleix, la liberté lui fut rendue ainsi qu'à son fils, sous la seule condition que lorsqu'il serait maître du Karnatik, le prince musulman payerait deux laks et demi pour les dépenses nécessitées par sa captivité. En lui accordant la liberté, le roi Mahratte donna au futur Nabab un corps de troupes de 3,000 hommes avec ordre à ses généraux de lui prêter main-forte en cas de besoin. A la tête de ces troupes, le prince Mogol quitta sa prison de Settarah, levant en outre çà et là, sur son chemin, de l'argent et des soldats pour conquérir le Karnatik. Il se trouvait déjà sur les terres du Radjah de Kanara lorsque le Nabab de Chitter-Drong implora son secours contre celui de Bedrour. L'expérience de Chanda-Saheb valut la victoire à son nouvel allié, qui reconnut et paya ce service en lui donnant assez d'argent pour lever un corps de 3,000 cavaliers et un autre de 2,500 fantassins. Tout grand qu'il fût, cet acroissement de forces était encore loin de permettre à Chanda-Saheb une tentative contre le Karnatik dont les principaux habitants étaient disposés en sa faveur; mais à cette époque des évènements inespérés vinrent en aide à ses projets ambitieux.

Depuis longtemps Dupleix avait compris que le commerce de l'Hindoustan ne méritait pas l'attention exclusive de la France. Déçu dans ses espérances de chasser les Anglais hors de la presqu'île méridionale, il ne renonça pas tout-à-fait aux grands projets qu'ils avaient formés, mais il leur donna un autre aliment. La grande connaissance qu'il avait de la situation politique de l'empire Mogol, lui en avait révélé la faiblesse, tout en lui suggérant une idée nouvelle qui devait devenir féconde en résultats. C'était de rechercher l'alliance des princes natifs, de se mêler de leurs intérêts, de leurs querelles, de soutenir un parti contre l'autre, et de leur demander des cessions de territoire en échange de services rendus. Pour intervenir avec efficacité dans leurs conflits, il fallait leur opposer ou leur prêter des troupes instruites à l'Européenne; la victoire devait infailliblement se ranger sous le drapeau de la tactique et de la discipline. Aussi jusqu'alors Dupleix n'avait-il rien négligé pour instruire militairement non-seulement les Européens, mais les Hindous, les Caffres, les mulâtres ou topas [24], dont il avait fait des troupes régulières sous le nom de *Cipahis* ou *Cipayes*. En les envoyant au secours d'un Nabab ou d'un Radjah qui prenait à sa charge leur entretien et les frais de la guerre, la Compagnie française assurait la défaite du compétiteur ennemi, et acquérait pour son compte des territoires sans qu'il en coutât une obole à ses actionnaires. Alors l'Angleterre n'avait pas encore compris le système qui lui a assuré plus tard l'empire de l'Hindoustan. Cette pensée était éclose dans un cerveau français, pour la grandeur et pour la gloire de la France, si le gouvernement de cette l'époque avait été à la hauteur de l'idée et du génie de l'homme illustre qui l'avait conçue.

Ce plan une fois adopté, Dupleix avait compris l'avantage de se faire un allié d'un homme tel que Chanda-Saheb. Le prince hindou avait du courage, de l'habileté, de l'élévation d'esprit et faisait peu de cas de l'argent, négligeant surtout ces sordides moyens employés trop souvent par les seigneurs natifs pour grossir leurs trésors. Il n'était d'ailleurs incapable ni de générosité ni de reconnaissance. Du fond de sa prison de Settarah, Chanda-

Saheb n'avait cessé de correspondre avec Dupleix ou plutôt avec sa femme qui secondait admirablement le gouverneur français dans ses vues. Versée dans les principales langues de l'Hindoustan, parlant le persan comme sa langue maternelle, prodigue de ses richesses et de son dévouement, elle entretint une vaste correspondance au nom de son mari avec tous ceux qu'elle crut en mesure de favoriser ses desseins. Son nom de baptême était Jeanne, Joanna; elle adopta pour signature le nom persan Jân, et devint fort connue dans l'Inde entière, non pas sous son nom européen de marquise Dupleix, mais sous le nom indigène de *Jân-Begom*, la princesse Jeanne.

Tant que le vieux Nizam avait vécu, les projets du gouverneur de Pondichéry n'avaient pu se réaliser. Le vice-roi du Dékhan était trop bien maître chez lui, et était en outre également respecté ou craint des diverses puissances européennes dont les Établissements avoisinaient ses domaines. Il mourut à l'âge de 107 ans, longue carrière qu'il avait passée au milieu des intrigues de la politique orientale, laissant cinq fils. L'aîné, Ghazi-Eddin, jouissait de la dignité d'omrah [25] à la cour de Delhy; le second Nazyr-Sing, se trouvait à Aurengabad à la mort de son père avec ses frères puînés Salabet-Sing, Nizam-Ali et Bazalet-Sing, jeunes gens insignifiants et beaucoup plus jeunes que lui. Nizam-El-Molouck laissait en outre un petit-fils, Hidayet-Mohi-Eddin-Khan, connu dans la suite sous le nom de Mouzapher ou Mursapha. Né d'une fille préférée que Nizam avait eue de son mariage avec la nièce de l'empereur de Delhy et d'un barbier favori, appelé Satodolos-Khan, ce jeune homme avait été l'objet exclusif de la tendresse du Soubadar qui l'aurait, dit-on, désigné pour son successeur au détriment de ses autres oncles et surtout de Nazyr, ce fils révolté et déshérité en punition de son crime.

Du reste, par sa mère, Mursapha avait seul la qualité d'héritier légitime, à l'exclusion des ses oncles nés de concubines. En outre un prétendu testament du vice-roi, revêtu de son sceau (Tschap), donnait au jeune prince, à titre de feudataire il est vrai, l'investiture de la souveraineté du Dékhan.

A la mort de son père, Nazyr s'empara du gouvernement et du trésor de Golconde, et s'installa comme Soubahdar en alléguant que le poste revenait à son frère aîné Ghazi-Eddin, qui, retenu à la cour de Delhy, l'avait désigné pour l'occuper à sa place. Hamed-Schah, fils et successeur de Mohammed-Schah, ne fut pas plus tôt instruit de la mort de Nizam et de l'usurpation de Nazyr, qu'il pensa à punir la témérité du rebelle. Il fit venir à Delhy Hydayet-Mohi-Eddin, son cousin, lui donna le nom ou le titre de Mursapha-Sing, c'est-à-dire *l'invincible*, le déclara généralissime de ses armées, et l'investit de la souveraineté du Dékhan. Il lui ordonna en même temps de marcher contre Nazyr, de le lui envoyer prisonnier après lui avoir fait rendre compte des sommes considérables dues à l'empire, lui promettant que lorsqu'il serait installé dans son gouvernement, il lui conférerait le titre de Nizam-el-Molouck que portait son aïeul.

Mursapha partit de Delhy à la tête de 8,000 cavaliers et de 15,000 hommes d'infanterie qui se dirigèrent vers le Dékhan. Son armée se renforça bientôt de nouvelles levées qu'il fit sur sa route et du corps de Chanda-Saheb venu à sa rencontre pour lui exposer ses droits à la nababie du Karnatik. Ce dernier lui communiqua des lettres de Dupleix qui lui promettait du secours pour le rétablir dans son gouvernement. L'influence du nom français était immense à cette époque, et celui du Gouverneur de Pondichéry populaire dans tout l'Hindoustan. Mursapha n'hésita pas à confirmer à Chanda-Saheb le titre de Nabab d'Arkat et de Maduré au nom du Grand-Mogol qu'il informa aussitôt de ce qu'il venait de faire. Hamed-Schah approuva les actes de son lieutenant. Il décora même Chanda-Saheb du titre de Khan-Bahadour, lui promettant celui d'Omrah-Sing lorsqu'il aurait fait reconnaître son autorité, lui imposant pour seule condition d'aller en son nom complimenter le Gouverneur français et de lui demander sa belle-fille en mariage, proposition que Dupleix éluda plus tard en prétextant la différence de religion.

Avec le coup-d'œil qui lui était particulier, Dupleix avait compris la situation. Rien ne pouvait servir davantage son ambition et sa politique que l'éventualité de faire un Nabab du Karnatik et un Soubahdar du Dékhan qui lui devraient en partie leur élévation. Il n'hésita pas à reconnaître les prétentions de Mursapha et de Chanda-Saheb, d'autant mieux que les Anglais venaient de se déclarer pour Nazyr et pour Anaverdy-Khan, son protégé.

A la réception des ordres dn Grand-Mogol, Mursapha et Chanda-Saheb prirent la route du Karnatik, où ils ne pouvaient pénétrer de ce côté que par la vallée d'Ambour. Au bruit de leur marche, le Nabab et Maphous-Khan, son fils, étaient allés prendre position auprès de la forteresse qui commande l'entrée de ce défilé, et ils s'y étaient retranchés avec une armée de 20,000 hommes. Le corps de troupes de Chanda-Saheb n'était pas nombreux; Mursapha ne voulait pas exposer les siennes dans l'intérêt unique de son vassal. Dans cette conjoncture, les deux princes campèrent au pied des montagnes, et informèrent Dupleix de la situation. Le Gouverneur français mit aussitôt en campagne 2,000 cipahis, 60 Caffres et 420 soldats français dont il confia la conduite à Radjah-Saheb, fils de Chanda-Saheb, sous la direction de M. le colonel d'Auteuil, officier supérieur d'un mérite éprouvé.

Ils n'hésitèrent pas à aller attaquer le Nabab qu'ils trouvèrent campé au bas des rocs d'Ambour avec 12,000 cavaliers, 8,000 fantassins, 220 éléphants et 20 pièces de canons servis par 66 Européens, ramassis de toutes les nations. On en vint aux mains le 1er août 1749; la rencontre fut sanglante et décisive. Le colonel d'Auteuil avait offert d'enlever avec ses propres troupes le retranchement qui couvrait le camp ennemi. Repoussé dans une première attaque où il reçut une grave blessure, le commandant français, soutenu par quelques faibles renforts du corps de Chanda-Saheb, ramena ses soldats au pas de charge contre l'armée du Nabab. Monté sur un magnifique éléphant, celui-ci parcourait son front de bataille, encourageant ses soldats à recevoir sans faiblir le choc de l'ennemi. Derrière le bataillon français s'avançait l'armée des princes Mogols prête à le secourir. Tout-à-coup Anaverdy-Khan apprend que le désordre s'est mis dans son aile droite commandée par son fils Maphous-

Khan, qui lui-même vient d'être enlevé par un boulet de canon. La douleur, la vengance font bouillonner dans ses veines ce que l'âge y a laissé de sang ; il ordonne de précipiter son éléphant à travers les rangs ennemis et d'y chercher Chanda-Saheb qu'il regarde comme l'auteur de cette journée néfaste. Mais entre les deux rivaux se trouvait le bataillon français dont il lui fallut essuyer le feu; blessé d'abord à la cuisse, une balle l'atteignit au cœur et le renversa roide mort au pied de son énorme monture qui roula dans la poussière avec sa tour et son drapeau. Toutefois Maphous-Khan n'avait pas été tué ; seulement il avait été fait prisonnier au milieu de plusieurs officiers généraux qui périrent pour le défendre, de même que son père, mort à un âge qui n'a vraisemblablement rencontré que cette seule fois le trépas des champs de bataille. Il avait 104 ans.

Alors, comme il arrive toujours en pareil cas aux armées hindoues, la perte de son chef eut pour résultat immédiat de mettre en fuite l'armée du Nabab, dont on fit un grand carnage. Le butin fut considérable ; une caisse militaire garnie de 17 millions, des bijoux, des armes, des chevaux, des chameaux, devinrent le prix de cette victoire, dont les Français ne se réservèrent que l'honneur du combat, ce qui donna aux Mogols la plus grande idée de la discipline et du désintéressement des alliés dont ils venaient d'admirer la valeur. Sur le champ de bataille, Mursapha fut proclamé soubahdar du Dékhan ; Chanda-Saheb, nabab du Karnatik, et Radjah-Saheb, son fils, nabab de Trichenapaly et de Maduré. De là Français et Mogols prirent le chemin d'Arkat, d'où l'on instruisit le Gouverneur de Pondichéry de ce qui venait d'avoir lieu. L'influence morale de cette victoire en surpassa les résultats matériels. Le nom de la France retentit d'un bout à l'autre de l'Hindoustan, et tout Français fut désormais, chez les vassaux du Grand-Mogol, ce qu'avait été un Romain à la cour de Prusias et d'Attale. Mursapha et Chanda-Saheb vinrent à la tête de leurs troupes à Pondichéry apporter à Dupleix le légitime tribut de leur juste reconnaissance. Une réception splendide les y attendait. Le Gouverneur alla les recevoir aux limites de son territoire, accompagné dans sa marche de toutes les marques de distinction attachées aux dignités que lui avait conférées la cour de Delhy. De là il les conduisit à l'hôtel du gouvernement où pendant plusieurs jours ils reçurent une hospitalité en harmonie avec leur nouvelle fortune. Pour donner des marques solides de son amitié et de son estime pour la nation, Chanda-Saheb et son fils concédèrent par un paravana à la Compagnie française le territoire de Villenour et les 45 aldées qui en dépendent, ainsi que celui de Bahour avec 35 aldées dont quelques-unes étaient enclavées dans le précédent district, ce qui augmenta les revenus de la colonie d'environ 160,000 roupies. Rempli à son tour des sentiments d'une juste gratitude, Mursapha fit expédier également un paravana par lequel il confirmait la donation faite par ses vassaux, en y ajoutant lui-même la ville de Mazulipatam, l'île de Divi et le Condavir, c'est-à-dire 30 lieues de territoire aux environs avec le droit d'y battre monnaie, ce qui pouvait former un revenu annuel de 2 millions de livres.

C'est vers cette époque que furent fondés les comptoirs de Nizampatnam, Ingeram, Vizagapatnam, Bimlipatnam et Narzapour.

CHAPITRE VI.

SOMMAIRE: — Troupes françaises au service des princes mogols. — Expédition contre le Tanjaour. — Concession de 81 aldées à Karikal.— Nazyr envahit le Karnatik. — Désertion de 13 officiers français. — Retraite. — Négociation. — Attaque de nuit du camp de Nazyr. — Expédition à Mazulipatam. — Bataille du Ponéar. — Prise de Gingy. — Mort de Nazyr. — Délivrance de Mursapha, reconnu Soubahdar. — Dupleix nabab. — Bussy accompagne Mursapha dans le Dékhan. — Mort de Mursapha.— Salabet-Sing. — Les Anglais au secours de Méhémet-Ali.— Clive.— Mort de Chanda-Saheb. — La Compagnie mécontente de Dupleix.— Son rappel. — Godeheu.— Traité.— Départ de Dupleix. — Sa mort.

Après ce témoignage de son attachement et de sa bienveillance pour les Français, comblé d'honneur et d'amitié de la part de Dupleix, Mursapha prit congé de son hôte et retourna se mettre à la tête de ses troupes campées à 4 lieues de Pondichéry. Chanda-Saheb resta quelques jours encore auprès du Gouverneur pour prendre avec lui quelques arrangements indispensables à la continuation de la guerre. Dans sa reconnaissance pour les troupes qui l'avaient si bien servi à la bataille d'Ambour, il leur fit distribuer 75,000 roupies, et gratifia M. d'Auteuil, leur commandant, d'une aldée de 3 ou 4,000 roupies de revenus. Cependant, pour s'affermir sur le trône du Karnatik, le prince mogol avait besoin de nouveaux secours d'hommes et d'argent. Il négocia cette affaire avec Dupleix qui décida que jusqu'à l'établissement complet de leur autorité, il serait fourni à Mursapha et à Chanda-Saheb un bataillon de 800 blancs, 300 cipahis, avec 34 officiers et un train d'artillerie proportionné à l'exécution des opérations dont on conviendrait. Ces troupes, payées et entretenues par le Soubahdar et le Nabab, devaient rester à leur service jusqu'à la fin de la guerre, époque à laquelle les deux princes rembourseraient à la Compagnie les avances qu'elle leur aurait faites. Vers la fin d'octobre, ce détachement, commandé par M. Duquesne et accompagné de Chanda-Saheb, alla se mettre à la disposition de Mursapha.

Après la défaite d'Anaverdy-Khan, Méhémet-Ali, son second fils, s'était réfugié à Trichenapaly, implorant le secours des Anglais qui ne tardèrent pas à le reconnaître pour son successeur, et à appeler dans le Karnatik Nazyr, le soubahdar de leur choix. En présence des troupes françaises jointes aux armées mogoles combinées, tout avait d'abord plié et s'était soumis. Le roi du Tanjaour seul parut vouloir opposer quelque résistance. Débiteur de sommes considérables au trésor d'Arkat, il fut mis en demeure de les payer ou d'y être contraint par la force. Les fanfaronades d'un brâhme, Maradjî-Adjî, en grande réputation à sa cour, détournèrent le roi d'un accommodement auquel il était disposé. M. Duquesne connaissait toutes les entraves que le Radjah avait opposées à la concession de Karikal; il regardait en outre comme onéreux et illégitime le tribut de 2,000 pagodes qu'on lui payait annuellement au sujet de cet Etablissement. L'occasion lui parut belle pour s'en affranchir et venger avec usure les mauvais procédés du prince mahratte envers la France. Le 17 décembre, après s'être exposé au feu de 500 coups de canon qui ne lui tuèrent pas un seul homme, M. Duquesne s'empara de trois redoutes dont les abords de la place étaient défendus. Le roi effrayé s'empressa d'ouvrir des négociations; puis le danger passé, il eut recours à un système temporisateur. Il se plaignit des demandes exagérées de Chanda-Saheb qui exigeait pour lui quatre karols ou krours [26] de roupies, c'est-à-dire 100 millions, et pour la Compagnie française l'abandon du tribut de 2,000 pagodes et de 81 aldées autour de Karikal. On lui donna deux jours pour se décider, en lui faisant savoir que ce délai expiré, sa capitale et son royaume lui seraient enlevés sans garantie de la liberté et de la vie. Cette réponse le consterna. Il rassembla plusieurs fois son conseil, prit cent résolutions sans s'arrêter à aucune. Enfin la journée du 22 s'étant passée sans réponse, le 23, dès 6 heures du matin, M. Duquesne fit entendre son canon et salua la ville de 50 bombes et de 30 grenades royales dont les éclats tuèrent plusieurs personnes, notamment deux brâhmes. Le roi épouvanté envoya dire qu'on cessât le bombardement, et, le 31 octobre 1749, il fit un traité par lequel il paya à Chanda-Saheb 70 laks (18 millions) et fit remise à la France du tribut de deux mille pagodes avec un paravana portant concession de 81 aldées de la dépendance de Karikal. C'est à cette époque que Dupleix demandait à la Compagnie si elle désirait conquérir le Tanjaour, « un petit royaume, disait-il, de 15 millions de revenus, qu'on pourrait garder avec moins de 2,000 blancs contre toutes les forces de l'Inde. » M. Duquesne mourut à Karikal le 24 janvier 1750 et fut remplacé par M. Goupil.

Dupleix, en se séparant des princes mogols, leur avait recommandé d'attaquer Trichenapaly où Méhémet-Ali s'était renfermé. Ils le promirent, mais n'en firent rien, soit qu'ils regardassent le siège de cette place comme périlleux, soit de crainte que, faute de solde, une partie de leurs troupes ne désertât. Leurs finances étaient en si mauvais état qu'ils craignaient d'en faire l'aveu à Dupleix de peur de refroidir son zèle. C'était pour faire de l'argent qu'ils s'étaient tournés contre le Tanjaour.

Cependant le bruit de nos victoires avait réveillé les Anglais. Après quelques faibles secours envoyés à Méhémet-Ali, ils firent venir du fond de l'Inde Nazyr-Sing, le rival de Mursapha, qui fondit sur le Karnatik avec 300,000 hommes, 800 pièces de canon et 1,300 éléphants. La vue de cette armée suffit pour convaincre les Anglais de la légitimité des prétentions de Nazyr. Le conseil de Madras ordonna aussitôt à un petit détachement qui avait été envoyé à Trichenapaly de suivre Méhémet-Ali qui, lui-même, à la tête de 6,000 cavaliers, alla se joindre au fils de Nizam. Peu de jours après, le major Laurence quitta le fort Saint-David à la tête de 600 Européens qu'il vint mettre aux ordres du Soubahdar.

Les armées mogoles combinées se trouvaient dans une triste situation: les officiers européens réclamaient des arrérages de solde, menaçant de se retirer s'ils n'étaient satisfaits; une espèce de terreur panique avait gagné les soldats indigènes. Dupleix avait fait proposer à Mursapha et à Chanda-Saheb d'emporter la ville de Tanjaour, où les troupes seraient à couvert de toutes les forces de l'ennemi, fussent-elles encore supérieures. Rien ne fut capable de les persuader. Ils discutèrent au contraire la question de savoir s'ils ne feraient pas bien de prendre le chemin de Gingy pour s'emparer de cette ville. Mais l'approche de la formidable armée de Nazyr fit encore évanouir ce projet et on ne pensa dès lors qu'à se réfugier sous les murs de Pondichéry. Près de Chellambrom, l'armée fut harcelée par les coureurs mahrattes qui ne purent l'entamer, grâce à la valeur des troupes françaises qui faisaient face de tous côtés. Elle vint enfin camper près de Villenour.

De là les princes se rendirent à Pondichéry où ils laissèrent leurs familles et firent part au Gouverneur de leurs embarras financiers. Celui-ci leur avança 1,250,000 francs et nomma pour commander l'armée M. d'Auteuil, à la place de M. Goupil, malade à Karikal. La plus grande partie de l'armée de Nazyr était déjà rendue dans les environs de Gingy lorsque, le 20 mars 1750, l'armée française prit le parti de l'aller rencontrer et marcha en avant, faisant fuir devant elle des milliers de coureurs mahrattes qui pillaient le pays. Bientôt les deux armées se trouvèrent en présence.

La bataille semblait inévitable et le désordre qui régnait depuis quelque temps dans le bataillon français laissait toutes les chances de victoire du côté de l'ennemi. Treize officiers français, traîtres à leur serment et à leur honneur, désertèrent lâchement leur drapeau. Dans une situation si critique, le colonel d'Auteuil crut devoir prendre conseil de MM. de la Touche et de Bussy, qui, ne se sentant pas sûrs de leurs troupes, opinèrent pour se replier sur Pondichéry. Après s'être longtemps opposé à ce parti extrême, Mursapha consentit à battre en retraite avec l'armée. Le 5 avril au matin, au signal d'un coup de canon et pendant la nuit, elle se mit en marche vers Pondichéry, dans la persuasion que Mursapha suivait; de sorte que, au point du jour, la surprise ne fut pas petite lorsqu'on ne découvrit que quelques bandes du corps de Chanda-Saheb, qui savait mieux qu'aucun autre de quelle importance il était de ne pas abandonner les Français. Malgré son désir de venir à Pondichéry, Mursapha était resté indécis sur le parti qu'il devait prendre. Le grand étendard du Dékhan se trouvait entre ses mains, et dans les idées populaires toute retraite eût été à jamais infamante avec cette enseigne sacrée. Il préféra s'en rapporter à la générosité de son rival, lui demandant, en échange d'une soumission sincère, qu'il jurât sur le Koran de respecter sa liberté et sa vie. Le parjure ne coûtait guère à Nazyr. Il promit sous serment tout ce qu'on lui demanda; mais, lorsque Mursapha alla se jeter à ses pieds pour implorer sa clémence, il fut arrêté, chargé de fers, emprisonné, et eut son camp attaqué par un ennemi qui avait ordre de ne pas faire de quartier. Le corps d'armée mahratte commandé par Morarî-Râo se mit à la poursuite des Français qu'il eut bientôt atteints. Repoussés de toutes parts, les Mahrattes revenaient de tous côtés à la charge, sans se rebuter, se succédant sans cesse par escadrons nombreux, et trouvant toujours devant eux une résistance et une intrépidité qui ne se démentirent jamais pendant dix heures d'un combat opiniâtre qu'il fallut soutenir jusqu'à Oulgaret. MM. d'Auteuil, de la Touche, de Bussy et Chanda-Saheb à la tête de sa cavalerie firent des prodiges de valeur. A la revue des troupes on ne constata que l'absence de dix-neuf hommes dont onze se retrouvèrent depuis.

Dupleix avait appris que les officiers déserteurs s'étaient réfugiés dans un jardin d'Oulgaret. Par ses ordres ils furent arrêtés et enfermés dans le fort où l'on commença à instruire leur procès. Cependant la cavalerie mahratte paraissait déjà sur les côteaux de Pérambé. Dupleix se transporta lui-même au camp, et là, caressant, remerciant, encourageant l'officier et le soldat, il eut bientôt rétabli la confiance dans l'armée. A la fin l'enthousiasme s'en mêla ; les soldats faisaient cercle autour de lui et lui demandaient s'il était content. Cet homme exerçait une certaine fascination. Tout en approuvant au fond du cœur le parti de la retraite pris par M. d'Auteuil, il le traduisit néanmoins devant un conseil de guerre pour avoir fait ce mouvement sans son autorisation.

La situation du moment était critique. Mursapha était prisonnier, Chanda-Saheb abandonné de presque toutes ses troupes ; l'armée épuisée de fatigue par la retraite forcée qu'elle venait de faire, n'était pas un moyen infaillible d'écarter le danger. D'ailleurs l'infériorité de ses forces ne permettait pas à Dupleix de combattre. Ne pouvant obtenir la victoire par les armes, il la demanda à la négociation. Des députés, MM. du Bausset et de Larche, furent envoyés au camp des vainqueurs avec des propositions de paix trop défavorables pour être acceptées *de plano*, mais assez modérées pour être discutées pendant quelques jours. C'était du temps, et Dupleix ne demandait que du temps. A la tête de son armée, Nazyr était venu appuyer son camp à la forteresse de Valdaour. Dupleix, voyant ses troupes reposées et rafraîchies, leur ordonna de marcher en avant et d'aller camper dans le voisinage de l'armée ennemie. C'est à Valdaour que Nazyr reçut les députés français à qui il fit un gracieux accueil et donna un logement près de sa tente et celle de Chanavas-Khan, son premier ministre. Les envoyés de Dupleix proposèrent au Soubahdar de remettre les Etats de Mursapha à son jeune fils, Méhémet-Sadou-Eddin-Khan, et de reconnaître Chanda-Saheb pour Nabab du Karnatik. Ces propositions entraînèrent des pourparlers d'une huitaine de jours, temps pendant lequel les émissaires français se mirent en rapport avec une faction puissante, ennemie de Nazyr et qui avait résolu sa perte. Chanavas-Khan n'était pas étranger à cette conspiration.

Pour mieux assurer le succès de ses mesures, Dupleix avait cru que la terreur de nos armes était seule capable de déterminer Nazyr à la signature d'une paix solide. Par ses ordres, dans la nuit du 27 au 28 avril, M. de la Touche surprit le camp du Soubabdar, à la tête d'un détachement de 300 Européens qui lui tuèrent 1,500 hommes, et se retirèrent dès que le jour parut, chargés des dépouilles de l'ennemi, et n'ayant que trois hommes hors de combat. La frayeur dont Nazyr fut saisi lui fit lever son camp le surlendemain et prendre le chemin d'Arkat. Avant de partir il congédia le détachement anglais dont le commandant le pressait de concéder à son gouvernement un district près de Madras, ce qu'il lui refusa. Le major Laurence retourna à Saint-David, et le Soubahdar prenant la route de Gingy, se dirigea vers Arkat où il arriva avec les débris d'une armée à moitié ruinée, qui, détestant la guerre et redoutant jusqu'au nom Français, ne désirait que sa mort ou la paix.

Dans un moment d'irritation, Nazyr avait ordonné au gouverneur de Mazulipatam d'arrêter tous les Français que la Compagnie entretenait dans cette ville. Cet ordre fut exécuté ; les sieurs Coquet, chef du comptoir, Lasselle, employé, et les principaux serviteurs de la Compagnie furent mis en prison. Dupleix pensa à venger avec éclat cet acte de lâche hostilité. Les vaisseaux *le Fleury* et *le d'Argenson*, sous la conduite de M. Guillard, y portèrent 200 blancs, 20 topas et 200 cipahis commandés par M. de Latour. La petite expédition y arriva le 13 juillet. M. Guillard s'empara de la place sans coup férir. Les Mogols s'étaient retirés dans un fort voisin, distant de trois quarts de lieue, où ils détenaient les prisonniers qu'ils mirent aussitôt en liberté. M. de Latour attaqua le fort, s'en empara et le fit raser. Quelques jours après il mit la ville en état de défense complète, et la garnison fut augmentée de 100 Européens et 150 cipahis.

A Arkat, Nazyr se livra à ses deux goûts dominants, les femmes et la chasse. Les chefs de la conspiration, les Nababs Patans, l'encouragèrent à la mollesse tout en pressant Dupleix d'agir avec vigueur. Sollicité de toute part, le gouverneur français fit prendre possession de quelques terres et de la pagode fortifiée de Tirouvady, située à 15 milles à l'ouest du fort Saint-David, et y mit une garnison de 20 soldats blancs, 20 topas et 50 cipahis. Le Soubahdar envoya Méhémet-Ali avec 20,000 cavaliers et un détachement de 400 Anglais avec ordre de chasser les Français de ce poste. Dupleix augmenta l'armée campée près de Valdaour de 500 Européens, et ordonna à M. de la Touche d'aller couvrir Tirouvady et Villeparou, autre poste fortifié occupé par une petite garnison française. Le 1er août 1750, après quelques engagements partiels, on en vint à une affaire générale qui dura de onze heures du matin à six heures du soir. Les cipahis français, commandés par le brave Check-Hassem, firent merveille à cette journée. Sans les Anglais toute l'armée ennemie prenait la fuite. Elle alla se rallier sur les bords du Ponéar où les Anglais l'abandonnèrent sous le prétexte que Méhémet-Ali ne leur donnait ni la solde ni les concessions territoriales promises. A cette nouvelle, Dupleix ordonne à M. d'Auteuil de joindre de nuit M. de la Touche et de marcher à l'ennemi. Le lendemain 1er septembre, divisée en trois colonnes précédées des grenadiers des capitaines Puymorin et Dugrés et des dragons de MM. Garanger et de Rouvray, l'armée française, forte de 1,800 Européens, 2,000 cipahis, 1,000 hommes de cavalerie et 12 pièces de canon, commandée au centre par M.. d'Auteuil, à la droite par M. de la Touche, à la gauche par M. de Bussy, se précipita sur celle de Méhémet-Ali composée de 15,000 cavaliers et de 4 à 5,000 fantassins dont elle fit un si épouvantable carnage que, plusieurs jours après la bataille, la rivière ne roulait que des corps d'hommes et de chevaux noyés.

Après ce succès, Dupleix donna l'ordre à l'armée de marcher sur Gingy. Située au pied de trois montagnes escarpées dont chaque sommet était couronné par une citadelle, cette place était entourée d'une forte muraille de trois milles de circuit, flanquée de tours et de bastions de distance en distance, et avait une garnison de 5,000 hommes. A la tête de 250 Européens et 1,200 cipahis, Bussy attaque et culbute cette garnison campée sur les glacis. Un pétard fait sauter une des portes de la ville ; les Français y pénètrent, se barricadent dans les rues, et reçoivent derrière des abris improvisés le feu des trois forts qui tirent sur eux jusqu'à la nuit. Alors ils se partagent en trois détachements, escaladent à la fois les trois montagnes, enlèvent à la bayonnette les forts détachés, enfoncent avec des pétards les portes des citadelles et finissent par se rendre maîtres de la place entière. Quand vint le jour, les vainqueurs contemplant les obstacles qu'ils avaient surmontés pendant la nuit, furent effrayés de leur audace.

A la nouvelle de la prise de Gingy, le Soubahdar s'était réveillé. Il rassembla une armée de 60,000 fantassins, 45,000 cavaliers, 700 éléphants, 350 pièces d'artillerie et vint camper à 16 milles de Gingy. Le détachement français avait été renforcé d'un corps amené par M. de la Touche. Il comptait alors 800 Européens, 3,500 cipahis et 20 pièces de canon. Les chefs de la conspiration, c'est-à-dire les Nababs de Kudapa, de Kanoul et de Savonora, les généraux mahrattes Radjâh-Ram-Sing et Radjâh-Janodjî, quelques chefs de Paléakarens du Maïssour et du Karnatik, se trouvaient maîtres de la moitié de l'armée de Nazyr. Ce dernier était entré en négociation avec Dupleix; il paraissait même vouloir accorder ce qu'on lui demandait. Mais la perte du vice-roi était résolue, et les Nababs mécontents se disposaient à agir immédiatement. Dupleix voyant son succès assuré soit par les propositions de Nazyr, soit par la réussite de la conspiration, fit presser le Soubahdar de signer un traité, ordonnant en même temps à M. de la Touche de se tenir prêt à se joindre aux conjurés. Le 15 décembre 1750, par une marche de nuit, le commandant français arriva avec sa troupe en face du camp du fils de Nizam.

M. de la Touche détacha Puymorin et ses grenadiers pour aller surprendre les gardes avancées. En même temps l'armée se mit en bataille; M. de Bussy conduisit la droite, M. de Kerjean la gauche, M. de Villéon le centre; l'artillerie était sous les ordres de MM. Gallard, Sabadin et Pisciny. L'action fut vive et acharnée; différents corps de l'armée de Nazyr furent successivement défaits à mesure qu'ils entraient en ligne; lui-même qui la veille au soir avait expédié un traité signé à Pondichéry, croyait d'abord à quelques désordres commis par une poignée d'hommes ivres; mais voyant que les troupes des nababs de Kanoul, Kudapa et Savonora, ainsi que les bandes du Maïssour et des Mahrattes n'ont pas donné, il entrevoit la possibilité d'une trahison, ordonne qu'on lui apporte la tête de Mursapha, et, furieux de l'inaction de ses alliés, il dirige son éléphant vers l'endroit où ils étaient campés. Le premier qu'il aperçoit est le nabab de Kudapa; il le traite de lâche, de chien, de traître (*Kaffé*). Le Nabab ordonne à un de ses officiers de tirer sur le Soubahdar. L'officier manque son coup; le Nabab alors saisit sa carabine et envoie trois balles dans le cœur de Nazyr qui tombe mort au pied de son éléphant. Un soldat lui coupa la tête qu'il promena au bout d'une pique dans les rangs de l'armée, et vint ensuite, par ordre du Nabab lui-même, déposer au pied de Mursapha délivré ce sanglant trophée qui lui annonçait la liberté et l'empire ; de sorte qu'avant la fin de cette journée, ce prince, le matin dans les fers, était redevenu le souverain de toute la presqu'île méridionale de l'Inde, et commandait à 30 nababs, à 50 radjâhs et à 35 millions d'hommes.

Le bruit de cette révolution vola à Pondichéry. Dès cinq heures du soir, Chanda-Saheb en informa Dupleix; bientôt par les ordres de ce dernier l'artillerie rendit publique cette grande nouvelle; un *Te Deum* fut chanté en grande pompe, et le gouverneur, après avoir reçu les félicitations des habitants, envoya quatre de ses officiers les plus distingués saluer de sa part le nouveau Soubahdar et lui présenter, au nom du Roi de France, six *serpeaux* où vêtements d'honneur, proportionnellement au nombre de royaumes dont le prince mogol entrait en possession, ainsi qu'un superbe éléphant portant un drapeau blanc. A l'arrivée des députés français, Mursapha connaissait déjà les soucis du pouvoir. Les Nababs conjurés réclamaient de leur service un prix exorbitant. Ne voulant pas les irriter par un refus, il éluda sans doute sa promesse, alléguant la nécessité d'en conférer avec Dupleix, et se mit en route pour Pondichéry où il arriva le 26 décembre 1750. Dupleix et Chanda-Saheb s'étaient portés à sa rencontre; ils se rendirent au palais de la régence aux acclamations des habitants et aux bruits de l'artillerie de toute la place. Là ils eurent une conférence au sujet des exigences des Afghans dont le gouverneur français rabattit beaucoup les prétentions. Voyant que les propositions qui leur étaient faites seraient au besoin soutenues par les armes, les Nababs dissimulèrent et feignirent de les accepter. Ces difficultés paraissant aplanies, Mursapha partagea le trésor de Nazyr. Tous les bijoux furent remis au Soubahdar qui fit distribuer une gratification d'un million aux troupes et aux officiers français, et remboursa les 1,250,000 francs qui lui avaient été avancés. Une faveur inespérée vint couronner tous ces succès : Dupleix fut déclaré nabab du Karnatik. Au moment où il réclamait pour Chanda-Saheb le gouvernement de cette province, Mursapha voulut que tous les pays depuis le fleuve Krischna jusqu'au cap Comorin fussent sous la dépendance et la juridiction du gouverneur français, libre à lui ensuite de nommer qui il lui plairait pour les administrer sous son autorité. Après avoir prêté serment de fidélité, Chanda-Saheb reçut l'investiture de cette nababie, mais il ne fut que le délégué de Dupleix, le vassal direct de la France. Désormais Mursapha appela Dupleix son frère et fit avec lui un pacte de fraternité. Il le nomma en outre Man-Soubdar de 7,000 cavaliers, lui donna l'autorisation de mettre un poisson sur ses étendards, et comme c'était la coutume d'attacher à cette dignité le don d'un jaghire avec une forteresse, il le pria de vouloir bien accepter le fort de Valdaour avec ses dépendances d'un revenu de 720,000 livres [27].

A son tour, ce fut de la main de Dupleix que Mursapha reçut l'investiture de ses nouveaux Etats. Le 31 décembre 1750, au milieu de toute la pompe orientale, sous une tente magnifique, Dupleix lui présenta le *Salami* ou présent de 21 roupies d'or; et après l'avoir embrassé, il le reconnut pour Soubahdar du Dékhan et le fit asseoir à ses côtés sur un trône, tandis que tous les seigneurs mogols, les généraux afghans et mahrattes, ainsi que Chanda-Saheb lui-même, s'empressaient de venir à ses pieds lui offrir leur salami et rendre hommage à leur souverain. Dans le *dorbar* ou conseil des ministres qui suivit, Mursapha confirma comme vice-roi du Dékhan toutes les concessions territoriales précédemment faites à la Compagnie. Peu de jours après, son divan ou premier ministre remettait au gouverneur français les paravanas réguliers concernant le commandement général de tous les pays à partir du fleuve Krischna jusqu'au cap Comorin et les titres de propriété des districts de Villenour, de Bahour, de Valdaour, autour de Pondichéry, de Karikal et de 81 aldées en dépendant; de Masulipatam, de l'île Divi et du pays concédé aux environs, le tout formant un revenu de quatre millions de livres. Les monnaies frappées à Arkat et à Pondichéry furent seules déclarées avoir cours légal dans tout le Karnatik.

Au milieu de ces populations hindoues remplies de respect pour le nom de la France et d'admiration pour son représentant, Dupleix avait alors la majesté d'un roi et la puissance d'un conquérant. « Au seul bruit de votre nom, lui écrivait un grand personnage de Delhy, le trône du grand Mogol tremblera jusque dans ses fondements. » Tant d'avantages recueillis l'engagèrent à célébrer ses victoires sur Nazyr par la fondation d'une ville et l'érection d'un monument commémoratif dans le lieu même où le Soubahdar avait perdu la bataille et la vie. On jeta les fondements d'une ville sous le nom de *Dupleix-Fatehabad*, la victoire de Dupleix, et on y éleva en son honneur une colonne qui fut détruite l'année suivante par Clive, avant même que l'inscription du monument fût achevée. Ce moment marque l'apogée de la puissance française dans l'Inde. La France régnait alors sur toute la partie méridionale de la Péninsule. Dupleix avait même songé à se faire céder Goa par les Portugais, afin de mieux assurer la possession paisible de l'immense triangle qui se trouve entre cette ville, Mazulipatam et le cap Comorin.

Cependant un ennemi restait encore à combattre, Méhémet-Ali-Khan, renfermé dans Trichenapaly. Convaincu de l'impuissance où il était de lutter contre les forces réunies des Français et des Mogols, il chargea Radjâh-Janodjî, un des généraux mahrattes, d'en proposer la remise à Dupleix sous certaines conditions. Celui-ci consentit à ne pas lui demander compte de l'administration de la nababie d'Arkat durant le règne de son père, et lui promit en outre avec Mursapha de lui conserver tous ses biens et dignités, et de lui donner en même temps le gouvernement d'une des provinces de Golconde. A ces conditions Trichanapaly devait être remise à Chanda-Saheb. Cette réconciliation apparente fut suivie de celle de Chanavas-Khan, premier ministre de Nazyr, homme habile et puissant que Dupleix chercha à attacher à Mursapha.

Toutes choses ainsi terminées, il ne restait plus au Soubahdar que d'entrer en possession de ses domaines. Au moment de se séparer il jura à Dupleix une amitié et une fidélité sans bornes. Il demanda pour le conduire dans sa capitale un détachement des troupes françaises, un train d'artillerie et des soldats indigènes. On lui donna 300 Européens, 2,000 cipahis et 10 pièces de canon, avec 10 officiers parmi lesquels était M. de Kerjean et le marquis de Bussy. Ce dernier était un officier de la plus grande distinction et d'une bravoure dont il avait déjà donné des preuves sur vingt champs de bataille, joignant de plus à des talents militaires supérieurs les hautes vues d'un politique habile et d'un diplomate consommé. Le 9 janvier 1751, Mursapha quitta Pondichéry avec toute sa famille et se rendit à son armée campée hors des limites du territoire français. Le 15 il y fut joint par le détachement de Bussy, qui prit avec lui la route d'Hyderabad. La veille, Dupleix avait été rendre sa dernière visite. Mursapha lui fit présent d'un cheval et d'un éléphant que Thamas-Kouli-Khan avait jadis donnés à Nizam, son aïeul. Au commencement du mois de février, il était à 80 lieues de Pondichéry, recevant des marques de soumission et de respect de la part des populations accourues de toutes parts sur son passage pour contempler le nouveau souverain.

Cependant cet allié que le génie de Dupleix avait si laborieusement élevé sur le trône du Dékhan ne devait donner à ses peuples que le spectacle d'une royauté éphémère. Arrivé sur le territoire du nabab de Kudapa, une querelle s'éleva entre des cavaliers du Soubahdar et des habitants du pays. Trois villages furent brûlés. Le Nabab fit charger ses cavaliers et par imprudence ils furent poursuivis jusque dans le quartier des femmes de Mursapha. Celui-ci se mit à la tête d'un corps de troupes considérables pour repousser les soldats du Nabab. Les autres chefs afghans qui avaient participé à la conspiration contre Nazyr se déclarèrent contre le Soubahdar; de sorte que les mécontentements mal apaisés par Dupleix éclatant au grand jour, il fut aisé de reconnaître une révolte préméditée. Bussy se disposait à soutenir rigoureusement le vice-roi, lorsque Mursapha avec sa cavalerie s'élança seul contre l'ennemi sans attendre le secours des Français. Il fut d'abord repoussé, mais Bussy, avec 300 hommes et quelques pièces de canon, eut bientôt mis en fuite les rebelles. L'émeute venait d'être domptée; plongeant les pieds de son éléphant dans le sang de ses ennemis, le Soubahdar jouissait de sa vengeance ; déjà il tournait la tête vers ses musiciens pour leur donner l'ordre de sonner la victoire, lorsque le nabab de Kanoul se précipita sur lui et lui porta au front un coup de lance qui lui traversa la cervelle.

Cet évènement semblait funeste à l'influence française et à la fortune de Dupleix ; toutefois Bussy était homme à triompher des périls de la situation. L'armée mogole lui demanda un souverain. Bussy en référa à Dupleix qui ordonna l'élection de Salabet-Sing, troisième fils de Nizam et oncle de Mursapha. Ce dernier ne laissait qu'un descendant âgé de quelques années : un enfant ne convenait guère dans un moment difficile et périlleux. La gratitude du nouveau Soubahdar surpassa celle de son prédécesseur. Il décora Dupleix et Bussy de titres plus pompeux que ceux dont ils étaient déjà investis. Il nomma Dupleix son oncle, comme Mursapha l'avait appelé son frère, et confirmant les donations précédemment faites à la France, il y ajouta autour de Mazulipatam, d'abord la province de Kondavir et plus tard, en récompense des services de Bussy, celles de Mustapha-Nagar, Ellora, Radjahmundry et Chicacole, avec un revenu de 14 millions, concessions qui furent légitimées par un firman du grand Mogol.

Dès le 15 mai, Bussy avait forcé dans Kanoul le reste des Afghans révoltés; il fit ensuite donner un apanage à Méhémet-Sadou-Eddin-Khan, fils de Mursapha, contraignit les Mahrattes à regagner leurs montagnes et conduisit le vice-roi dans sa capitale de Golconde. De là, l'armée prit le chemin d'Aurengabad, soumit en passant le radjâh de Nirmel, la terreur des Cirkars, défit Ghazi-Eddin-Khan, qui était venu disputer à son frère le trône du Dékhan, et fit solennellement son entrée à Aurengabad avec le nouveau vice-roi.

Toutefois Méhémet-Ali était toujours resté maître de Trichenapaly et du Maduré, quoique après la mort de Nazyr il eût promis de l'évacuer moyennant un gouvernement à Golconde. Fatigué de ses vaines promesses et de ses perfidies, Dupleix donna à Chanda-Saheb 800 Européens et 8,000 hommes de troupes indigènes pour s'emparer de la place. Le Nabab alla prendre position près de la forteresse de Volkondah, qui commande la route de Trichenapaly à Arkat. Les Anglais avaient déjà compris que, pour conjurer la ruine de leurs affaires dans l'Inde, il ne restait plus qu'une chance de salut, celle de venir au secours de Méhémet-Ali. Vers la fin de janvier 1752, ils lui envoyèrent 200 Européens et 800 cipahis commandés par le capitaine Gingen qui s'empara de la pagode de Verdachalom que 300 Mogols de Chanda-Saheb rendirent sans attendre l'escalade. A Volkondah il reçut un rude échec ; l'artillerie et les Français mirent en fuite tous ses soldats dont un seul n'eût pas échappé si la poursuite eût été plus vive. Gingen ne put rallier son détachement qu'à Utatour, à 25 milles de Trichenapaly. Chanda-Saheb l'y poursuivit, le força à battre en retraite jusque dans l'île de Chiringam, formée par le Koleron et le Kavéry à 3 milles de la capitale, et bientôt même sous le canon de ses remparts. La pagode de l'île de Chiringam et la ville de Trichenapaly avaient été fortifiées de manière à soutenir un long siége.

C'est alors que parut un homme moins grand que Dupleix, mais assez hardi pour essayer d'entrer en lutte avec lui, et assez heureux pour faire pâlir l'étoile de la France dans l'Inde et substituer à notre influence celle de son pays. Fils d'un gentleman de médiocre fortune, Clive était né en 1727 à Market-Drayton dans le Shropshire. Il débuta comme écrivain au service de la Compagnie anglaise, et passant ensuite des bureaux dans le militaire, il fit preuve, dans quelques expéditions, d'un esprit fécond en ressources et en conceptions hardies. Le sort l'avait réservé au suicide. Un jour un de ses amis prit un pistolet sur un meuble de sa chambre, et fit partir le coup par la fenêtre : « Dieu veut quelque chose de moi, s'écria Clive: deux fois, ce matin, j'ai pressé la détente de cette arme le canon appuyé sur mon front.... » Un coup de pistolet mit fin à sa vie en 1778. Mais, entre ces deux coups de feu partis, l'un au commencement, l'autre à la fin de la carrière de cet homme, la destinée capricieuse avait mis la fondation d'un empire.

Après avoir servi pendant quelque temps et s'être

trouvé aux siéges de Pondichéry et de Goudelour, Clive avait quitté l'épée pour reprendre la plume. Il en était là, lorsque le gouvernement de Madras, à bout de ressources et d'espérances, jeta un regard découragé sur la situation du Maduré où Méhémet-Ali, sans armée, sans argent, pressé de toutes parts, ne pouvait plus résister. Ce moment critique réclamait une énergique résolution. Clive se présente devant le Conseil et parvient à se faire écouter : « Nous ne pouvons plus nous défendre, attaquons résolument, dit-il ; Chanda-Saheb nous poursuit à Trichenapaly, prenons-lui Arkat. » L'idée de Clive prévalut ; on lui en confia l'exécution. Le 6 septembre 1752, il partit avec 200 Européens, 300 cipahis, deux pièces de 18, et, à la faveur d'un orage, s'empara de la ville et du fort que la garnison ne défendit même pas. Cependant Chanda-Saheb envoya Radjâh-Saheb, son fils, au secours de sa capitale avec 4,000 hommes et 150 Européens que Mortiz-Ali vint joindre avec 2,000 indigènes. Clive se trouvait bloqué. Un détachement de 100 Européens et 100 cipahis, envoyés du fort Saint-David, ne put pénétrer dans la place. Morarî-Rao, avec un corps de 6,000 Mahrattes, était campé à trente milles au nord et avait promis de venir secourir les Anglais. Radjah-Saheb s'était hâté de tout préparer pour l'assaut. Le 24 novembre, jour de la fête des Jhamssés [28], l'attaque générale eut lieu. Les assiégeants furent repoussés avec perte et levèrent le siége après un investissement de la place pendant 50 jours. Cet évènement changea la face des affaires.

Clive se hâta de mettre à profit l'impression de terreur qu'il venait de produire. A l'aide d'un renfort de 280 Européens et de 700 cipahis, il s'empara du fort de Timery, attaqua et battit un corps français de 300 Européens, 2,000 cavaliers et 2,500 cipahis, alla ensuite prendre la grande pagode fortifiée de Kanjibouram, et, après un autre engagement où la perte des Français et des Anglais fut à peu près égale, il rentra au fort Saint-David pour s'entendre avec le gouvernement sur les moyens de continuer la guerre.

Ne pouvant payer ses troupes ni les Anglais ses auxiliaires, Méhémet-Ali avait demandé du secours au souverain de Maïssour, Hayder-Ali, qui lui envoya un corps de 20,000 hommes. Cet exemple entraîna d'abord le radjâh de Tanjaour qui en fournit un autre de 5,000 fantassins; ce que voyant, les Anglais, de leur côté, appuyèrent ces forces de 400 Européens, 1,100 cipahis et 8 pièces d'artillerie sous les ordres du major Laurence, qui, récemment de retour d'Angleterre, pressa si bien les Français, qu'ils durent à leur tour chercher un refuge dans l'île de Chiringam, comme les Anglais y avaient été réduits l'année précédente. Chanda-Saheb se chargea de la défense de la grande pagode de Chiringam ; les Français et les cipahis, commandés par le major Law, de celle de la pagode de Jambakrischna.

M. d'Auteuil était alors près de Volkondah, poursuivi d'abord, bloqué ensuite par Clive. Une capitulation intervint. Les officiers s'engagèrent à ne pas servir d'un an, les soldats restèrent prisonniers de guerre. Cependant Chanda-Saheb sentait qu'il jouait son royaume et sa tête. Il insista auprès de Law pour se faire jour l'épée à la main à travers les rangs ennemis. Les irrésolutions de cet officier ne s'accommodaient point de cet énergique et désespéré moyen de salut ; il engagea le prince Mogol à le chercher dans la fuite. Monacky, chef de l'armée de Tanjaour, avait offert de la favoriser moyennant une grosse somme dont on lui paya d'abord la moitié. Il l'avait juré par son sabre et par son poignard, le plus terrible des serments pour les soldats hindous, mais le moment du départ arrivé, au lieu de l'escorte promise, Chanda-Saheb, saisi, garroté, trouva des sbires postés qui le chargèrent de fers. Dès que Law apprit la défection de M. d'Auteuil et la captivité de Chanda-Saheb, il demanda une conférence. Elle aboutit également à une capitulation par laquelle ses soldats restèrent prisonniers, et les officiers s'engagèrent à ne plus servir, en même temps qu'on livrait la pagode de Jamba-Krischna avec tous les canons, bagages et munitions qui y étaient enfermés. On devait abandonner aussi à l'ennemi la grande pagode de Chiringam, mais mille Radjepouts de l'armée de Chanda-Saheb s'enfermèrent dans l'intérieur du temple et jurèrent tous de mourir avant de permettre aux vainqueurs d'en souiller l'enceinte sacrée.

Cependant Monacky était embarrassé de son prisonnier. Le Nabab, les Anglais, les Maïssouriens, les Mahrattes le demandaient tous avec des menaces. N'osant le livrer à aucun des partis qui le réclamaient de crainte de se faire des ennemis des autres, Monacky fit poignarder le prince Mogol dont la tête enfermée dans une cassette de bois précieux fut envoyée à Delhy par le Nabab victorieux. Laurence installa à Trichenapaly Méhémet-Ali triomphant. Il y laissa une garnison pour empêcher les Maïssouriens et les Mahrattes de piller la ville que le Nabab avait promis de leur livrer.

Le Conseil de Madras, sur l'avis de Saunders, son gouverneur, avait résolu d'enlever Gingy aux Français, seule place dont il y eût encore une résistance sérieuse à craindre. Le major Keen, avec un détachement considérable, fut dirigé contre cette forteresse. Les Anglais repoussés avec perte se retirèrent sur Tirouvady. Laurence se transporta à son tour à Gingy avec neuf pièces de canon et 6,000 hommes de troupe. Néanmoins, après avoir examiné la position des Français, il se retira précipitamment vers Bahour. Les Français l'y suivirent et vinrent camper à deux milles de distance. Le lendemain un engagement eut lieu ; les grenadiers anglais enfoncèrent le centre des cipahis français qui prirent la fuite; les vivres, les munitions, treize officiers français et M. de Kerjean, leur commandant, tombèrent entre les mains de l'ennemi.

Dupleix venait de recevoir de Delhy la confirmation par l'Empereur de tous les titres et dignités que lui avaient conférés le vice-roi du Dékhan. Il se hâta de faire publier cette faveur, et, en vertu des pouvoirs qu'elle lui attribuait, il nomma à la place de Chanda-Saheb, son fils, Radjâh-Saheb, dans le gouvernement du Karnatik. Laurence fit attaquer par Clive les forts de Kovelong et de Chinglepett. Ce dernier s'acquitta de sa mission avec son bonheur et son activité ordinaires. Cependant l'état de sa santé le força bientôt à partir pour l'Angleterre. En même temps Dupleix, qui s'aperçut de l'incapacité de Radjâh-Saheb, le remplaça par Mortiz-Ali, gouverneur de Vélour, qui promit de lever des troupes dans un bref délai.

Au mois de janvier 1753, les Anglais et les Français recommencèrent la lutte, et pour la soutenir Dupleix avança sept millions de livres de ses propres deniers. L'armée française était alors composée de 360 Européens, 2,000 cipahis, 4,000 Mahrattes aux ordres de Morarî-Rao. Les Anglais avaient 1,600 Européens, 1,000 cipahis et 1,500 cavaliers. Dupleix fit resserrer de plus en plus le blocus de Trichenapaly où s'était renfermé le commandant Dalton, tout en cherchant à intercepter les convois que Laurence aurait pu lui envoyer de Goudelour. Mortiz-Ali, de son côté, se mit en campagne avec 4,000 hommes pillant et ravageant les environs d'Arkat. Les Français alors sortirent de Chiringam pour aller s'établir dans la plaine. Après plusieurs engagements partiels et des renforts survenus d'un côté et d'autre, les deux partis en vinrent à une action générale le 20 septembre de la même année. Les Maïssouriens étaient devenus nos alliés. Le camp français fut attaqué par le côté qu'ils occupaient. Les troupes de la Compagnie se portèrent vivement à leur défense, mais, repoussées et culbutées ainsi que les Mahrattes auxiliaires, elles furent obligées de se retirer en abandonnant l'île de Chiringam aux Anglais, avec une perte de 300 Européens tués ou blessés. Mortiz-Ali n'était pas plus heureux à Tirounamaley. Après un échec considérable, il fut contraint de lever le siège de cette place. Une attaque de nuit contre Trichenapaly ne réussit pas non plus. 600 Européens soutenus par des cipahis avaient escaladé un des principaux bastions confiés à la garde de 50 hommes qu'ils avaient tués à coup de bayonnette pour ne pas donner l'alarme. Se voyant découverts, ils tournèrent l'artillerie du bastion surpris contre la ville. Aussitôt une action s'engage. Un soldat transfuge, qui leur servait de guide, est tué ainsi que deux Français qui portaient des pétards pour faire sauter les portes; les échelles endommagées par les boulets se refusent à l'escalade; les assaillants sont obligés de rétrograder jusqu'à la batterie de la première enceinte où le défaut d'échelles les obligea de se rendre prisonniers. Cet échec empêcha l'alliance du roi de Tanjaour négociée par Dupleix; le Radjâh se rapprocha des Anglais.

Néanmoins le Gouverneur français soutenait fièrement le poids de sa mauvaise fortune. Il était à la vérité plus heureux dans le Dékhan où les exploits de Bussy avaient rendu les Français souverains d'une portion de territoire plus considérable que jamais nation européenne n'en avait possédé dans l'Inde. Toutefois il avait un redoutable adversaire dans Saunders devenu gouverneur de Madras.

Les Compagnies anglaise et française, fatiguées des dépenses d'une guerre dont la gloire leur était étrangère, ne pouvaient comprendre, dans leur ignorance de la situation politique de l'Inde, les grands résultats qui attendaient la victoire. Depuis longtemps elles avaient manifesté le désir d'avoir la paix. Vers la fin de 1753, en vertu d'instructions reçues, Dupleix avait ouvert avec le Gouverneur anglais une négociation qui dura onze jours dans la ville de Sadras, appartenant à la Hollande. La guerre n'en avait pas moins continué : 1,200 Mahrattes ravageaient le Tanjaour. Monacky parvint à les joindre et 800 d'entre eux restèrent sur le champ de bataille; les autres, faits prisonniers, périrent dans d'affreux tourments, brûlés, empalés, accrochés vivants à des arbres. Les Français étaient toujours près de Chiringam. Dans les premiers jours de 1754, le tiers de l'armée du major Laurence escortait un convoi considérable qui venait ravitailler Trichenapaly. Les Français l'attaquèrent et s'en emparèrent après avoir tué la moitié de l'escorte. D'autres opérations militaires insignifiantes avaient lieu lorsque des ordres survenus de France à Pondichéry changèrent subitement la face des affaires.

L'année précédente, la Compagnie anglaise avait fait quelques représentations au cabinet de Saint-James au sujet de la guerre de l'Inde, en sollicitant de lui les mesures nécessaires à la faire cesser, soit par des négociations pacifiques, soit par un envoi considérable de forces auxiliaires. Des propositions de paix furent faites alors au cabinet de Versailles qui les accueillit favorablement. Le directeur de la Compagnie française, M. Duvelaër, et le comte du Lude, son frère, furent envoyés à Londres pour négocier un arrangement. Le duc de Newcastle pour l'Angleterre, le duc de Mirepoix pour la France, durent prendre part à des conférences préliminaires. Néanmoins, pendant leur durée, lord Albemarle envoya une escadre de sept vaisseaux croiser dans l'Inde sous les ordres de l'amiral Watson. La Compagnie anglaise, redoutant l'activité et le génie de Dupleix, ne cessait de le représenter comme le plus grand obstacle à la cessation des hostilités. Depuis longtemps aussi la Compagnie française voyait son gouverneur de l'Inde d'un œil défavorable, et elle ne le soutenait plus; malgré elle il l'avait entraînée à la guerre, et toutes ses dépêches tendaient chaque jour à prouver la nécessité de la continuer. Après la disgrâce de la Bourdonnais, la fidélité de Dupleix aux instructions de la Compagnie, sa discrétion sur les ordres contradictoires dont nous avons parlé, la levée du siège de Pondichéry, les acquisitions considérables de territoires produisant d'énormes revenus, lui avaient d'abord valu les bonnes grâces des directeurs et du ministère. Chaque bâtiment parti de France lui avait apporté des décorations, des titres nobiliaires et les félicitations des ministres, des princes, presque tous actionnaires de la Compagnie. L'opinion publique était venue se joindre à ce concert d'éloges. Les applaudissements avaient été unanimes. Toutefois on avait espéré qu'après avoir porté si haut l'honneur du nom français dans l'Inde, Dupleix donnerait la paix à ces lointaines possessions. Le ministère lui avait même ordonné de travailler dans ce but; le Gouverneur avait aussi semblé désirer l'atteindre: un moment il avait paru négocier la paix avec Méhémet-Ali et les Anglais. Pourtant, au fond, il n'en était rien; il voulait la guerre, c'est-à-dire la conquête, et pour y parvenir, sans rendre compte de ses opérations de peur de les paralyser, il n'avait cessé de demander des secours en hommes et en argent. La situation indépendante qu'il s'était faite vis-à-vis de gens qui ne le considéraient que comme une créature blessa le ministère, surtout la Compagnie; toutefois, comme le commerce était loin de souffrir de la guerre, on attendit un premier échec pour se tourner contre lui. Le mauvais succès du siège de Trichenapaly donna le signal d'un changement presque subit d'opinion. Bientôt Dupleix ne fut plus qu'un rebelle, un déprédateur, un fou, qui avait ruiné la Compagnie; ses victoires furent traitées de fables; Voltaire lui-même ajoutait peu de foi à la réalité de ses conquêtes; enfin Dupleix passa pour avoir perdu nos possessions dans l'Inde en éternisant la guerre. Le Gouvernement partagea bientôt ces préventions injustes, et le rappel du Gouverneur de Pondichéry fut résolu.

Ce dernier qui, dans l'Inde, soutenait seul le commerce de la Compagnie et faisait la guerre à ses dépens, n'attendait, pour rétablir les affaires, que de l'argent et un renfort de 1,200 hommes promis depuis longtemps. Ils arrivèrent en effet, mais conduits par un commissaire du Roi nommé pour remplacer Dupleix, négocier la paix et vérifier les comptes du Gouverneur de Pondichéry. Saunders fut désigné par le Gouvernement anglais pour traiter avec le commissaire français. Ce commissaire se nommait Godeheu. C'était un de ces esprits subalternes, que le travail des bureaux avait élevé jusqu'à la direction de la Compagnie, un de ces hommes de détails qui leur subordonnent toujours les grands intérêts, incapable du reste d'avoir une pensée politique dans la tête, un sentiment national dans le cœur. Employé jadis dans l'Inde, où Dupleix lui avait rendu service, il lui avait voué une haine d'autant plus vive, qu'il était forcé de la cacher sous les dehors d'une affectueuse reconnaissance.

Dupleix le reçut avec les honneurs dûs à un envoyé du Roi. L'accueil de Godeheu fut hypocrite et timide. Il engagea Dupleix à dire qu'il avait un congé et qu'il partait sur sa demande; celui-ci s'y refusa; il avait l'âme trop haute pour avoir recours à un subterfuge qui n'aurait trompé personne et qui répugnait à sa droiture. Il proposa à Godeheu d'aller sur le champ communiquer ses pouvoirs au Conseil supérieur où il entendit son arrêt avec un calme que ne partageaient pas ses collègues. Après la lecture, il donna lui-même le signal du cri de : « *Vive le Roi!* » et se conduisit avec Godeheu comme s'il n'avait pénétré ni l'objet de sa mission, ni son caractère.

A la nouvelle du rappel de Dupleix, tous les princes de l'Inde, Salabet-Sing lui-même, effrayés et consternés, se tournèrent du côté de l'Angleterre. Bussy soutenait seul dans le Dékhan l'éclat de nos armes; indigné du rappel de son chef, il voulait se retirer, mais Dupleix le retint. En même temps il suppliait Godeheu d'envoyer les troupes qu'il avait emmenées contre Trichenapaly où Méhémet-Ali, ne pouvant plus tenir, était sur le point de se rendre. Mais la préoccupation de la paix dirigeait seul l'esprit de Godeheu. Il enleva à M. de Mainville le commandement des forces qui bloquaient le Nabab dans le Maduré. Le siège de Trichenapaly fut levé, et une trève, proposée par le Gouvernement anglais, qui dura du 11 octobre 1754 au 11 janvier 1755, aboutit à un traité provisoire qui fut plus tard confirmé en Europe. Par cette convention, la France abandonnait toutes ses conquêtes sur la côte de Coromandel et consentait à ce que les possessions des deux Compagnies fussent mises sur le pied d'une égalité parfaite. Les Anglais gardaient Madras, Saint-David et Dévikotta; les Français Karikal, Mahé et Pondichéry. Les deux nations se partageaient ensuite par moitié l'île Divi et Mazulipatam : tout le reste devait faire retour au Grand-Mogol. « Jamais nation, dit le colonel Wilkes, ne fit d'aussi grands sacrifices à l'amour de la paix.»

Dupleix n'avait plus rien à faire dans l'Inde; avant son départ, il présenta ses comptes au commissaire du Roi : il avait avancé 13 millions pour le service de la Compagnie. Godeheu renvoya l'examen de ces comptes à la direction de l'association. Deux jours avant la conclusion de l'armistice, sacrifié, humilié, l'ex-gouverneur quitta Pondichéry pour retourner dans sa patrie, après plus de 30 ans de services employés à lui donner un monde. Des sentiments bien amers durent s'élever dans son âme au moment de quitter cette terre où il avait joué un si grand rôle; mais, quelque pénible que fût la situation qui lui était faite, il était encore loin d'entrevoir les froissements qui lui étaient réservés. Il rentra en France avec sa femme, Jân-Begom, qui partagea son malheur comme elle avait partagé sa prospérité.

Aucune justice ne fut rendue à Dupleix. Il se soutint quelque temps avec les débris de sa fortune, vivant de l'espoir de se voir rembourser les millions qu'il avait avancés pour la guerre; mais la Compagnie prétendit que ces dépenses avaient été faites sans son autorisation : elle en refusa le remboursement. Vainement il publia de volumineux mémoires hérissés de comptes et de calculs; vainement il intenta à la Compagnie un procès qui fut arrêté par ordre du Roi; il se vit impitoyablement ruiné par cette société de marchands qu'il avait faite reine, et qui, non contente de lui contester sa gloire, fit même peser sur sa tête les malheurs nés de l'incapacité de ses successeurs. Enfin, après neuf ans d'angoisses et d'espérances trompées, sur le point de se voir traîner en prison pour dettes, Dupleix mourut, et c'est avec peine que sa veuve obtint une modique pension. C'était sa seconde femme, une patricienne, mademoiselle de Chastenay-Lanty. Jân-Begom était morte depuis plusieurs années: la pauvreté, l'ennui flétrirent d'abord la pauvre fleur de l'Inde ; le climat eut bientôt fait le reste.

A partir de la disgrâce de Dupleix, l'histoire de notre puissance dans l'Inde est triste. Cet homme n'eut pour bien dire pas de successeur. Son génie politique avait enfanté des merveilles. Il avait conçu la conquête de l'Inde entière telle qu'elle a été depuis réalisée par les Anglais. C'est de lui que procèdent Clive, Hastings, Wellesley. Dans une douzaine d'années il avait créé un empire qui donnait à la France trente-cinq millions de sujets. C'était trop pour une association de marchands et de spéculateurs qui furent incapables de comprendre les conceptions gigantesques d'un grand homme, et qui s'effrayèrent de la hardiesse et de la rapidité de leur exécution alors même qu'elle était un fait accompli. Dupleix n'était pas né pour être l'agent d'une compagnie de commerce; il était de la race des hommes destinés à commander aux autres, et il y avait en lui l'étoffe d'un conquérant, si, instruit comme il l'était de la théorie de la guerre, il avait reçu de la nature toute la fermeté d'âme qu'il faut pour contempler un danger imminent et tumultueux avec la sérénité nécessaire au commandement d'une armée. Quoi qu'il en soit, Dupleix était trop grand pour son époque; il devait en être victime. Il le fut, expiant sans doute ce crime du génie dont tant d'hommes illustres ont été punis par l'exil, la misère et la mort. Par une bizarrerie inexplicable, il semble que le malheur doive être le compagnon obligé de quelques grandeurs humaines et que, à quelques intelligences privilégiées, Dieu ait dit : « Vous, hommes de génie, vous aurez la puissance ; vous aurez cette grandeur dont les hommes se montrent si fiers et si jaloux; vous aurez les grandes pensées; vous accomplirez les grandes actions inspirées par les vertus héroïques; mais, par une espèce de compensation fatale, vous souffrirez, vos fronts seront foudroyés.»

La postérité a été plus juste envers Dupleix que ses contemporains, je dirai que ses compatriotes, car les Anglais après sa chute lui ont toujours rendu justice. De nombreux écrits sont venus rétablir dans sa gloire légitime celui qui fut l'honneur du nom français dans l'Inde, et sans doute qu'un jour, dans sa juste reconnaissance, sur cette même terre que féconda son génie, la France élèvera un monument durable qui perpétuera, au milieu des populations qu'il lui avait données, le souvenir d'un de ses plus nobles enfants.

CHAPITRE VII.

SOMMAIRE. — M. Duval de Leyrit. — Les pirates Angria. — Conspiration contre Bussy. — Un secours lui est envoyé de Pondichéry. — Echec des Anglais au Bengale. — Prise de Calcutta. — Reprise par Clive. — Il s'empare d'Hougly ; — de Chandernagor. — Bataille de Plassey. — Exploits de Bussy dans le Dékhan. — Le général Lally. — Bataille navale. — Siége de Goudelour ; — de Devikotta. — Expédition contre le Tanjaour. — Rappel de Bussy. — Siége de Madras. — Levée du siége. — Combat de Vandavachy. — Prise de Kangibouram. — Négociation entamée avec Bazalet-Sing. — Expédition contre l'île de Chiringam alors aux Anglais. — Bataille de Vandavachy. — Bussy prisonnier. — Siége de Pondichéry. — Lally se rend à discrétion. — Son départ. — Sa mort. — Causes de la perte de nos possessions. — Durée du privilége de la Compagnie. — Ses opérations commerciales. — Traité de Paris. — M. Law de Lauriston.

Le honteux traité de Godeheu avait livré l'Inde à l'Angleterre. La clause principale, celle de la renonciation à toute conquête ultérieure, était violée par les Anglais avant même que M. de Leyrit arrivât de Mahé pour remplacer Dupleix. Après le départ de Godeheu (18 février 1755), ils se mirent en possession de plus de 200 aldées et en outre du Maduré et du Tinevelly. Des contestations survinrent aussi au sujet des terres de Karangoly et de Vandavachy sur lesquelles les Anglais prétendaient avoir un droit égal au nôtre. M. de Leyrit s'opposa à ces envahissements ; l'honneur de la nation, le crédit et la sûreté du commerce de la Compagnie lui en faisaient un devoir ; néanmoins l'égalité que l'on avait prétendu établir entre les deux nations avait cessé d'exister.

Enhardis par leurs succès, les Anglais s'attaquèrent alors à une puissance de pirates fondée depuis 100 ans environ par le Mahratte Konodjî-Angria, qui s'était emparé de quelques rochers inabordables sur la côte de Bombay, et, après s'y être fortifié, y avait fondé une république de brigands qui couraient la mer, pillant indifféremment les vaisseaux de toutes les nations. Cette même année, l'amiral James commença cette guerre que l'amiral Watson acheva, et où Clive signala de nouveau ses talents militaires. Chaque repaire de ces voleurs fut emporté d'assaut l'un après l'autre, et l'on trouva dans le rocher de Ghéria qui leur servait de principale citadelle, des armes, des provisions de toute espèce, 200 canons et plus de 150 millions en or et en argent. Les Anglais s'engagèrent ensuite dans une entreprise contre Vélour. Mais M. de Leyrit, informé de leur projet par Mortiz-Ali, le regarda comme une infraction à la trève, et arma pour s'y opposer. La guerre fut sur le point de recommencer, lorsque les Anglais cédèrent devant l'attitude prise par le Gouverneur de Pondichéry. Néanmoins ils cherchèrent à porter sourdement par des négociations secrètes, à leurs rivaux, un coup plus funeste que n'auraient pu le faire des expéditions brillantes et couronnées de succès.

Le traité de Godeheu avait détaché le Soubahdar du Dékhan de l'alliance française. Salabet-Sing ne tenait plus fortement qu'à Bussy dont l'épée lui rendait de si grands services à la guerre, et dont les lumières et le génie lui étaient si utiles dans le conseil. Une intrigue fut organisée contre Bussy; le ministre Chanavas-Khan fut gagné; le vice-roi ne tarda pas à suivre les impressions de son divan, et Bussy se vit bientôt non-seulement privé de la confiance du prince et obligé de se retirer dans les provinces concédées, mais encore assailli par les troupes du Soubahdar et réduit aux dernières extrémités. Pendant que l'on conspirait contre lui, Bussy se trouvait à la tête de son armée, près de Sanor, engagé dans une guerre contre les Mahrattes. En mai 1756, à la réception des ordres du vice-roi, il opéra sa retraite avec ses troupes composées de 600 Européens, 300 hussards et 5,000 cipahis auxquels vint se joindre un corps de cavalerie envoyé par le Mahratte Baladjî-Rao, qui le prévenait que Chanavas-Khan lui avait proposé de le faire assassiner. Le général français accepta 6,000 hommes qu'il congédia plus tard lorsqu'il se trouva près de Hyderabad. A peine la cavalerie mahratte eut-elle quitté le camp français, que le grand Divan, levant tout-à-fait le masque, envoya 30,000 cavaliers pour couper la retraite à Bussy. Sa position devint très-critique. A deux cents lieues des Établissements de sa nation, à travers un pays ennemi, lorsque le général français semblait, avec sa petite armée, devoir être enseveli dans le Dékhan, il sút, dans une retraite forcée par la trahison et pendant une marche de quatre-vingts lieues, dérober ses soldats aux poursuites de 100,000 Mogols ou Mahrattes, et cette expédition glorieuse, qui ne lui coûta que 40 hommes, fut terminée par la prise de Golconde (juin 1756). Cependant, dénué de ressources, bloqué par les Mogols auxquels les Anglais se préparaient à donner main forte, il ne pouvait aspirer qu'à une fin héroïque ; c'en était fait de lui, de son armée, des comptoirs français, de Pondichéry même, si l'ambition des Anglais n'eût été trompée au Bengale. Quelques renforts qu'il reçut de Pondichéry, à la mi-juillet, sous les ordres du capitaine Law, décidèrent le Soubahdar à lui offrir la paix. Elle fut conclue le 20 du même mois, et, le même jour, Bussy allait rendre visite à Salabet-Sing avec une escorte de 300 Européens et 1,000 cipahis.

Le Bengale, ce riche pays à l'embouchure du Gange, arrosé par les divers canaux qu'il forme, s'étend sur un espace de trois cents milles en longueur sur la côte, et de deux cent soixante milles en profondeur dans les terres ; le delta du fleuve en occupe la plus grande partie. Ce pays, qui s'appelait anciennement *Bang* du nom de Bang, fils de Hind, petit-fils de Noé, fut couvert, lorsque les Mogols s'en furent emparés, de constructions en terre carrées et entourées d'un mur de briques pour se mettre à l'abri de l'humidité, nommées en persan *Al* : c'est de *Bang* et de *Al* qu'est venu le nom de *Bengale*. Avec les provinces de Bahar et d'Orixa, il était alors sous le gouvernement du Soubahdar Aliverdy-Khan. Celui-ci venait de marier ses trois filles à trois de ses neveux, et avait adopté l'un de ses gendres, Scindhi-Hamed, en le désignant pour son successeur. Ce prince ayant été tué dans une révolte, Mirza-Mahmoud, son fils aîné, hérita de la prédilection du vice-roi. Ses deux oncles ne purent supporter sans se plaindre la préférence dont leur neveu était l'objet, et ils se préparèrent à faire prévaloir leurs prétentions contre les volontés d'Aliverdi-Khan. Celui-ci les fit observer.

Bientôt il se débarrassa d'un certain Hussein-Kouli-Khan, gouverneur de Dacca, qui dirigeait toutes leurs intrigues, et vit ses deux neveux enlevés par une maladie épidémique. L'un d'eux, Novagis-Khan, avait adopté le frère cadet de Mirza-Mahmoud ; sa veuve crut devoir faire de cet enfant l'héritier des prétentions de son époux.

Radjah-Boulloub, ex-ministre de Novagis, soufflait ces projets à sa veuve. Dans la prévision de certaines éventualités, il commença par vouloir mettre à l'abri les grandes richesses de son ancien maître. Il en chargea plusieurs bateaux sur lesquels Kissendass, son fils, s'embarqua sous le prétexte d'un pélérinage à Jagrenath et alla se réfugier avec ses trésors à Calcutta, ville aux environs de laquelle la veuve de Novagis se trouvait elle-même avec 10,000 hommes. De la présence de cette princesse dans le voisinage du fort William et de l'accueil fait au fils du conseiller de cette femme rebelle, le Soubahdar conclut que les Anglais machinaient quelque entreprise contre son autorité. Il se disposait déjà à les attaquer, lorsque sa mort fit passer le pouvoir sur la tête de Mirza-Mahmoud, qui prit, en montant sur le trône, le nom de Souradjah-Daoulah, et se mit aussitôt en campagne contre la veuve de Novagis. Il somma d'abord les Anglais de lui livrer Kissendass et ses trésors. Le gouverneur anglais, Drake, invoqua le droit d'asile et de protection. C'était un refus. Irrité, le Soubahdar lève une armée nombreuse, investit le fort de Kassimbazar (17 mai 1756), s'en empare le 22, marche vers Calcutta et met, le 15 juin, le siége devant la ville qui n'était guère en état de défense. Le gouverneur et les principaux habitants effrayés se réfugièrent à bord des vaisseaux anglais mouillés dans le fleuve ; seul, Holwel, commandant en second du fort William, prit la résolution de se défendre. Sa résistance héroïque ne put rien sauver. Obligé de se rendre le 20, avec 146 Européens, reste de la garnison, ils furent jetés dans un horrible cachot, demeuré célèbre sous le nom de *Blackhole*, (*le trou noir*), où, le lendemain, 133 de ces malheureux furent trouvés étouffés ou morts de soif.

Deux Anglais, l'amiral Watson et le colonel Clive, se chargèrent de punir l'orgueil et la cruauté du Soubahdar.

Avec cinq vaisseaux, 900 Européens et 1,500 cipahis, Clive remonta le Gange, s'empara de plusieurs forts, et, prenant terre, le 27 décembre, à Busi-Busia, il marcha sur Calcutta, à laquelle, depuis sa victoire, Souradjah-Daoulah avait imposé le nom d'Ali-Nagor. Le 1er janvier 1757, après une attaque combinée par terre et par eau, Clive se rendit maître de la ville. De là, remontant le fleuve, et passant sous le canon de Chandernagor, il alla brûler Hougly où il trouva trois millions, et força le Soubahdar à la paix. Bientôt, sur la nouvelle que la guerre venait de se rallumer en Europe entre la France et l'Angleterre, les Anglais allèrent attaquer Chandernagor. L'Etablissement français que Dupleix avait rendu si florissant se croyait à l'abri de toute agression en vertu du traité de Godeheu, accepté par les deux Compagnies et par leurs gouvernements. Aux termes de cette convention, les Français avaient refusé d'appuyer le Soubahdar lorsqu'il s'était emparé de Calcutta; aussi, quel ne fut pas leur étonnement quand ils virent les Anglais tourner leurs armes contre eux. Le 14 mars 1757, avec ses 3,500 hommes et des renforts arrivés de Bombay et de Madras, Clive attaqua cette place importante, protégée par le fort d'Orléans, 180 pièces de canon et une garnison de 300 Européens et 300 cipahis. Après une résistance héroïque, le 24, Chandernagor capitula. Tous les autres comptoirs français furent pris peu de temps après. 400 soldats, faibles débris de nos troupes éparses dans nos possessions du Bengale, vinrent se ranger sous les ordres du capitaine Law de Lauriston et de M. Courtin, et entrèrent au service des princes du pays, où, sans autres ressources que leur courage, ils firent chérir et respecter le nom français.

Sur des avis que Souradjah-Daoulah avait expédiés des émissaires secrets à Bussy pour l'inviter à venir le joindre avec ses troupes disponibles, Clive persuada aux Anglais qu'il était d'une bonne politique de renverser le Soubahdar. Dans ce but, une conspiration fut organisée contre ce prince par Mîr-Giaffer-Ali-Khan, un de ses généraux et son premier ministre. Le 4 juin 1757, un traité secret fut conclu entre les Anglais et le traître. Lorsqu'il fut certain des mauvaises dispositions des troupes hindoues et de l'appui des conjurés, Clive attaqua le Soubahdar avec 3,000 soldats dont 900 Européens. Souradjah-Daoulah avait 120,000 hommes sous les armes ; son artillerie était servie par 50 Français ; il espérait envelopper l'armée anglaise. Le 24 juin, sans s'effrayer de cette multitude d'hommes, Clive accepta la bataille dans la plaine de Plassey. Le corps sous les ordres de Mîr-Giaffer-Ali ne donna pas ; les autres, travaillés secrètement, lâchèrent pied au premier choc, et le général anglais remporta facilement une victoire décisive. Cinquante pièces de canon, les bagages, les trésors du vice-roi tombèrent en son pouvoir; le prince fugitif lui-même fut pris, le 2 juillet, à Mourshoudabad où le fils de Mîr-Giaffer, Mîr-Miram, le fit lâchement assassiner. Mîr-Giaffer fut nommé Soubahdar à sa place.

Bussy était alors dans les cirkars du nord. Après sa réconciliation avec Salabet-Sing, il avait demandé et obtenu le renvoi des ministres et des chefs qui avaient conspiré contre lui. Ensuite il s'était occupé à faire rentrer les tributs arriérés, tout en en assurant la perception pour l'avenir. Aidé du radjah Viseram-Rause, qui lui confia un corps de 10,000 hommes, il attaqna le paléagar de Bobilé, Ranga-Rao, qu'il extermina dans son repaire, le 24 janvier 1757. Il se tourna ensuite contre les Etablissements anglais de Gomsera, Naroudia, Ingeram, Bandermolouka, et puis marcha sur Vizagapatnam, seule place forte qui restât à nos rivaux sur la côte d'Orixa. Le 24 juin, Bussy fit investir la ville, exhortant le gouverneur William Perceval à ne pas l'exposer aux malheurs d'un assaut donné par des troupes dont il ne répondait pas d'arrêter la furie. Le 26, la place capitula. Le fort de Bimlipatnam tomba bientôt après au pouvoir du vainqueur, de sorte que les Anglais furent chassés de la côte entière. C'est dans ce moment que Bussy recevait les lettres de Souradjah-Daoulah. Il allait passer la frontière, lorsqu'il apprit la défection de Chandernagor.

A cette époque une révolution avait failli enlever le pouvoir au vice-roi du Dékhan, et une invasion de Mahrattes le menaçait dans sa capitale. Un de ses frères, Nizam-Ali, s'était fait livrer le sceau de l'Etat, ce qui équivalait presque au détrônement de Salabet-Sing. En apprenant ces nouvelles, Bussy se mit en marche, fit 150 lieues en vingt jours, et arriva à Aurengabad au moment où quatre armées étaient sur le point d'en venir aux mains. Il fit arrêter le Divan, se fit rendre par Nizam-Ali le sceau du Dékhan, et contint l'armée de Baladji-Rao, chef des Mahrattes. Nizam-Ali ayant manifesté des intentions hostiles, Bussy avait résolu de le poursuivre ; il s'était mis en marche dans ce but lorsque des circonstances que nous allons faire connaître l'appelèrent sur un autre théâtre.

A la suite du rappel de Dupleix, la situation de la Compagnie française était devenue d'autant plus délicate dans l'Inde, que les Anglais, après avoir réparé leurs désastres, étaient animés du désir de la vengeance. Dupleix seul, ou à son défaut Bussy, aurait pu faire face à l'orage ; mais le cabinet de Versailles en jugea autrement. Le comte de Lally, Irlandais d'origine, lieutenant-général et grand'-croix de Saint-Louis, fut nommé gouverneur des possessions françaises de l'Inde avec le commandement en chef des forces de ce pays. Ce choix n'était pas heureux. Brave comme son épée, Lally avait fait dès l'enfance l'apprentissage de la vie militaire. A douze ans, son père l'avait mis de tranchée au siége de Barcelone ; de remarquables faits d'armes mirent en relief depuis son courage et ses talents : il s'était même distingué à Fontenoy sous les yeux de Louis XV. Son ambition lui fit désirer de venir dans l'Inde gagner le bâton de maréchal de France. C'était l'homme le moins propre à la tâche qu'il allait accepter. Caractère à préjugés, d'une énergie qu'il poussait jusqu'à la violence, même jusqu'à la cruauté, dépourvu de toutes notions sur la politique de l'Hindoustan, il partit avec des pouvoirs illimités et des plans arrêtés d'avance, croyant pouvoir appliquer en Asie l'expérience qu'il avait acquise sur les champs de bataille de l'Europe. Sa politique se formulait en cinq mots : «*Plus d'Anglais dans la Péninsule.*»

Le nouveau gouverneur général s'était fait précéder par une escadre sous les ordres du capitaine Bouvet et un détachement de 1,100 soldats commandés par M. le chevalier de Soupire. La flotte qui le portait avec un autre renfort de 1,200 hommes, mit à la voile, le 4 mai 1757, du port de Lorient. Elle avait pour chef M. le comte d'Aché, et fit son entrée dans la rade Pondichéry le 28 avril 1758, accueillie par un présage funeste. *Le Comte de Provence*, vaisseau qui portait le général, fut salué de coups de canon chargés à boulets dont cinq endommagèrent sa coque. A peine arrivé, Lally se brouilla avec M. de Leyrit, qu'il insulta follement. Sans attendre le *Te-Deum* accoutumé, le jour même de son débarquement, il voulut partir pour le siége du fort Saint-David. Rien n'était prêt. L'impatience le gagna; ne trouvant pas assez de bras pour le transport de l'artillerie, il mit en réquisition les habitants indigènes, et les y fit travailler sans distinction de castes, accouplant le brâhme au paria, le kchatrya au soudra. C'était pis que de la tyrannie, c'était un sacrilège; mais Lally ne s'en doutait pas et n'écoutait personne. Des remontrances lui furent faites par les membres du conseil ; il les accusa de corruption et de lâcheté. Il fit ensuite briser les statues d'une pagode vénérée dans l'espoir d'y trouver des diamants et de l'or. Cette profanation eut lieu sans profit. Des brâhmes éperdus accoururent pour sauver leurs dieux; Lally les prit pour des espions, il les fit attacher à la bouche de ses canons. D'abord on avait bien auguré de cette apparence d'activité ; il ne fut pas difficile de s'apercevoir bientôt que ce n'étaient que hauteurs, injustices, violences, au service d'une impatience et d'une précipitation fébriles.

En attendant, la flotte anglaise, sous les ordres de l'amiral Pocock, avait rencontré celle du comte d'Aché dans le voisinage de Pondichéry. Un combat s'était engagé. Des deux côtés l'ardeur avait été vive et les deux escadres fort maltraitées. Les Anglais se retirèrent à Madras, et les Français allèrent débarquer à Goudelour les troupes de terre qu'ils portaient. Lally ne trouva pas de résistance dans cette ville dont le comte d'Estaing s'empara sans coup férir. De là, il alla avec beaucoup de confiance et peu de munitions investir le fort Saint-David qui protégeait cette place. Plusieurs jeunes officiers appartenant aux premières familles du royaume et impatients de se signaler, se distinguèrent à l'attaque de cette forteresse. Ils portaient les beaux noms de d'Estaing, de Montmorency, de Crillon, de Conflans, de la Fare. Le major anglais Polier se défendit avec une bravoure héroïque. Seulement, à la fin, ne pouvant plus compter sur la garnison, et pensant que l'escadre française interceptait tous les secours qu'il pouvait recevoir de Madras, il capitula le 10 juin. 617 Européens, 1,600 cipahis restèrent prisonniers de guerre. On trouva en outre, dans la citadelle, 180 canons, des provisions de toute espèce, même de l'argent dont on manquait. La forteresse fut démolie : c'était une imprudence, mais il y avait ordre du ministère. Le fort de Devikotta tomba quelques jours après en la possession des Français. Lally le rasa et brûla la ville. Ce furent ses seuls succès.

L'alarme fut bientôt dans Madras où on ne doutait point que Lally ne poussât ses troupes victorieuses jusque sous ses remparts. Tel était, en effet, le projet du général français. Une grande difficulté l'en empêcha : le manque d'argent. M. de Leyrit, gouverneur de Pondichéry pour la Compagnie, écrivit à Lally que le trésor était épuisé et qu'il ne pouvait plus fournir aux besoins de l'escadre ni de l'armée. On s'avisa alors que le radjah de Tanjaour devait à la Compagnie 3,600,000 roupies. Une expédition fut aussitôt résolue pour le contraindre au payement de cette somme. Dès son entrée en campagne, l'armée se ressentit des mesures exterminatrices prises par son chef. L'effroi qu'il inspirait avait mis les indigènes en fuite. Les transports se faisaient péniblement; bientôt les vivres manquèrent. On s'empara bien de Nagour, ville commerçante, surtout en grains; mais on ne sut pas tirer parti des ressources qu'elle renfermait. Lorsqu'on arriva devant Tanjaour, argent, vivres, munitions de guerre, tout manquait. Alors commença un siége entremêlé de négociations pendant lequel Lally conclut et rompit quatre traités. Irrité des délais suscités par le Badjah, il s'oublia jusqu'à menacer le prince hindou de le faire vendre à Bourbon comme esclave avec toute sa famille. Le Radjah, qui ne voulait pas d'abord se battre, résolut de faire une défense désespérée et de s'ensevelir sous les ruines de sa capitale. Mais les choses n'allèrent pas jusqu'au bout. Le défaut de vivres, le bruit d'une défaite essuyée par la flotte commandaient la retraite. La haine des Tanjaouriens poursuivit l'armée dans sa marche rétrograde, et vint même s'attaquer au milieu du camp à la personne de son général. C'est par miracle que Lally échappa à l'explosion d'un caisson qu'un conjuré fit sauter près de lui, tandis qu'un autre lui déchargeait sur la tête un coup de sabre qu'il para avec sa canne. Il arriva à Pondichéry après avoir abandonné au passage du Koleron ses bagages et son armée. Là il trouva la flotte française qui était venue se réparer sous le canone de la rade. Elle avait de fortes avaries et 600 hommes hors de combat. Le comte d'Aché partit bientôt pour l'île de France, laissant dans l'Inde un renfort de 500 matelots ou soldats.

Humilié, irrité, peut-être même jaloux, ce fut alors que Lally tomba dans la plus inexcusable de ses erreurs, en ordonnant à Bussy de quitter le Dékhan. Bussy était l'honneur du nom français dans l'Inde. Seul, il tenait en échec la puissance anglaise dans les provinces du nord; il gouvernait le Dékhan sous le nom de vice-roi. Sa grande fortune, ses relations avec les amis de Dupleix, son dévouement à la Compagnie furent autant de motifs de haine et d'envie contre cet officier supérieur. En le rappelant, Lally écrivit à Salabet-Sing qu'il ne devait plus compter sur la protection de la France. Le Soubahdar fondit en larmes; il supplia Bussy de rester; mais il fallait obéir. Bussy remit le commandement au marquis de Conflans et arriva à Pondichéry en septembre avec 200 Européens et 500 cipahis. Le gouverneur le reçut avec froideur, tandis que tous les autres chefs de l'armée lui accordaient un témoignage d'estime dont l'histoire offre peu d'exemple. Bussy n'était que lieutenant-colonel : six colonels, MM. d'Estaing, de Landivisiau, de la Fare, de Breteuil, de Verdière, de Crillon, demandèrent pour lui le grade de brigadier-général, déclarant qu'ils seraient heureux et fiers de servir sous ses ordres.

Après le rappel de Bussy, du grand Bussy, comme dit Orme, le Radjah de Visanapour, Anande-Rause, reprit Vizagapatnam, et sollicita du gouvernement du Bengale un envoi de troupes pour faire la conquête des possessions françaises à la côte d'Orixa. A la fin de septembre 1758, 500 Européens et 2,000 cipahis, sous les ordres du colonel Forde, débarquèrent à Visagapatnam. Un traité fut conclu, à la suite duquel, le 3 décembre, les troupes du prince hindou ayant opéré leur jonction avec le détachement anglais, battirent le marquis de Conflans à Pettipour, quoiqu'il eut l'avantage du nombre. Cet officier perdit son artillerie et ses bagages, et se retira sur Mazulipatam. L'armée anglaise l'y suivit, mit le siége devant la place et l'enleva par surprise le 7 avril 1759. Salabet-Sing s'était avancé au secours des Français; il n'était même qu'à dix lieues lorsqu'il apprit le succès des Anglais. Cette nouvelle lui fit rebrousser chemin. Cependant Hyder-Sing, ex-divan de Bussy, avait écrit à Lally que la présence de son ancien général aurait bientôt réparé ces désastres. Lally berça longtemps, pour l'humilier, Bussy de l'espérance qu'il lui confierait le salut du Dékhan ; mais il y envoya à sa place M. de Moracin qui y arriva lorsque les derniers coups étaient portés. M. de Moracin partit avec 500 hommes, tant cipahis que matelots: à son arrivée, Mazulipatam était pris. Voyant la ville et le pays qu'il avait longtemps gouvernés entre les mains des Anglais, le commandant français se rendit à Ganjam faire la guerre au Radjah qui devait de l'argent à la Compagnie. Sa petite troupe y fut entièrement dispersée par le fer, la famine et la désertion.

Cependant tout cela paraissait avoir peu d'importance pour Lally ; ce qui en avait, c'était sa haine pour l'Angleterre. Le siége de Madras était le rêve qui depuis longtemps enlevait le sommeil à ses nuits. Toutefois le manque d'argent, de munitions, de moyens de transport, de vivres, en avaient fait ajourner l'exécution. Bussy avait une fortune de 25 millions de livres. Lally lui proposa de lui prêter cinq millions qu'il lui rembourserait après la prise de Madras. Bussy ne jugea pas à propos de hasarder une somme si importante sur l'éventualité de conquêtes si incertaines. De là entre eux une haine irréconciliable qui ne rétablit pas les affaires de la colonie. Cependant on résolut de sortir de cet état de détresse par le siége même de Madras, et aux objections que la prudence soulevait au sein du Conseil contre ce projet, d'Estaing répondit: «Mieux vaut mourir d'un coup de fusil sous les murs de Madras que de faim sur le glacis de Pondichéry.» Cette raison entraîna l'unanimité des opinions. En décembre 1758, Lally partit avec une armée de 3,000 Européens, un corps très-considérable de cipahis et de Caffres, mais sans canons de siége, sans vivres ni munitions. « Nous en trouverons dans Madras, disait-il. » Il négligea de prendre le fort de Chinglepett qu'il se contenta de reconnaître. Ce fut une grande faute, car c'est de là que vint le salut de Madras. La ville Noire fut d'abord emportée d'assaut ; mais les soldats pillèrent, s'énivrèrent, et bientôt durent s'y défendre. Le colonel Draper à la tête de la garnison fit une sortie terrible : on se battit dans les rues, dans les maisons, dans les jardins, dans les temples ; ce fut un vrai champ de carnage. D'Estaing à la tête du bataillon de Lorraine fut fait prisonnier; néanmoins l'attaque fut refoulée. Le chevalier de Crillon alla occuper un pont établi entre le fort et la ville Noire. Dans ce poste il tua 50 Anglais, en fit prisonniers 30, et resta maître de cette importante position. Draper eut 200 hommes tués ; tout le reste eût pu être pris si on s'était emparé du pont dans un moment favorable. Bussy n'avait pas osé ou n'avait pas voulu exécuter ce mouvement sans ordre de son chef. Lally l'accusa d'avoir fait manquer la prise de Madras. L'infortuné général portait alors la peine des dégoûts dont il abreuvait son armée, qui désirait elle-même un échec pour qu'il tournât à la confusion de son commandant.

Lally était arrivé devant Madras avec des provisions pour quinze jours, au bout desquels la ville tenant encore, il fallut s'en remettre au hasard pour s'en procurer. Le fort de Chinglepett envoya sa garnison inquiéter les assiégeants et ravager le pays d'où ils tiraient leurs subsistances. Bientôt même les Mahrattes et le radjah de Tanjaour envoyèrent des secours. Le général français était sur le point de donner l'assaut; le 16 février 1759 avait été le jour fixé pour monter à la brèche, lorsque, la veille, la flotte de l'amiral Pocock conduisit un secours de 600 soldats et une artillerie formidable avec plusieurs milliers d'hommes d'équipage. Même couronné de succès, l'assaut devenait une folie : les assiégeants n'auraient pas manqué d'être assiégés à leur tour. Lally prit le parti de la retraite, et la commença dans la nuit en se dirigeant vers Arkat. Il avait perdu 1,100 hommes et abandonné dans son camp 23 pièces de canon enclouées et 19 dans le fort de de San-Thomé, qui fut également évacué. Poursuivi par des haines ardentes, humilié, taciturne, mais peu contenu, Lally éclatait en imprécations et en injures : « J'irai plutôt commander les Caffres de Madagascar, écrivait-il à M. de Leyrit, que de rester dans votre Sodome, qu'il n'est pas possible que le feu du ciel ne détruise à défaut de celui des Anglais. »

Après la levée du siège de Madras, l'armée composée de 1,300 Européens, 3,000 cipahis, sous les ordres du vicomte de Fumel, était allée camper dans les environs d'Arkat, qui après la journée du 29 novembre était tombé de nouveau entre les mains des Français. Cet échec fut cause que l'armée anglaise se retira sur Vélour. Néanmoins elle vint bientôt sous les ordres du major Brereton assiéger Vandavachy. Les Français se transportèrent au secours de la place, battirent l'ennemi et firent avorter ses projets; mais le commandant anglais ayant appris qu'on avait laissé peu de monde à Kanjibouram, fit une marche forcée et surprit la ville. Mursapha-Beck y commandait la garnison indigène. Renfermé dans une pagode, il fit avec ses soldats une vigoureuse résistance qui eût donné à ses alliés le temps de le secourir. On ne le fit pas, et il périt, sacrifié avec toute sa famille. Lally proposa alors la destruction d'Arkat, cette vieille capitale du pays. Son avis ne fut pas suivi, et le Gouverneur alla à Pondichéry, pour y attendre des secours qu'on lui avait annoncés d'Europe.

En attendant, Bussy cherchait par la négociation à renouer avec Bazalet-Sing l'alliance qui avait existé, en lui promettant dans l'avenir la nababie du Karnatik. Ce dernier refroidi par l'insubordination des troupes qui se révoltaient souvent faute de páye, et mal conseillé par Nizam-Ali, son frère, demandait immédiatement la couronne du Karnatick et quatre laks de roupies. La seconde de ces conditions surtout était inexécutable. Pour payer l'armée, les conseillers, les administrateurs, les riches habitants de Pondichéry venaient d'envoyer leur argenterie à la Monnaie. Quant à la première, Lally la rejeta, parce que cette proposition émanait primitivement de Bussy, et que tout ce qui venait de cet officier supérieur était impitoyablement rejeté. Cependant l'épuisement du Trésor détermina Lally à diriger une expédition sur l'île de Chiringam, d'où les Anglais tiraient un revenu annuel de 600,000 roupies. Dans ce but il divisa son armée en deux corps. L'un commandé par Crillon alla s'emparer de Chiringam; l'autre resta cantonné à Vandavachy et à Arkat.

Le colonel sir Eyre Coote, voulant profiter de cet affaiblissement de nos troupes, entra en campagne. La trahison lui ouvrit les portes de Vandavachy. De là, il se porta sur Karangoly et enfin sur Arkat. Mais au bruit de sa marche Bussy avait quitté Bazalet-Sing, et il était dans Arkat quand les Anglais s'y présentèrent. Il avait en ce moment à son service 400 cavaliers de Bazalet-Sing ; bientôt les Mahrattes mécontents des Anglais vinrent lui fournir 1,000 cavaliers et 200,000 roupies.

Au commencement de 1760, Lally avait à cœur la reprise de Vandavachy. Jaloux de la supériorité de Bussy, il se comporta de telle manière envers lui que le brigadier général demanda à se retirer. Lally lui refusa et lui demanda son opinion sur le plan de campagne, décidé à l'avance de ne tenir aucun compte des avis de son lieutenant. Le 10 janvier, il alla attaquer le fort de Vandavachy, où le capitaine Sherlock s'était renfermé avec 150 Européens et 8 compagnies de cipahis. Le colonel Coote avec toutes ses forces vint à leur secours. Les premières attaques des Anglais jetèrent la confusion dans l'aile gauche de l'armée française. Un caisson qui sauta, blessa ou tua 80 personnes, fut cause d'un grand désordre. Bussy fit des prodiges de valeur : trois fois il rallia les fuyards, trois fois il les ramena à la charge et était sur le point de rétablir l'équilibre lorsque l'aile droite, pour s'être avancée un peu trop précipitamment, devint l'objet d'une attaque soutenue. Elle ne put résister. La déroute devint bientôt générale. Bussy conduisait le régiment de Lally, la baïonnette en avant, lorsque son cheval fut tué sous lui, et lui-même fait prisonnier. La perte des Français s'éleva à 800 hommes, sans compter celle du second chef de l'armée. Cette journée valut aux Anglais Arkat, Chettipett, Timery, Permacovil, Allamparvé, Devikotta, Karikal, Chellambrom, Goudelour et Valdaour, qui, par suite de notre défaite, tombèrent peu à peu au pouvoir de nos ennemis.

Au mois de mai 1860, les Français en étaient réduits à Pondichéry, Villenour, Gingy et Thiagar. La dernière heure de leur puissance avait sonné ; le dernier coup allait être frappé sous les murs de Pondichéry. En septembre 1759, le retour de la flotte du comte d'Aché y avait ramené un instant la joie et l'espérance. Elles avaient été de courte durée, car après le combat du 10, l'amiral voulut aller se réparer à l'île de France, et partit malgré une protestation du Conseil, le 30 du même mois, après avoir débarqué 900 hommes de son escadre. Les débris de l'armée vaincue à Vandavachy vinrent se retirer à Pondichéry où les vivres devenaient de plus en plus rares. Dans ce moment, Lally parut comprendre que sa politique avait fait fausse route en repoussant les alliances indigènes. Au bord de l'abîme qui l'allait engloutir, il demanda du secours au général des troupes du Maïssour, Hayder-Ali, qui s'engagea à approvisionner la ville et à fournir 8,000 cavaliers et 5,000 fantassins. Le 28 juin 1760, un traité fut conclu. On lui payait 100,000 roupies par mois, on lui promettait de lui livrer Thiagar et de l'aider dans la conquête du Tinevelly et du Maduré. Dès le 27 juillet quelques approvisionnements furent fournis. Le 4 septembre, les Maïssouriens battirent un détachement anglais envoyé contre eux. Le 8, le colonel Coote s'en vengea en emportant Villenour, Oulgaret et Ariancoupan sous les yeux de Lally lui-même, et bientôt Pondichéry se trouva cerné à 600 toises sous le canon de la place. Les troupes du Maïssour tinrent si bien leurs engagements pour les approvisionnements, que bientôt ils n'en purent trouver pour eux-mêmes. Le découragement entra dans leur camp avec la disette; la désertion suivit. Un convoi de riz et de 2,000 bœufs, venant de Gingy, ayant été intercepté, les Maïssouriens disparurent. Le Mahratte Baladjî-Rao avait envahi le Maïssour, appelé par le roi du pays, qui voulait secouer le joug de son général. Hayder-Ali alla défendre les territoires qu'il devait réunir plus tard sous son autorité souveraine, pendant que les Anglais, au pied de Pondichéry, recevaient en même temps des renforts en hommes et en argent.

Pondichéry n'avait alors que 80,000 habitants, dont 4,000 Européens ou métis. Elle avait deux enceintes : une haie rempart suffisante pour la mettre à l'abri d'un coup de main de la part des indigènes ; et une muraille qui l'entourait de trois côtés, garnie d'un fossé, d'un glacis et de bastions fortifiés, que commandait une citadelle. La rade était défendue par des batteries dont les fondements sont encore visibles. L'investissement de la place eut lieu vers la fin d'août. Le 4 septembre, Lally fit une sortie hardiment et sagement combinée, mais qui ne réussit pas. A une première attaque le colonel Monson eut la cuisse fracassée et remit à Coote le commandement du siége. Cependant les vivres devenaient de plus en plus rares dans la ville. Pour s'en procurer on proposa à Visadjî-Pendit, général de Baladjî-Rao, 500,000 roupies et la cession de la place de Gingy. Le traité allait être conclu : déjà 4,000 soldats européens sortis de Pondichéry, avaient traversé le camp anglais pour se joindre au Mahrattes, lorsque cette négociation fut découverte par les ennemis, et amena de leur part l'offre d'un million de roupies et une expédition contre Gingy qui fut enlevée par le major Preston. Il ne resta plus à Pondichéry que la ressource des sacrifices. A partir de décembre, la garnison depuis longtemps sans paye commença à manquer de vivres. Lally fit fouiller dans toutes les maisons et lui procura quelques secours passagers en grains. Dubois, intendant de l'armée, qui remplit ce devoir, devint l'objet de l'exécration publique. Les subsistances des particuliers étaient enlevées sans règle ni mesure ; les taxes, les amendes, étaient rendues odieuses par des évaluations arbitraires et excessives. L'humeur hautaine de Lally ne ménageait personne. Bientôt il renvoya sa cavalerie, et chassa de la ville la population hindoue, dont une grande partie périt sur le glacis, repoussée à coups de fusils par les Anglais, qui, le quatrième jour seulement et à la sollicitation de Méhémet-Ali, leur accordèrent de franchir leurs lignes. Un moment la fortune parut venir au secours de la ville assiégée. Le 31 décembre, un ouragan dispersa la flotte anglaise, emportant les batteries et les redoutes des assiégeants. Mais bientôt les Mahrattes vinrent se joindre aux Anglais. Pondichéry ne pouvait attendre de salut que de la flotte du comte d'Aché partie pour l'île de France. En y arrivant elle y avait trouvé l'ordre de ne point quitter ces parages; elle n'en bougea pas. Cependant la population européenne et l'armée périssaient de faim et de misère; Lally, épuisé de fatigues, en proie à des violentes attaques d'épilepsie, avait voulu céder le commandement à M. de Landivisiau, qui se garda bien d'accepter un poste si difficile dans une situation si critique. Tout semblait conspirer contre le malheureux général. Le Conseil souverain, qu'il voulut rassembler pour demander une capitulation honorable, lui répondit par un refus de se réunir : « Vous nous avez cassés, lui disait-il. — Non, répondait Lally, je vous ai seulement défendu de vous rassembler sans ma permission. »

Le 12 janvier 1761, dans la nuit, croyant à une attaque générale, épuisé par la maladie, Lally se fit porter sur les remparts, et donna aux soldats exténués sa dernière pièce d'or et sa dernière bouteille de vin. Le lendemain, il assembla un conseil de guerre qui conclut à la reddition de la place, ne différant avec lui que sur les conditions de la capitulation. Lally, outré contre les Anglais, leur reprochait leur conduite dans plusieurs circonstances et la violation des traités. C'était une imprudence de parler ainsi à des vainqueurs, mais tel était le caractère du général français, que tout en demandant un asile pour la famille de Chanda-Saheb, il reprochait aux Anglais d'en avoir lâchement laissé assassiner le chef. Le Conseil de Pondichéry renvoya de son côté une capitulation rédigée par le père Lavaur, et que ce missionnaire porta lui-même. Le colonel anglais ne la lut même pas ; seulement il envoya ses conditions. Le 16, la place se soumit, et le 17, le fort se rendit également à discrétion : 2,067 personnes restèrent prisonnières.

La perte de Pondichéry avait été jurée par des ennemis implacables. Dupré, un Français d'origine, en fut nommé gouverneur pour la détruire de fond en comble. Maisons, mosquées, pagodes, églises, rien ne fut respecté, et au bout de quelques jours, de cette ville naguère si célèbre et si florissante, il ne resta plus qu'un monceau de ruines qui devinrent le repaire des couleuvres et des chacals.

Un cri général s'éleva contre Lally. L'opinion le signala comme la cause unique de la perte de Pondichéry; partout il ne trouva que des ennemis implacables. Quoique malade, le lendemain de la capitulation, il reçut ordre de partir pour Madras. Au moment du départ, un rassemblement tumultueux se fit autour de son palanquin; on l'appelait traître, scélérat, on lui jetait des pierres; il fut sur le point d'être massacré. Il marchait au milieu de cette foule, accablé et tenant dans ses mains affaiblies deux pistolets qui eussent été impuissants à le défendre. Quelques-uns de ses gardes et 15 hussards anglais lui sauvèrent la vie. Dubois, qui partit un moment après, fut assassiné, dépouillé et enterré dans un jardin. Les ennemis de Lally le dénoncèrent au gouvernement de la France et à l'indignation de la nation entière. A peine arrivé en Angleterre, il y apprit ce dont il était accusé dans sa patrie. Sollicitant du gouvernement anglais la permission de venir en France pour se disculper, il écrivit au ministre, M. de Choiseul : « J'apporte ici ma tête et mon innocence. Tout le monde sait ce qui arrivé. » Après quatre ans de débats et de captivité, Lally fut condamné à être décapité, *pour avoir trahi les intérêts du Roi, de l'État et de la Compagnie des Indes.* Il périt sur l'échafaud le 5 mai 1766, à l'âge de 68 ans.

Que personne n'oublie cette fin terrible; qu'elle rende les hommes indulgents pour Lally, qui, sans doute, commit de grandes fautes, mais aussi qui les a trop expiées. Son supplice racheta sa vie avec usure, et son nom est devenu respectable par un malheur immérité à force d'être extrême. Lally ne fut en effet ni un traître, ni un concussionnaire, mais bien un épileptique et peut-être même un fou. Il avait le fanatisme de l'honneur, et jamais personne ne douta de son courage. « Tout le monde avait le droit d'assommer Lally, dit d'Alembert, tout le monde excepté le bourreau. » La postérité, d'accord en cela avec le philosophe, a révisé le jugement trop rigoureux qui frappa l'infortuné général, et, sans lui concilier tout-à-fait la sympathie publique, elle n'en a pas moins entouré le nom de la victime d'un mélange de respect, de regrets et de pitié [28].

Avant la fin de 1760, les Anglais avaient fait sauter les fortifications de Karikal, et s'étaient rendus maîtres de Mahé qu'ils voulaient également détruire comme leurs autres conquêtes ; mais le souverain du pays, un brâhme de la famille de Kalastry, les en dissuada. A l'exception des ouvrages militaires, tout fut sauvé. Après la prise de Pondichéry, les Français se trouvèrent chassés du continent et des mers de l'Inde. Plusieurs causes avaient amené ce déplorable résultat : le rappel de Dupleix, les fautes de Lally et surtout la corruption des mœurs sous le climat voluptueux de l'Asie. Les guerres de Dupleix étaient devenues la source de grandes et rapides fortunes ; les libéralités des souverains du Dékhan avaient multiplié les richesses, les habitudes molles et orientales dans l'armée. Les employés de la Compagnie, à qui ces ressources étaient interdites, trouvaient dans la vénalité et dans l'infidélité des bénéfices équivalents. Les directeurs fermèrent les yeux sur tous ces abus ; ils ne voyaient eux-mêmes dans leur place que le crédit et l'argent qu'elle procurait. Le gouvernement tenait la Compagnie dans une espèce de servitude, et lui avait imposé plusieurs fois des directeurs incapables ou d'une probité suspecte. En 1730, un commissaire du Roi avait été introduit dans le Conseil des directeurs. Il y prit un ascendant absolu. Bientôt on en nomma un deuxième. Chacun alors eut sa coterie ; de là des discordes, des intrigues, des haines. On crut trouver un remède au mal en nommant un troisième commissaire. Ce ne fut plus que de l'anarchie. Le ministère pensa alors qu'il serait utile de ne pas conserver à la Compagnie un privilége qui la ruinait. On démontra que dans l'espace de 44 ans, depuis sa fondation, l'Etat lui avait fourni trois cent soixante-seize millions. Pendant ce temps la Compagnie avait expédié 761 navires montés par 87,223 marins; elle avait envoyé dans l'Inde 132,632,313 livres de marchandises, 13,442 marcs d'or, 6,206,477 marcs d'argent, au moyen desquels elle acheta 443,032,818 livres de productions, vendues en Europe 636,363,557 livres, par conséquent avec un bénéfice de 292,867,623 livres, ce qui ne l'empêchait pas d'être très-mal dans ses affaires.

En 1769, on résolut de remplacer le monopole par le commerce libre qui se fit de cette manière jusqu'en 1778.

Cependant l'article 13 du traité de Paris (1763) était venu rendre à la France ses Etablissements de l'Inde, Pondichéry, Chandernagor, Karikal, Mahé, à condition de n'établir aucune fortification au Bengale. Tout avait été détruit, tout fut à recréer. La France se décida à faire renaître Pondichéry de ses cendres et à en faire, comme par le passé, le chef-lieu de ses possessions. En 1764, M. le baron Law de Lauriston en fut nommé gouverneur général. Il arriva le 11 avril 1765 à l'endroit où avait été Pondichéry. A peine le pavillon du Roi fut-il déployé sur ces ruines, que tous les Français, tous les indigènes que la guerre avait dispersés s'empressèrent d'accourir. On dressa des tentes; on mit le feu aux broussailles, on nettoya les rues, et chacun, cherchant au milieu de ce cahos son ancien emplacement, se construisit une nouvelle demeure. En 1769, lors de la suspension du privilége de la Compagnie, 28,000 personnes avaient relevé leurs habitations. Le Gouverneur fit enfermer la ville dans l'enceinte d'une muraille de cinq quarts de lieues de circuit protégée par 16 bastions. Ce fut à cette époque que les Arméniens, vexés partout dans l'Inde, sollicitèrent un Etablissement à Pondichéry. Ils demandaient qu'un quartier leur fût spécialement affecté avec le libre exercice de leur religion. La crainte de les voir accaparer tout le commerce fit impolitiquement repousser leur demande. Ils s'adressèrent alors aux Anglais qui leur permirent de venir s'établir à Madras.

CHAPITRE VIII.

SOMMAIRE. — Rétrocession des possessions françaises dans l'Inde. — Mîr-Kassîm-Ali-Khan. — Joseph Sombre. — Bataille d'Elsa. — Déchéance de Mîr-Kassîm. — Bataille de Ghéria. — Massacre des prisonniers anglais. — Combat de Patna. — Bataille de Buxar. — Alliance avec le nabab d'Oude. — Cession par Schah-Alem II du Bengale. — La Bégom-Somrou, reine de Sirdannah. — Influence politique de Sombre. — État de la Péninsule. — Les Mahrattes. — Bataille de Paniput. — Ragobah. — Nizam-Ali-Khan. — Cession des Cirkars. — La présidence de Madras et Méhémet-Ali. — Hayder-Ali-Khan, régent du Maïssour. — Bataille de Gouty-Bellary. — Lally au service du Nizam, ensuite d'Hayder. — Conquêtes d'Hayder. — Son royaume. — Ses projets, ses alliances. — Guerre du Karnatick. — Paix de 1769. — Guerre contre les Mahrattes. — Situation de la Compagnie française. — Suspension de son privilège. — Siége de Pondichéry. — M. de Bellecombe. — Capitulation. — Prise de Mahé. — 2e guerre du Karnatick. — Bataille de Permibakom. — Sir Eyre Coote. — Bataille de Porto-Novo. — Le bailli de Suffren. — Batailles navales. — Mort d'Hayder-Ali.

Le traité de 1763 reconnaissait Méhémet-Ali comme nabab du Karnatick, et, en nous restituant avec les autres Etablissements nos comptoirs du Bengale, nous avait imposé la condition expresse de n'y établir aucune fortification. Nous n'avions même pas à Chandernagor une batterie de saluts. En 1770, sous l'administration de M. Chevalier, on voulut y établir un fossé pour assainir la ville. Le gouvernement de Calcutta envoya une compagnie de pionniers qui détruisit les travaux et combla le fossé. La France s'était même obligée à n'entretenir aucune troupe dans le Bengale. Chandernagor, qui, avant la guerre, comptait 60,000 habitants, n'en eut plus que 24,000 à la paix, et resta sans espoir d'amélioration, à la merci des Anglais qui exigèrent que leurs facteurs pussent venir commercer dans cet Etablissement.

M. Vansittart avait remplacé Clive qui venait de partir pour s'aboucher personnellement avec le fameux Pitt, ce minstre si bien fait pour le comprendre. D'après les dernières instructions de l'ex-gouverneur, le Conseil de l'Inde avait remplacé comme soubahdar du Bengale, le malheureux prince déjà dépouillé, Mîr-Giaffer, par un second, Mîr-Kassîm-Ali-Khan, son gendre, auquel on connaissait quelque fortune qu'on se proposait d'exploiter. Mîr-Kassîm s'engagea à payer toutes les dettes de son beau-père, à céder à la Compagnie le revenu des districts de Burdwan, Midnapour et Chittagong, et enfin à faire cadeau à la municipalité de Calcutta de 1,200,000 francs ou cinq lacks de roupies.

Après la prise de Chandernagor par les Anglais, plusieurs Français s'étaient mis au service des princes du pays. Parmi eux était M. Law de Lauriston, qui, en 1760, commandait un petit corps de ses compatriotes au service du Grand Mogol. Un Alsacien, alors âgé de 19 ans, Joseph Sombre, était entré dans cette Compagnie et y avait bientôt atteint le grade de sergent. La bravoure du jeune Français ne devait pas tarder à être mise à l'épreuve, et ses exploits qui devinrent le thême favori des chansons populaires du nord de l'Inde, en firent un héros et presque un demi-dieu sous le nom de *Roustam-E-Frangistan* (le champion français).

-Avec les ressources créées par Mîr-Kassîm, le Gouvernement anglais se trouvait assez fort pour attaquer le grand Mogol lui-même et lui enlever sa fertile province de Bahar où il résidait alors. Au mois de juillet 1761, Schah-Alem II, empereur de Delhy, fut attaqué vigoureusement par le major Carnac, à la tête des troupes anglaises combinées avec celles dé Mîr-Kassîm. Après une faible résistance, le pauvre empereur s'enfuit du champ de bataille, abandonnant ses bagages et ses soldats. M. Law de Lauriston, qui était son général d'artillerie, malgré son courage, son habileté et ses efforts, ne put empêcher la déroute. Elle eut lieu le 15 janvier 1761, près du village d'Elsa. Seul, avec deux des siens, Law ne put se résoudre à quitter le champ de bataille : s'adossant à un de ses canons, il s'assit le visage tourné vers l'ennemi et attendit la mort. Ses deux compagnons étaient un cipahis nommé Raja-Ram, et l'autre, Joseph-Sombre. Law fut fait prisonnier.

Dès 1764 l'avidité du Gouvernement anglais avait déjà épuisé tous les trésors de Mîr-Kassîm. Une modification du grand Conseil de l'Inde vint, pour comble de malheur, donner la majorité à la partie qui lui était hostile. Le Soubahdar comprit qu'on voulait arriver à son expulsion ou à la ruine complète de ses Etats. M. Ellis, homme violent et son ennemi acharné, fut choisi pour résident anglais dans sa capitale de Patna. Convaincu que sa perte était résolue, Mîr-Kassîm n'hésita plus. Il fit saisir des batêaux chargés d'armes que M. Ellis faisait venir de Calcutta. Il s'en suivit quelques hostilités; un membre du grand Conseil fut tué; M. Ellis et son escorte furent faits prisonniers. Dès ce moment, le Conseil regarda la guerre comme déclarée, prononça la déchéance de Mîr-Kassîm et la restauration de Mîr-Giaffer-Ali. L'armée anglaise, entrant immédiatement en campagne, livra, le 2 août 1763, une grande bataille aux troupes de Mîr-Kassîm. Un instant l'ennemi rompit sur un point la ligne anglaise, s'empara de deux canons, et attaqua en tête et en queue le 84e régiment britannique. Les troupes qui se montraient si vaillantes étaient commandées par Sombre, qui, à partir de ce moment, prit le titre de général. Après un combat de quatre heures, le champ de bataille resta aux Anglais; mais ce combat était le plus sanglant et le plus acharné qu'on eût encore vu dans les guerres de l'Inde. A la suite de cette bataille qui eut lieu près de Ghéria, Mîr-Kassîm se replia successivement sur les forteresses d'Oudwa et de Monghyr qu'il vit tomber l'une après l'autre devant la stratégie européenne, et se retira enfin dans Patna, traînant à sa suite les prisonniers anglais et poursuivi par l'armée britannique, au commandant de laquelle il écrivit : « Si vous faites un pas de plus, je vous envoie la tête de M. Ellis et celle de vos autres chefs. » 150 Anglais se trouvaient alors entre les mains du vice-roi. Le major Adam continuant à s'approcher de Patna, Mîr-Kassîm se vit obligé de l'évacuer; mais, avant de partir, il voulut se donner le plaisir de la vengeance. Les prisonniers furent passés par les armes, et ce fut le bataillon de Sombre qui se trouva chargé de cette terrible exécution. Le jeune Français, il faut le dire, fit les plus généreux efforts et brava même quelques dangers pour empêcher ce massacre; il ne réussit qu'à sauver un chirurgien, et sa conduite en cette circonstance n'empêcha pas la haine des Anglais de confondre éternellement, à propos du massacre de Patna, le nom de Sombre avec celui de Mîr-Kassîm.

Après avoir quitté Patna, le Soubahdar et son jeune général se réfugièrent dans les Etats du visir d'Oude, Soudja-Ed-Daoulah, qu'ils trouvèrent campé avec l'Empereur aux environs d'Allahabad. Les fugitifs furent reçus avec la plus grande distinction par Schah-Alem et son visir: ce dernier fournit même à Mîr-Kassîm les moyens d'organiser une armée; aussi, dès le 3 mai 1764, le Soubahdar reparut-il devant les Anglais en ordre de bataille. Ceux-ci, commandés encore une fois par le major Carnac, déployèrent leur fermeté ordinaire; les troupes de Mîr-Kassîm furent repoussées; le combat dura depuis le lever jusqu'au coucher du soleil. Sombre ayant rallié ses troupes, vint prendre position en vue même des murs de Patna. Soudja-Ed-Daoulah, peu satisfait de ces résultats, ouvrit des négociations avec les Anglais. Sombre et Mîr-Kassîm coururent les plus grands dangers, car les Anglais exigeaient que préliminairement l'un et l'autre leur fussent livrés, et le visir n'était pas éloigné de le faire, si, en retour, la cession du Bahar lui eût été consentie. Cette prétention fut repoussée et le Nabab repassa le Gange avec son armée. Néanmoins, le 15 septembre de la même année, les mêmes ennemis se trouvèrent encore en présence. Les Anglais étaient commandés par le colonel sir Hector Munro et par le major Adam. L'empereur, son visir et Mîr-Kassim se trouvaient dans l'armée opposée; Sombre, à la tête de son corps discipliné, en était véritablement l'âme et le chef. Vers 9 heures du matin, un engagement général et très-vif commença des deux côtés. A la tête de ses cipahis, Sombre chargea plusieurs fois les Anglais. Les troupes du visir et de l'empereur, animées par cet exemple, ne montrèrent pas moins de résolution. Après une série de tentatives infructueuses, l'armée hindoue se retirait lentement et sans désordre, lorsque Munro se jeta vivement à sa poursuite, et en fit un grand carnage; mais Sombre et son bataillon lui barrèrent le passage. Arrivé avant les

Anglais à un pont construit sur l'Odea-Nulha, rivière profonde et rapide, à deux milles du champ de bataille de Buxar, l'intrépide aventurier parvint à le détruire et sauva ainsi les débris de l'armée impériale dont le fer et le feu des Anglais avaient anéanti une grande partie. Le reste périt en voulant passer à la nage l'Odea-Nulha. Cette bataille de Buxar assura aux Anglais la domination du Bengale.

Immédiatement après la perte de la bataille, Soudja-Ed-Daoulah n'ayant plus d'armee, s'était retiré dans le Rohilkund et avait sollicité des secours auprès du chef Ahhasifra-Hamed-Khan pour recommencer la guerre; mais ce prince l'engagea à faire la paix avec les Anglais. D'après ce conseil, le visir envoya le colonel Gentil, officier supérieur français à son service, proposer de sa part aux vainqueurs de se rendre à discrétion. Clive était alors de retour d'Angleterre avec les titres de lord d'Irlande, de baron de Plassey et de gouverneur du Bengale. Il vit à l'instant tout le parti qu'il pouvait tirer de l'état des choses et des dispositions du nabab d'Oude; et il conclut le traité du mois d'août 1765, par lequel il rétablit ce prince sur son trône, moyennant une contribution de huit millions. Il s'en fit en outre un allié et un rempart au sud-est et au nord-est, tout en lui faisant payer les troupes censées établies pour sa défense, et qui ne garantissaient réellement que sa soumission. Quant à Mîr-Kassîm, il erra longtemps dans les provinces septentrionales, cherchant partout à susciter des ennemis aux Anglais, et vint mourir en 1777, au village de Ketwel, ne laissant qu'une succession de vingt-cinq mille francs, faibles restes des dépouilles du Bahar et du Bengale.

L'empereur Schah-Alem II voyant son empire démembré au nord par les Afghans, à l'ouest par les Mahrattes, à l'est par les Anglais, au sud par les Anglais, les Mahrattes et Hayder-Ali, confirma la Compagnie anglaise dans la possession de tous les territoires par elle occupés dans toute l'étendue de l'empire mogol. Bientôt chassé de Delhy par Abdala, roi afghan de Kandahar, qui proclama son fils à sa place, il erra de province en province, cherchant un asile, et abandonné, trahi, vint bientôt implorer la protection des Anglais, à qui il céda le Bengale en toute souveraineté (12 août 1765). Munis de ce titre qui légitimait leur usurpation aux yeux des peuples de l'Inde, les Anglais qui lui avaient promis de le rétablir sur son trône, oublièrent bientôt leur promesse, lui assignèrent pour résidence la ville d'Allahabad avec une pension de six millions, de sorte que l'héritier de Tamerlan et de Aureng-Zeb devint le simple pensionnaire d'une Compagnie de marchands anglais.

Les exploits militaires du général Sombre avaient répandu sa réputation dans tout l'Hindoustan, et, après la bataille de Buxar, il pouvait choisir entre tous les princes de l'Inde celui qu'il lui conviendrait de servir. Aussi, pendant douze annees, le vit-on successivement à la solde de l'empereur de Delhy, de son visir d'Oude et de plusieurs autres chefs; enfin on le retrouve l'année de la mort de Mîr-Kassîm-Ali-Khan, cherchant un asile dans l'Etat de Sirdannah, qui avait alors à peine une place sur la carte de l'Inde. Grâce aux efforts de Sombre, ce petit royaume sortit de son obscurité. Au centre de la province ruinée de Saharangpour, à 60 milles de Delhy, se trouvait la petite et fertile principauté de Sirdannah, d'une étendue de 36 milles du nord au sud et de 24 milles de l'est à l'ouest. Elle produisait un revenu de 2,500,000 fr. et était alors gouvernée par une princesse de race mogole dont l'heureux aventurier sut capter les bonnes grâces au point de conquérir un trône où il régna dix ans avec autant de bonheur que de légitime renommée. Plus tard il acquit même un tel empire sur l'esprit de sa royale maîtresse, que, convertie à la foi catholique, elle épousa Joseph Sombre suivant les rites de son culte, prit son nom qu'elle conserva jusqu'à la mort, et fut connue dans l'Inde sous le nom de *Begom-Somrou*.

Devenu l'époux de la princesse et partageant avec elle l'autorité suprême, Sombre était trop habile pour songer à s'étendre par la guerre avec les faibles ressources militaires dont il pouvait disposer. Comprenant que la puissance anglaise était le danger le plus réel pour divers Etats de l'Inde, il s'appliqua sans relâche à la combattre

Son système, comme celui de Bussy, consistait à placer à toutes les cours importantes un petit noyau de Français auquel il tendait la main. Ce fut lui qui révéla à Scindiah les talents du général de Boigne dont le chef mahratte tira un si grand parti. Ce fut encore lui qui installa à Hyderabad, chez le Nizam, le fameux Raymond, qui succéda pendant quelques années à la position et à la renommée de Bussy. Enfin son influence se fit sentir jusque dans le Maïssour, chez Hayder-Ali et Tippoo, où il entretenait une correspondance avec Lally, neveu de l'infortuné général de ce nom. Sombre tenait ainsi le fil d'un immense réseau souvent brisé par les Anglais, mais sans cesse renoué par son activité; il retarda ainsi la conquête de l'Inde, consolida le petit trône sur lequel il était lui-même assis, et favorisa les intérêts de la France, nous n'osons dire ses vues, car la France à cette époque, comme trente ans auparavant, était incapable de comprendre la mission qu'elle aurait pu remplir dans l'Inde. Il mourut en 1787.

Après la chute de Pondichéry et de nos autres Établissements, la presqu'île de l'Inde était partagée entre quatre grandes puissances : les Mahrattes, dont les efforts venaient de se diriger vers le nord de l'Hindoustan ; le soubahdar du Dékhan, qui s'était rendu indépendant du grand Mogol ; la présidence anglaise de Madras, qui s'était enrichie des dépouilles des Français ; et le régent du Maïssour, le célèbre Hayder-Ali.

Ram-Radjâh, successeur de son père Sahodjî au trône des Mahrattes, n'avait montré ni ses talents, ni son activité. Sa faiblesse donna lieu à la même révolution que l'indolence des derniers Mérovingiens avait déterminée en France onze siècles auparavant. La monarchie mahratte fut partagée entre deux usurpateurs : le Peschwa, ou premier ministre, et le Ragodjî-Bouschy, ou commandant général des armées. Le peschwa Kichevana-Baladjî, qui prit le nom de Rao-Pendit, s'empara du gouvernement des provinces occidentales, relégua son souverain dans la forteresse de Settarah, s'établit à Pounah, l'ancienne capitale, et gouverna le pays au nom de son maître. Le ragodjî-bouschy, de la famille de Bounslah, s'établit à Nagpour, dans le Bérar : il y eut dès lors des Mahrattes occidentaux et des Mahrattes orientaux. En 1742 et en 1743 on avait vu les Mahrattes des deux Etats envahir le Bengale qui ne fut sauvé que par l'adresse d'Ali-verdy, son soubahdar, toutefois en subissant l'impôt du *tchout*. Plus tard sous l'administration de Baladjî-Rao, fils de Kichevana, cette puissance forma le hardi projet d'expulser les Mahométans de l'Inde et de rendre ainsi l'indépendance à la Péninsule entière. Avec l'aide des Djats, peuplade originaire du Moultan, qui avait fondé une souveraineté des deux côtés de la Djemnah, depuis les environs de Goualior jusque près de Delhy, ils n'hésitèrent pas à attaquer le grand Mogol, qui fut soutenu par Abdoula et ses Afghans, ainsi que par ses alliés, Soudja-Daoulah, son visir et nabab d'Oude, et les Rohillas. Au mois de février 1761, les deux armées se rencontrèrent dans les plaines de Karnal et de Paniput, et en vinrent à la bataille la plus sanglante qui jamais ait été livrée dans l'Inde. 150,000 Musulmans défirent avec une grande perte 200,000 Mahrattes ou Hindous. Des deux côtés cependant il fut fait des prodiges de valeur: le nombre des morts dépassa le chiffre de 60,000. Cette bataille fut décisive ; les Mahrattes perdirent toutes leurs provinces du nord de l'Inde.

Kichevana avait transmis sa dignité de peschwa à son fils Baladjî-Rao, dont le frère, qui commandait l'armée, attaqua et défit les Portugais, et ajouta à la domination Mahratte l'île de Salcette et la ville de Baçaïm. Baladji-Rao avait un fils, qui fut tué à la bataille de Paniput, et deux neveux, dont l'un s'appelait, comme lui, Baladjî-Rao, et l'autre, Ragonaut-Rao. L'aîné devint peschwa, fit un traité en 1756 avec la présidence de Bombay par lequel il abandonnait plusieurs forteresses Mahrattes, en échange de celles de Ghéria, prise récemment par les Anglais sur les pirates Angria. En 1761, ce prince mourut, laissant deux fils mineurs, Madhou-Rao et Narain-Rao. L'hérédité de la dignité de peschwa était alors si bien affermie, que personne ne se présenta pour disputer aux deux enfants la succession de leur père. Leur oncle Ragonaut-Rao, plus connu sous le nom de Ragobah, fut chargé des affaires de l'Etat pendant leur minorité.

Le gouvernement des provinces était confié à des chefs militaires. Le plus puissant était le Bounslah qui possédait le Bérar, le Kattack et une partie de l'Orixa ; en seconde ligne venait le gouverneur du Guzerate. Deux autres familles, celles de Holkar et de Scindiah, possédaient encore de vastes domaines dans le Malwa et dans le Bérar ; enfin un petit nombre de chefs d'une moins haute volée avait acquis une sorte d'indépendance. Parmi eux était au premier rang Morari-Rao, qui était en possession du fort de Gouty avec un district considérable sur la frontière du Nizam. Madhou-Rao mourut en 1772 et investit son oncle Ragobah du gouvernement du royaume pendant la minorité de son frère Narain-Rao. Ragobah fit assassiner ce jeune prince, et reçut immédiatement un serpeau ou vêtement d'honneur de la main du Maharadja et fut reconnu premier ministre ou peschwa. Cependant la veuve de Narain-Rao ayant mis au monde un fils, Ragobah, qui s'était rendu odieux par ses vexations, perdit l'autorité qu'il avait conquise. A la suite d'une conspiration organisée contre lui en 1773, il s'adressa à la présidence de Bombay, qui consentit à défendre ses intérêts moyennant la cession de Salcette et des autres îles voisines de l'Etablissement anglais. Le gouvernement de Bombay fit la guerre pour soutenir un usurpateur abhorré, et tout en s'attirant la haine des Mahrattes, il reçut à cet égard des marques de désapprobation de la présidence de Calcutta. Néanmoins, en 1777, le gouvernement de Bombay prit encore la défense de Ragobah, mais son armée battue et forcée à la retraite vit l'usurpateur tomber au pouvoir de ses ennemis, qui ne respectèrent sa vie que parce qu'il était de la caste des brâhmes. C'est pendant cette année qu'eut lieu, à Pounah, l'arrivée d'un émissaire français, Palbot, dit le chevalier de Saint-Lubin, qui causa tant d'ombrage à la présidence de Bombay. Il était facile de prévoir alors une guerre prochaine entre la France et l'Angleterre, et la présence d'un agent français à la cour mahratte devenait inquiétante en pareille conjoncture.

Le tratié de 1763 conclu entre la France et l'Angleterre reconnaissait, avons-nous dit, Méhémet-Ali comme nabab du Karnatick, et, sans doute, par une erreur de nom regrettable, Salabet-Sing comme soubahdar du Dékhan. Cependant, à peine avait-il vu s'écrouler la puissance française, que Nizam-Ali, quatrième fils de Nizam-El-Molouck avait supplanté son frère, et l'avait mis en sequestre. Depuis deux ans déjà il régnait sur le Dékhan, lorsqu'il crut voir dans la disposition de la convention anglo-française une résurrection des droits de Salabet-Sing, et, pour se garantir contre ces retours imprévus, il le fit étrangler. En 1766 et 1768, un arrangement fut conclu entre Nizam-Ali et les Anglais relativement aux cinq cirkars du Nord : il était convenu que celui de Gontour serait accordé comme jaghire à Bazalet-Sing, frère cadet du Nizam; que ce prince en jouirait sa vie durant; qu'après cela ce territoire ferait retour à la Compagnie. En 1774, sir Thomas Rumbold, gouverneur de Madras fut informé qu'un corps de Français, sous les ordres de M. de Lally, neveu de l'ex-gouverneur de Pondichéry, était enrôlé au service de Bazalet-Sing. Il en donna avis au Conseil suprême du Bengale, qui s'empressa de demander le renvoi de ces soldats, menaçant le prince mogol, en cas de refus, de l'y contraindre par les armes. Des négociations furent à ce sujet entamées avec le Nizam dont la réponse fut qu'il allait engager son frère à renvoyer les Français. Cependant ces derniers n'en demeurèrent pas moins au service de Bazalet-Sing jusqu'au moment où, alarmé des dispositions d'Hayder-Ali, il agréa de céder le cirkar de Gontour aux anglais et de se placer sous leur protection, en leur confiant la défense de sa province.

Pour faire le siège de Pondichéry, les Anglais avaient eu besoin de l'argent de Méhémet-Ali, qui avait bien voulu leur en faire l'avance à la condition qu'on lui abandonnerait ce qui serait trouvé dans les magasins de la ville. Une fois maîtres de la place, les vainqueurs s'adjugèrent tout ce qu'elle contenait. Le Nabab réclama ; on les paya de promesses. Méhémet-Ali voulut prendre alors au sérieux ses droits de souverain et secouer la tutelle anglaise ; mais ces velléites d'indépendance tournèrent assez mal pour l'infortuné nabab. Frustré par ses alliés, écrasé par des exigences toujours croissantes, il se rejeta en désespoir de cause sur ses voisins et voulut s'indemniser à leurs dépens. Avec l'assistance des Anglais, il attaqua Mortiz-Ali dans Vélour. Le siége dura trois mois, et ce que l'on trouva dans la place en couvrit à peine les dépenses. On s'en prit alors aux deux princes du Marava, qui n'étaient pas plus difficiles à vaincre, mais qui n'étaient pas plus riches. Il fut impossible de les faire payer. Restait le Tanjaour dont le souverain passait pour avoir de riches trésors. Mais les Anglais jugèrent à propos d'empêcher le Nabab de tourner ses canons de ce côté; ils négocièrent en son nom et malgré lui, et lui rapportèrent une convention par laquelle le Radjâh s'engageait à lui payer une indemnité de vingt-deux laks de roupies, et quatre lacks annuels comme tribut. De cette somme stipulée à son profit moyennant une restitution de territoire au prince de Tanjaour, Méhémet-Ali ne toucha pas un scheling. Ce fut la Compagnie anglaise qui l'encaissa à sa place. Le Nabab dut bien s'étonner d'avoir osé rêver l'indépendance. Cependant les Anglais l'appuyèrent dans un démêlé qu'il eut avec Mahomet-Yousouf, un de leurs alliés. Après une longue résistance, cet homme, qui avait rendu de grands services à la Présidence dans sa lutte contre la France, fut livré au Nabab qui le fit périr. Dans le même temps, le Radjâh de Tanjaour ramena la division entre Méhémet-Ali et les Anglais, à l'occasion de travaux à exécuter sur le Kavéry. Le débat fut porté devant les Anglais qui donnèrent tort à Méhémet-Ali. Le Nabab s'en montra exaspéré, et peut-être se fût-il porté à quelque extrémité si sa colère ne fût tombée devant un grand danger (1765).

Depuis quelque temps on avait vu poindre dans le sud de la Péninsule une puissance nouvelle, le royaume de Maïssour, et un homme nouveau, Hayder-Ali. Sa famille, originaire du Péndjab, avait eu des commencements obscurs. Son bisaïeul était un fakir qui vint s'enrichir dans le Dékhan. Il eut deux fils, dont l'un mourut laissant à son tour un enfant qui fut, ainsi que sa mère, dépouillé par son oncle. Admis comme soldat dans un corps d'infanterie, Tilléapin, cet enfant, fit si bien qu'il s'éleva au commandement d'un district dépendant du nabab de Balapour. S'étant signalé par une victoire contre les Mahrattes, il reçut en récompense la forteresse et le district de Benguelour.

Il fut tué au siége de Sira, et laissa à sa mort deux descendants, qu'un frère de leur mère, Nadim-Saïd, se chargea d'élever. L'aîné, Shabas, parvint rapidement aux honneurs militaires ; le second, Hayder-Ali, dissipa sa première jeunesse dans les plaisirs. Né à Kolar, dans le Maïssour, il alla passer une partie de son enfance à Delhy, et s'y trouvait lorsque Nadîr-Schah s'empara de cette capitale. Son éducation fut tout-à-fait négligée, il ne sut jamais lire ni écrire ; mais ses heureuses dispositions, le souvenir des actions de son père, qui était mort avec le titre de Matrom-Ali-Khan, enflammèrent son imagination, et l'appelèrent à jouer un grand rôle dans la carrière des armes et de la politique où il se révéla comme un grand homme d'Etat et comme un grand capitaine. Entré dans l'armée du Maïssour comme simple naïk ou guerrier, il parvint bientôt au faite des grandeurs et de la souveraine puissance. Sous le nom de Hayder-Naïk, d'après M. le comte Duprat, il avait servi pendant quelque temps comme simple soldat, et ensuite comme caporal cipahis sous Dupleix. En 1754, à la tête d'un corps de Maïssouriens, il était au siége de Trichenapaly, où il était accouru de son petit Etat voisin de Dindigal. En 1760, il était au siége de Pondichéry. Après une glorieuse campagne sur la côte de Coromandel, il s'était rendu célèbre dans toute la presqu'île, lorsque le radjâh de Maïssour l'appela dans ses Etats pour terminer un différend qui s'était élevé entre lui et son ministre, et pour commander ses troupes qui se révoltaient contre lui. Hayder-Ali accourut, réconcilia le Radjâh avec son ministre et contint les troupes auxquelles il imposa une sévère discipline. A partir de ce moment il joua le rôle de médiateur et de protecteur auprès du pouvoir suprême, et obtint, comme son père, à titre de jaghire, la forteresse et le territoire de Benguelour.

Il en était là sur le chemin de la fortune lorsque les Mahrattes eurent l'idée malheureuse de faire une incursion dans le Maïssour (1759). Appelé au commandement de l'armée, Hayder-Ali battit les Mahrattes, et les réduisit à subir les conditions de la paix. Il fut alors l'homme le plus fort du royaume du Maïssour ; toutefois il mit une apparence de modération dans son triomphe, ou plutôt dans son usurpation méditée. Néanmoins bientôt il ne put cacher son projet de devenir le chef de l'État ; on lui suscita de nouveau pour ennemis les Mahrattes, qui vinrent l'assiéger dans Benguelour. Ayant repoussé leurs attaques, l'heureux rebelle vint mettre le siége devant Chiringapatnam, résidence du roi de Maïssour, à qui il enleva ses trésors et sa couronne. Dédaignant l'appareil de la royauté, il ne prit que le titre de *Régent*. L'armée, gagnée par ses largesses, admira sa conduite, et personne n'osa lui résister. Il fit prendre à ses États les formes et l'esprit militaires, déclara la guerre à Nizam-Ali, lui gagna la bataille de Gouty-Bellary, et lui enleva les provinces de Bednore et les nababies Patanes de Kanoul et de Kudapa. L'armée du Nizam fut mise en déroute, mais le corps français commandé par Lally, neveu de l'ex-gouverneur de Pondichéry, tint tête à l'armée d'Hayder. Ce corps, réduit après plusieurs attaques à 180 Européens, se fit jour à travers l'armée du régent qui admira l'intrépidité du commandant français, et lui offrit de le prendre à son service. Lally refusa ; il avait engagé sa parole au Nizam, l'ancien allié de la France. Mais plus tard, à la suite d'une révolte occasionnée par le défaut de solde des troupes, Lally, dégagé de son serment, passa au service d'Hayder-Ali qui lui donna le commandement de ses troupes européennes. Après la ruine de Pondichéry, en 1761, des soldats, des matelots, des ouvriers, des armuriers, des charpentiers français, sans ressources et sans asile, avaient reçu, de la part d'Hayder, l'accueil le plus hospitalier et le plus favorable. Ces hommes intelligents et actifs contribuèrent immensément à ses succès.

Bientôt il subjugua le royaume de Kananor qu'il réunit à ses États. Il marcha ensuite vers le pays de Sundah, et s'en rendit maître. Il s'empara de Kalicut, capitale du Zamorin qui devint son prisonnier, et de la plus grande partie de la côte du Malabar. Il emporta ensuite la place de Sira dans le Kanara, et, gorgé des dépouilles de ses ennemis, il rentra dans sa capitale avec tout le faste de l'Asie et tout l'appareil de la victoire. Jamais aucun prince moderne de l'Inde n'avait fait des conquêtes aussi rapides:

son royaume avait 190 lieues du nord au sud et 100 lieues de l'est à l'ouest. Au nord il était borné par les Mahrattes, à l'ouest par la mer, à l'est par le Karnatick, au sud par le Travancor et le Maduré. Il contenait quinze provinces et donnait un revenu de 110,000,000. Ses forces militaires s'élevaient à 170,000 cavaliers ou fantassins, dont 100,000 de troupes réglées. Le corps français comptait 1,200 hommes; c'était la première force de l'armée.

Avec un génie militaire et une ambition secondée par des circonstances favorables, il était difficile qu'Hayder-Ali ne formât pas de vastes desseins. En effet, au milieu des fêtes qui suivirent son retour dans sa capitale, il conçut le projet de réunir sous sa domination les débris dispersés de l'empire mogol. Toutefois il comprit qu'il aurait à combattre des ennemis plus formidables que les Hindous, c'est-à-dire les Anglais qui s'étaient emparés de plusieurs provinces enlevées aux empereurs de Delhy. La haine d'Hayder contre les Anglais s'était nourrie dans les camps français, et Lally, qui commandait ses troupes européennes, la fortifiait en l'excitant à s'illustrer par de grandes entreprises contre ces ennemis jurés de la France. Ce fut alors qu'Hayder-Ali rompit la triple alliance que les Anglais avaient formée contre lui avec les Mahrattes et le Soubahdar du Dekhan. Il détacha la cour de Pounah par la cession de quelques places fortes de sa province de Vizapour, et il sut réveiller la jalousie du Nizam en lui démontrant que les Anglais avaient sollicité, sans son agrément, l'indépendance du Karnatick et la cession des cirkars auprès de l'empereur Schah-Alem, quoique ces provinces fussent sous la suzeraineté du Dékhan. Profitant de ces dispositions, Hayder fit un traité secret d'alliance avec les Mahrattes et le Soubahdar, en vertu duquel son fils Tippou-Saheb obtint de Nizam-Ali l'investiture éventuelle de la nababie d'Arkat.

Quand au point de vue militaire et politique le projet d'Hayder fut arrivé à un degré de maturité convenable, il adressa un manifeste à la Compagnie anglaise, par lequel il lui notifiait qu'il allait prendre les armes contre Méhémet-Ali, détenteur d'un trône qui appartenait à Tippou, son fils, la sommant de retirer ses troupes sur l'engagement qu'il prenait de payer les sommes qui lui étaient dues. Grand fut l'étonnement des Anglais lorsqu'ils apprirent qu'une alliance venait d'être conclue entre Hayder-Ali, les Mahrattes et le Nizam; mais quelle ne fut pas leur inquiétude lorsqu'ils surent que tous les nababs, les radjahs et les paléagars du Dékhan et de la Péninsule regardaient Hayder-Ali comme un sauveur, que son armée, composée d'Hindous, de mahométans et d'Européens, s'élevait à 200,000 hommes, et que celle du Soubahdar comptait 100,000 soldats.

Il fallut pourtant faire tête à l'orage. Au mois de mars 1767, la Compagnie fit marcher contre les confédérés une armée de 30,000 hommes de pied et de 20,000 chevaux avec un train d'artillerie considérable sous le commandement du colonel Vood. La guerre dura deux ans, pendant lesquels chaque parti vit souvent des revers se mêler à ses triomphes. Le Soubahdar et les Mahrattes se retirèrent de la coalition vers la fin de la première année, de sorte que les Anglais n'eurent plus qu'Hayder-Ali seul à combattre. Tout-à-coup il se présenta aux portes de Madras et fit craindre un instant aux Anglais de voir leur capitale assiégée, pillée et détruite. Heureusement que des secours arrivés à temps mirent le général Vood en état de reprendre l'offensive. Le 4 octobre 1768, il força l'armée d'Hayder à une bataille rangée que celui-ci semblait avoir voulu éviter avec soin. L'action fut disputée et sanglante ; Vood resta maître du champ de bataille, mais ce fut tout le fruit qu'il retira de sa victoire. Quoique vaincu, Hayder présentait un front menaçant ; on lui fit des propositions de paix qu'il écouta d'abord froidement, et ce ne fut pas, dit-on, sans des présents considérables qu'on le détermina plus tard à la signer. Il fit la loi au Conseil britannique, et dicta ses conditions sous les murs de Madras, le 15 avril 1769. Par ce traîté, Méhémet-Ali livrait au régent la ville et la forteresse d'Oskotta, et lui payait un tribut annuel de 4,110,000 livres. La Compagnie anglaise garantissait le traité, et donnait à titre de présent un vaisseau de 50 canons, s'engageant à fournir un contingent de 1,200 soldats européens, dès que Hayder en ferait la demande. A ces conditions Méhémet-Ali restait sur le trône du Karnatick.

En 1771, Hayder attaqua les Mahrattes occidentaux. Les Anglais se gardèrent bien de lui envoyer le bataillon européen qu'ils s'étaient engagés à lui fournir. Malgré ses talents et la supériorité de ses forces, les Mahrattes le contraignirent à se retirer dans sa capitale, dont ils ravagèrent les environs. Cependant la famine força bientôt ces derniers à regagner leurs montagnes, et Hayder employa les loisirs de la paix à consolider son autorité dans le Maïssour et à faire fleurir son royaume épuisé par tant de guerres.

L'intervention du gouvernement dans les affaires de la Compagnie française des Indes avait été un très-grand inconvénient ; mais la Compagnie avait rendu elle-même nécessaire cette funeste intervention. De grands priviléges lui avaient été accordés ; son ambition pouvait entraîner l'Etat dans des guerres désastreuses; ses emprunts pouvaient contrarier les opérations du fisc; le trésor public s'était déjà obéré pour elle, et lui faisait tous les jours de nouveaux sacrifices; enfin le cinquième du capital social appartenait au Roi. Cependant l'association n'eut pas plutôt fait connaître les embarras que lui causait une dépendance que ses malheurs et ses besoins avaient rendue inévitable, que le ministère renonça à toute influence. Comme les autres compagnies, celle de France avait dû faire les dépenses de souveraineté; mais plus que les autres, elle employa en objets de faste les fonds destinés à des opérations commerciales. La détresse où elle s'était trouvée avait engagé le gouvernement à l'exonérer des dépenses de l'administration des îles de France et de Bourbon. En 1730, le ministère avait acquis 11,835 actions, et, en 1745, un nombre égal de billets d'emprunt, chacun de 500 livres. Après avoir abandonné pendant trois ans le dividende des actions et l'intérêt des billets, il se décida au sacrifice entier de valeurs si considérables. De plus, l'intérêt des créances sur le monopole fut réduit de 5 à 4 p. 0/0. C'était faire beaucoup pour un corps privilégié, qui depuis longtemps ruinait l'Etat; mais ce n'était pas assez pour ressusciter un commerce anéanti par l'humiliante et longue guerre que la prise de Pondichéry venait de terminer. L'argent manquait. La Compagnie emprunta d'abord 12,000,000. Il fut fait ensuite un appel de 400 livres par action. Avec ces ressources, on expédia quelques vaisseaux en 1764 et les années suivantes. Leur voyage ne fut pas heureux. L'administration de M. Law de Lauriston était aussi pure, aussi active, aussi éclairée que jamais aucune autre ne l'avait été. Mais cet insuccès avait d'autres causes : les Anglais étaient devenus les arbitres de l'Inde, et c'était à ces conquérants qu'il fallait demander les produits dont on avait besoin. Les créanciers de la Compagnie et ses actionnaires les plus intelligents gémissaient sur la diminution annuelle de leur fortune, lorsque le gouvernement, désabusé de ses vieux préjugés, ordonna, le 13 août 1769, la suspension du monopole, et accorda à tous les Français la liberté de la navigation et du commerce au delà du cap de Bonne-Espérance. Trois conditions furent imposées au commerce libre : 1° un passeport délivré gratuitement par les directeurs chargés de la liquidation des affaires de l'ancienne Compagnie; 2° les dépenses nécessitées par la formation, l'entretien et la défense des Établissements, et, dans cette vue, l'établissement d'un droit de 5 p. p/o sur toutes les marchandises qui viendraient de l'Inde ou de la Chine, et un droit de 3 p. o/o sur celles qui arriveraient des îles de France et de Bourbon; 3° le retour forcé de tous les navires expédiés pour l'Inde dans le port de Lorient. Les armements se multiplièrent assez rapidement, mais aucun ne prospéra, et plusieurs furent forcés de manquer à leurs engagements. Depuis 1771 jusqu'en 1778 inclusivement, les marchandises des Indes portées en France y furent vendues avec celles de la Chine et des îles de France et de Bourbon 149,129,946 livres, ce qui porta la moyenne de ces huit années, à 18,641,241 livres.

Tel était l'état des choses, lorsqu'en juillet 1778 la nouvelle de la guerre entre la France et l'Angleterre se répandit au Bengale. Le Conseil suprême résolut de profiter de la sécurité des Français pour s'emparer d'un seul coup de tous leurs Etablissements de l'Inde. Chandernagor et tous les comptoirs du Bengale, Mazulipatam et Karikal, villes ouvertes, se rendirent sans coup férir. Bientôt une armée anglaise sous les ordres du major général sir Hector

Munro, vint prendre position sur les collines qui se trouvent au nord-ouest de Pondichéry. Le 9, le général anglais somma la place ; la réponse étant négative, il s'empara de la haie rempart, et ouvrit la tranchée. En même temps l'escadre anglaise, commandée par sir Edouard Vernon, sortait de Madras pour bloquer Pondichéry par mer. Une escadre française croisait alors sur la côte; elle avait pour chef M. de Tronjoly. Le 10 août, les deux escadres se livrèrent un combat acharné qui se termina sans avantages décidés. Mais, soit ignorance ou lâcheté, le commandant français abandonna pour toujours la côte à Vernon, plus faible que lui.

Depuis quelque temps M. de Bellecombe avait remplacé M. Law de Lauriston comme gouverneur de Pondichéry. Loin de se décourager, le brave officier fit au contraire tous les préparatifs d'une longue résistance. La garnison était composée de 1,200 cipahis et de 9,000 Européens, y compris les habitants faisant le service. Les forces des Anglais s'élevaient à 2,500 Européens, 16,000 cipahis, 4,000 chevaux et plus de 100 pièces d'artillerie. Le 18 septembre, les batteries anglaises ouvrirent leur feu. La garnison fit plusieurs sorties heureuses; il lui arriva souvent de détruire en quelques heures l'œuvre de bien des jours de travail. Cependant elle ne put empêcher les travaux du siège d'avancer chaque jour. Dès le 15 octobre, une galerie était pratiquée dans le fossé du fort; la brèche était ouverte; deux bastions adjacents étaient détruits; un pont de bateaux était préparé pour franchir le fossé; l'assaut devait avoir lieu de trois côtés à la fois. La pluie qui tomba avec plus d'abondance que de coutume endommagea les travaux; il fallut du temps pour réparer ces dégats. Mais M. de Bellecombe avait déjà fait tout ce qu'il était humainement possible de faire en pareille circonstance. Le 18 novembre, après 40 jours de tranchée ouverte, il crut ne pas devoir attendre l'assaut dont le succès ne pouvait être douteux, et demanda à capituler. Le général anglais se montra juste appréciateur du courage de ses adversaires; la reddition de la place eut lui en des termes honorables pour les Français. La garnison sortit avec les honneurs de la guerre, le régiment de Pondichéry conserva son drapeau.

Il nous restait encore Mahé, sur la côte de Malabar. Un corps expéditionnaire y fut envoyé sous les ordres du colonel Braithwait, qui y entra sans coup férir. Les Anglais l'occupèrent jusqu'au 29 novembre, où le colonel l'abandonna et en fit sauter les fortifications. Hayder-Ali n'était pas homme à demeurer spectateur oisif de tant d'événements. Après la prise de Pondichéry, il conclut avec les Mahrattes un traité auquel Nizam-Ali ne tarda pas à souscrire. Ils s'engagèrent tous trois à un système d'hostilités combinées contre les Anglais. Au commencement de 1780, le régent avait quitté Chiringapatnam, rassemblé une nombreuse armée à Benguelour, et venait d'entrer en campagne avec une armée de 100,000 hommes, se proposant de pénétrer dans le Karnatick par le défilé d'Ambour. M. de Lally, dont nous avons déjà parlé, commandait le corps européen à son service, et une multitude d'officiers français, des armes, des munitions étaient arrivés des îles de France et de Bourbon. Les mouvements de son armée se firent avec une extrême rapidité. Sa cavalerie se répandit comme un torrent sur le plat pays. Il s'empara d'abord de Porto-Novo, Tirnoumalé, Chettipett, Karangoly, Arni, Chellambrom, et, poussant des reconnaissances jusqu'à San-Thomé, il vint jeter la consternation et l'épouvante dans Madras.

Au milieu de ces circonstances désastreuses, sir Hector Munro fut appelé au commandement de l'armée. La Présidence ne pouvait opposer que 5,200 hommes sans cavalerie. Pondichéry fut abandonné par les Anglais et se trouva à la merci du premier occupant. Plusieurs fois, le même jour, cette ville eut le triste spectacle de voir l'armée anglaise et celle d'Hayder pénétrer tour à tour dans son sein, pour fouiller les maisons et enlever à ses habitants le peu de provisions qu'ils avaient rassemblées au péril de leur vie. Le bataillon européen et les quatre bataillons de cipahis en garnison à Pondichéry avaient reçu l'ordre de se rendre immédiatement à Kanjibouram, lieu du rendez-vous général. Hayder faisait alors le siège d'Arkat, lorsque, le 5 septembre, emmenant ses troupes en toute hâte, il s'avança jusqu'à Kanjibouram, et détacha son fils Tippou-Saheb avec l'élite de son armée au devant du colonel Baillie campé à Permibakom, et que le général Munro, retardé par le passage d'une rivière débordée, n'avait pu encore joindre. Baillie, attaqué par Tippou, était resté maître du champ de bataille, mais au prix de pertes considérables. Munro, averti, lui envoya pendant la nuit une partie de son armée sous les ordres du colonel Fletcher, et le lendemain se mit lui-même en mouvement, se dirigeant sur le canon qu'il entendait gronder à peu de distance. Il marchait avec confiance, ne doutant pas que les corps réunis de Fletcher et de Baillie n'eussent mis en déroute l'armée d'Hayder. Mais bientôt des cipahis blessés lui apprennent le contraire. Alors il se reporte sur Kanjibouram pour sauver du moins les magasins et les ressources de l'armée. Ce fut une grande faute. A dix heures du soir, Baillie se remit en mouvement, et, malgré une cannonade de nuit qui porta le ravage dans ses rangs, il continuait d'avancer; au point du jour il apercevait déjà la pagode de Kanjibouram, lorsque un nuage de poussière, qui s'éleva devant lui, lui fit espérer que sir Hector arrivait à son secours. C'était au contraire l'armée entière de Hayder qui venait prendre part au combat. Baillie n'en est pas ébranlé. Il cherche un instant à prendre l'offensive. Mais deux caissons qui font explosion dans ses rangs tuent un grand nombre d'hommes et le privent d'une partie de ses munitions. Alors Baillie se forme en carré et attend l'ennemi à la baïonnette. Treize charges consécutives sont repoussées. Mais les pertes se multipliant toujours, il fallut songer à assurer le salut du peu de braves qui restaient. Ce fut Lally qui arrêta le carnage, annonçant que si cette boucherie continuait, lui et ses Français étaient prêts à venger un sang si indignement répandu. Les Anglais perdirent 600 Européens et 3,000 cipahis. La retraite de sir Hector fut désastreuse. La chaleur et la fatigue lui tuèrent 200 Ecossais. Si Hayder s'était présenté devant Madras au milieu de la consternation que cette bataille y jeta, il n'y eut trouvé aucune résistance.

Le 30 novembre, Arkat tomba au pouvoir du vainqueur. Il fit investir peu de jours après Vélour, Vandevachy, Permacovil et Chinglepett. La côte de Coromandel n'offrait alors qu'un sombre tableau de désolation et de carnage; tout avait été pillé et brûlé: une famine affreuse désolait toute la partie orientale de la Péninsule. Hayder fit passer dans ses Etats tout le bétail dont il put s'emparer et près de 2,000,000 d'habitants de ce pays dévasté. Cependant la présidence de Madras avait demandé du secours au Bengale. Un corps d'armée de 7,000 hommes, sous les ordres du général Eyre Coote, lui fut envoyé pour prendre l'offensive. Sir Eyre Coote arriva à Madras apportant la destitution de Sir Hector Munro comme gouverneur du fort Saint-George. A la tête des forces de la Présidence, il longea d'abord les côtes pour observer une flotte française qui voulait tenter un débarquement. Hayder le suivit, et d'assez près quelquefois pour s'amuser à la canonner en marchant. Une série de marches et de contre-marches n'emmena aucun engagement sérieux. Toutefois les Anglais prirent Goudelour, et Hayder s'empara d'Ambour, de Thiagar et de presque tout le Tanjaour. Mais un petit échec essuyé par les Anglais dans une tentative sur Chellambrom détermina Hayder à une action décisive. L'engagement eut lieu près de Portonovo, le 1er juillet 1781, et si le succès ne fut pas complet pour le général anglais, il le dut au manque de cavalerie, qui ne lui permit pas de poursuivre une armée dix fois plus nombreuse que la sienne. La mort de Mir-Saheb, beau-frère du régent, son général de cavalerie, détermina la déroute des Maïssouriens. Après avoir rallié ses troupes, Hayder arriva trop tard pour secourir Tripatour assiégé par le vainqueur, et allant se poster sur le glorieux champ de bataille de Permibakom, qui avait vu la défaite de Baillie, il écrivit à Coote une lettre de défi. Celui-ci, impatient d'en venir aux mains, s'empressa de répondre à cet appel. La bataille eut lieu le lendemain; Elle dura depuis 9 heures du matin jusquà 6 heures du soir. La position qu'occupait Hayder fut emportée par les Anglais, mais sans autre avantage, de sorte que le régent, qui emmena son armée en bon ordre, s'attribua comme eux la victoire. Dans un troisième engagement qui eut lieu le 27 septembre, il fut plus manifestement battu, et plus tard la bataille de Sholingour lui arracha la place de Vélour dont la famine l'eût infailliblement rendu maître.

La prise de Pondichéry avait décidé le gouvernement français à envoyer dans les mers de l'Inde une expédition considérable. Au commencement de 1781, une flotte française avec un corps de troupes de débarquement, mit à la voile du port de Brest, sous le commandement du Bailli de Suffren. Vers cette époque, l'Angleterre dirigeait aussi une expédition contre les possessions hollandaises du cap de Bonne-Espérance. Les deux flottes se rencontrèrent aux îles du Cap Vert dans la baie de la Praya. Attaqués à l'improviste, les Anglais perdirent un vaisseau et furent dans l'impossibilité de remplir le but de leur expédition. Le Cap fut sauvé, et Suffren ayant opéré sa jonction avec l'amiral d'Orves, arriva sur la côte de Coromandel, au moment où Hayder était redevenu plus menaçant que jamais. Suffren se porta d'abord sur Madras qu'il espérait surprendre; mais il y trouva 9 vaisseaux anglais qu'il attira jusque près de Pondichéry, où il livra une bataille que le mauvais temps vint interrompre. De là il se rendit à Portonovo où l'attendaient deux envoyés d'Hayder, auxquels il remit 2,000 hommes dont Tippou-Saheb, qui, grâce à M. de Lally, venait de remporter un avantage considérable sur le colonnel Braithwait, prit le commandement. De son côté, l'amiral sir Edouard Hughes amenait aussi un corps de débarquement. Suffren le chercha pendant trois jours, et l'ayant acculé à la côte, il lui livra le combat le plus acharné dont aient été témoins les mers de l'Inde. Les deux escadres restèrent ensuite sept jours en vue l'une de l'autre sans pouvoir rien entreprendre. En attendant, Tippou avait pris Goudelour, Hayder Karangoly, et il avait battu l'armée anglaise qui voulait lui prendre Arni où il avait ses approvisionnements et ses trésors.

La situation devenait critique. L'amiral Hughes perdit coup sur coup deux grandes batailles à Trinquemalé contre Suffren, qui, après un autre sanglant combat, lui fit prendre la détermination de quitter la côte et de gagner le port de Bombay pour y passer le temps de la mousson (octobre 1782). Ni le danger de Madras exposé à la famine, ni le danger de Négapatam que Suffren se disposait à assiéger, ne purent fléchir sa résolution. Il partit, et le lendemain une tempête détruisit sur la côte des barques contenant 30,000 sacs de riz destinés à l'approvisionnement de Madras, où la famine exerca bientôt de tels ravages qu'il mourait jusqu'à 250 personnes par jours. Heureusement pour cette ville, le bruit de sa détresse ne parvint pas jusqu'à l'ennemi; plus heureusement encore, le 9 novembre 1782, au camp d'Attour, au milieu de son armée, une maladie cruelle enleva Hayder-Ali à l'âge de 80 ans.

CHAPITRE IX.

SOMMAIRE. — Avènement de Tippou-Saheb. — Ses succès. — Suffren et Bussy à Goudelour. — Paix de 1783. — Siège de Mangalore. — Traité du 11 mars 1784. — Le Gouvernement des Établissements de l'Inde est réuni à celui de l'Ile-de-France et de Bourbon. — Ambassade de Tippou à Louis XVI. — Évacuation de Pondichéry. — Situation des Établissements sous la République. — Propositions de M. de Fresne. — Exploits de Tippou. — Lord Cornwallis. — Paix de 1792. — M. de Chermont. — Siège de Pondichéry. — Perte de nos Etablissements. — Raymond chez le Nizam. — Projet d'alliance. — Influence du parti français. — Le général Perron. — Tippou demande des secours à l'Ile-de-France. — Bonaparte en Egypte. — Siège de Chiringapatnam. — Mort de Tippou. — Partage de ses Etats. — Paix d'Amiens. — Le général Decaen. — L'adjudant-général Binot. — Situation de l'Hindoustan. — L'empire Mahratte. — Le général de Boigne. — Domination de la Compagnie anglaise.

La mort d'Hayder-Ali délivra les Anglais du plus grand ennemi qu'ils eussent jamais eu dans l'Inde. Ses généraux eurent soin de tenir l'évènement secret jusqu'à l'arrivée de Tippou-Saheb, son fils, qui se trouvait alors dans le Malabar, où il obtenait de grands avantages contre le colonel Humberston-Mackensie. Les Français le proclamèrent souverain du Maïssour; mais l'héritier de la puissance d'Hayder était loin de posséder les talents militaires et politiques de son père; il avait plus de vanité que de véritable grandeur. Quand la nouvelle de la mort d'Hayder arriva à son camp, Tippou se dirigea aussitôt sur Arni, et de là se mit en route pour Kolar où le corps du défunt avait été transporté. Il accomplit ses dévotions sur la tombe de son père, et se hâta d'arriver à l'armée campée près de Vélour, qui le reconnut sans difficulté comme Sultan du Maïssour. La situation du Malabar l'obligea à quitter imédiatement le Karnatick, et avec tant de précipitation que, ne pouvant assurer la place d'Arkat, il en fit sauter les fortifications. Le colonel Mackensie avait profité du répit qui lui avait été laissé pour relever ses affaires. Avec un renfort de Bombay, il s'était emparé d'Onore, d'Hussein-Goury-Ghâtt, et enfin de Bednore, capitale du Kanara, où l'on avait trouvé plus de vingt millions. Anampour, pris d'assaut, avait été abandonné aux soldats, ainsi qu'un sérail de 400 femmes appartenant à Tippou, dont les enfants coururent les plus grands dangers et parvinrent à se réfugier dans la forteresse de Mangalore. Le général anglais Mathews avait mis le siège devant Hayder-Nagor: le gouverneur avait capitulé; mais les vainqueurs violèrent la capitulation en faisant ce chef prisonnier et en livrant les habitants aux exactions militaires. Tippou reparut à l'improviste dans l'ouest, s'empara de Bednore, et vint mettre le siège devant Mangalore (mai 1783).

Pendant ce temps, les Français et les Anglais se disputaient le Karnatick. Le Bailli de Suffren, profitant de l'absence de la flotte anglaise, qui n'était pas encore de retour de Bombay, débarquait à Goudelour le marquis de Bussy et un détachement de troupes françaises. Le général Stuart fut chargé, par la présidence de Madras, de se concerter avec la flotte de l'amiral Hughes et d'attaquer les Français. Le 7 juin, il vint camper au sud de Goudelour avec 5,000 Européens et 9,000 cipahis. L'armée française était réduite à 2,300 Européens et 5,000 cipahis. Elle était campée entre la ville et l'armée ennemie. Le 13 juin 1783, les Anglais attaquèrent de trois côtés à la fois. D'abord les troupes hindoues prirent la fuite et toute l'artillerie qui était sur l'aile droite tomba au pouvoir des Anglais. Mais Bussy, quoique vieux, était toujours d'une bravoure admirable : avec le baron d'Albignac, à la tête de la brigade d'Austrasie, du bataillon de Roussillon, de 150 hommes de Lamarque et des volontaires de Bourbon et de Lauzun, il enfonça les bataillons anglais à la baïonnette et les culbuta jusqu'à leurs premiers retranchements. Cette défaite fut terrible pour l'armée anglaise. Elle perdit 62 officiers et 920 soldats européens.

Les deux puissances se proposaient de faire les plus

grands efforts, les Anglais pour assiéger, les Français pour défendre Goudelour. Bussy s'était enfermé dans la place et s'y comportait vaillamment. Le sort de Goudelour dépendait d'une cinquième bataille navale. Elle eut lieu le 20 juin, et mit le comble à la gloire de Suffren. Avec 15 vaisseaux, il mit en fuite l'escadre de 18 vaisseaux de l'amiral Hughes qui voulait lui fermer l'entrée de la rade de Goudelour. Le lendemain, il débarqua les renforts destinés à l'armée française, et concerta avec Bussy de vigoureuses mesures. Repoussé dans une première sortie, le 23 juin, Bussy prit une revanche éclatante le 4 juillet; les affaires des Anglais commençaient à prendre une fâcheuse tournure, lorsque la frégate *la Médée* arriva à Madras avec les préliminaires de paix qui avaient été signés le 20 janvier 1783. Les hostilités cessèrent. Par le traité définitif, signé le 3 novembre, la France obtint la restitution de Pondichéry et des districts de Villenour et de Bahour, de Karikal et des quatre maganoms qui en dépendent, de Mahé et de Chandernagor avec les comptoirs que nous avions dans le Bengale lors de la prise de 1757.

Bussy consentit à servir d'intermédiaire pour faire cesser les hostilités entre les Anglais et Tippou. En attendant, le colonel Fullarton dirigea dans le sud une expédition que le cours des négociations vint tantôt presser et tantôt interrompre. Il prit cependant Palacatchéry et Coïmbatour, et projetait de marcher sur Chiringapatnam lorsqu'il reçut l'ordre de restituer les places tombées en son pouvoir. Tippou était, depuis une année environ, occupé au siége de Mangalore qu'il avait investi l'année précédente à la tête de 60,000 cavaliers, 30,000 cipahis, 600 Français sous les ordres du colonel de Cossigny, avec le corps commandé par Lally et un parc d'artillerie de 100 pièces de canon. La fatigue, les maladies, le feu de l'ennemi avaient réduit la garnison à de cruelles extrémités, lorsqu'arriva la nouvelle de la paix conclue entre la France et l'Angleterre. Tippou-Saheb voulut bien aussi l'accorder à la Compagnie, qui obtint, le 11 mars 1784, un traité dont la base était une restitution réciproque de conquêtes.

Le traité de Versailles du 3 novembre 1783 restitua à la France tous les Etablissements qui lui appartenaient au commencement de la guerre, avec la faculté dérisoire d'entourer Chandernagor d'un fossé pour l'écoulement des eaux. Ce traité fut adressé à M. de Bussy qui le reçut le 16 juin 1784; néanmoins cette convention ne fut mise à exécution à l'égard de Pondichéry que l'année suivante. On prévenait en même temps le général qu'à l'avenir le Gouvernement de l'Inde serait réuni à celui de l'Ile de France et de Bourbon. M. de Bussy mourut à Pondichéry le 7 janvier 1785. Il eut pour successeur M. de Coutenceau qui prit possession des Etablissements restitués par l'Angleterre. Le commerce continua d'être libre, mais il ne le fut que jusqu'au 14 avril 1784. A cette époque le Gouvernement jugea de nouveau le monopole nécessaire, et forma une nouvelle Compagnie, qu'il substitua à l'ancienne dont le privilége n'avait été que suspendu. Ce privilége porta un coup mortel à Pondichéry: il prohibait l'exportation des marchandises de l'Inde en Europe, et permettait seulement le commerce d'*Inde en Inde*. M. de Souillac, nommé gouverneur général des Etablissements français à l'est du cap du Bonne-Espérance, transporta, en 1786, le chef-lieu du gouvernement à l'Ile de France, et laissa le commandement de nos possessions de l'Inde à M. de Cossigny. C'est sous l'administration de ce dernier que Tippou chercha à attirer la France dans une alliance contre l'Angleterre. Le 22 juillet 1787, Mohammed-Dervisch-Khan, Akbar-Ali-Khan, Mohammed-Osman-Khan, ambassadeurs du sultan du Maïssour, s'embarquèrent à Pondichéry, et arrivèrent à Toulon le 9 juin de l'année suivante. Le 3 août, ils obtinrent une audience de Louis XVI et demandèrent l'envoi dans l'Inde d'un corps européen que Tippou prendrait à sa solde. La France sortait d'une guerre ruineuse. D'ailleurs M. de Conway, récemment nommé gouverneur général de l'Inde, venait d'adresser à la Cour un mémoire détaillé sur la situation de ces possessions, d'où il résultait que la France ne devait les considérer que comme des comptoirs qui ne comportaient qu'un contingent de troupes nécessaires au maintien d'une bonne police. Les ambassadeurs du Sultan furent splendidement reçus à Versailles, mais ne purent rien obtenir. Ils se rembarquèrent sur *la Thétis*, et abordèrent à Pondichéry où ils furent mal accueillis par le comte de Conway. Après un mois de séjour, ils partirent pour Chiringapatnam. Tippou leur fit une réception bien plus dure encore ; il les rendit responsables de l'insuccès de l'ambassade, et, quelque temps après, dans un moment de fureur, il ordonna la mort d'Akbar-Ali et de Mohammed-Osman en faisant répandre le bruit qu'ils avaient trahi leur souverain.

La France avait assisté déjà au serment du Jeu de paume ; la révolution commençait. Au mois de septembre 1789, le vaisseau *le Condé*, expédié par la Compagnie, apporta à M. de Conway l'ordre d'évacuer la Péninsule. Des vaisseaux de toutes nations prirent à fret les objets appartenant à l'Etat ; toutes les troupes furent embarquées, à l'exception de 450 hommes dont le départ ne fut fixé qu'au mois de mars suivant. Mais, à cette époque, le mouvement qui avait éclaté en France se faisait déjà ressentir dans tous nos Etablissements de l'Inde. Une assemblée coloniale, s'attribuant le pouvoir législatif, se constitua à Pondichéry. Elle était composée de vingt-et-un membres, dont quinze pour Pondichéry, trois pour Chandernagor, un pour Karikal, un pour Mahé et un pour Yanaon. Cette assemblée votait l'impôt, faisait des ordonnances qui avaient force de loi, et choisissait les députés à l'Assemblée nationale. Ses membres étaient élus par le suffrage universel. Pondichéry eut ses proscriptions ; rien ne manqua pour rendre la révolution semblable à celle qui agitait la métropole. Chandernagor poussa les choses à l'extrême ; il se rendit indépendant. Un comité improvisé s'empara de l'administration, décréta, exila et fit même une constitution. Mahé et Yanaon, ces Etablissements microscopiques, eurent aussi leur gouvernement, avec des scènes de discorde et de réconciliation assez curieuses. Toutefois l'assemblée coloniale de Pondichéry s'occupa de travaux utiles. Elle abolit l'esclavage, établit la publicité des débats devant les tribunaux, et institua une municipalité dans la ville, sur le modèle des communes de France. Elle s'occupa aussi de l'administration de la justice ; mais ces projets n'eurent pas de suite ; le canon des Anglais vint interrompre ses délibérations.

Après l'évacuation de Pondichéry, les Etablissements de l'Inde étaient restés sous les ordres de M. de Fresne, colonel du régiment de Bourbon, relevant du gouvernement de l'Ile de France dont M. de Conway était investi. Tippou renouvela au gouverneur particulier de Pondichéry, en 1791, la proposition qu'il avait faite à la France quatre ans plus tôt. M. de Fresne démontra l'avantage de ces offres ; il établit qu'un envoi de 6,000 Européens, n'occasionnerait aucune dépense, garantirait au besoin les engagements de Tippou, et procurerait encore des concessions territoriales, tout en favorisant le résultat des opérations commerciales de la nation. La révolution française mit un obstacle invincible à l'exécution de ces plans favorables à la France, et Tippou se trouva engagé sans allié dans une guerre où les Anglais surent tourner le Nizam et les Mahrattes contre lui. Au mois d'août 1790, le royaume de Maïssour était cerné à l'est et au sud par les Anglais, au nord par le Nizam, au nord-ouest par les Mahrattes. Dans cette position menaçante, le Sultan changea en un clin-d'œil la face des choses. Il franchit le Cavery, fond sur le colonel Floyd, lui tue 400 hommes et lui prend ses bagages. Il se présente ensuite successivement devant Trichenapaly et Thiagar, s'empare de Tirnamalé, de Permacovil, menace Madras et vient auprès de Pondichéry, où il entre en conférence avec le gouverneur français.

Ces succès parurent assez graves à lord Cornwallis, pour qu'il vînt lui-même prendre la direction de la guerre. Le gouverneur adopta un autre plan de campagne, qui consistait à entrer dans le Maïssour par la vallée d'Ambour. Il fallut faire le siège de Benguelour, l'une des plus fortes places de Tippou. Les Anglais l'attaquèrent, et en vinrent à bout après un mois de tranchée. Pendant toute cette guerre, l'armée du Maïssour ne put tenir en présence des troupes britanniques, qui assiégèrent deux fois sa capitale. Une première fois la saison des pluies les força à la retraite; elles reprirent le siège le printemps suivant, et, le 24 février 1792, au moment où l'assaut allait être donné, un traité de paix fut signé. Tippou avait senti chanceler son trône; il abandonna aux alliés la moitié de ses territoires, leur paya 75 millions pour les frais de la guerre, et leur livra en ôtage deux de ses fils pour garantir l'exécution du traité.

Toutes ces affaires terminées, lord Cornwallis se rendit à Madras d'où il fit voile pour Calcutta dans le but d'y surveiller le système administratif et judiciaire qu'il avait introduit dans le Bengale; mais la guerre qui venait d'éclater de nouveau entre la France et l'Angleterre le fit retourner dans le Karnatick. Lorsqu'il y arriva, Pondichéry, qu'il venait prendre, était pris. M. de Fresne était parti pour l'Europe en 1792, laissant pour successeur M. de Chermont, colonel du régiment de l'Ile de France. La ville était dépourvue de tout moyen de défense, et, pour comble de malheur, une garnison indisciplinée y faisait souvent la loi à ses officiers. Quand la nouvelle de la guerre éclata au mois de mai 1793, M. de Chermont exposa au Conseil l'impossibilité de défendre la place, et proposa d'embarquer les troupes et d'aller s'emparer de Trinquemalé, dans l'île de Ceylan. Il renouvela et fit valoir les propositions de Tippou-Saheb sollicitant un corps de 3 à 6,000 Européens; il demanda qu'on offrît du service à deux régiments en garnison à Trinquemalé, formant un contingent de 5,000 hommes presque tout composé de Français. Il ajouta que le parti français à la cour du Nizam déciderait ce prince à combiner avec le sultan du Maïssour une base d'opérations contre les possessions anglaises du Karnatick et de la côte d'Orixa. Mais ce plan fut rejeté par les commissaires civils, alors la première autorité française dans l'Inde.

A la fin de juin 1793, l'armée anglaise, forte de 6,000 Européens et de 17,000 cipahis, vint camper sur le côteau et peu après ouvrit le siège. La ville fut battue, pendant 41 jours de tranchée ouverte, par 3 batteries qui la foudroyèrent. Enfin elle se rendit, le 21 août, par une capitulation qui sauva les propriétés particulières et assura aux habitants le maintien de leurs lois. Les Anglais laissèrent subsister toutes les institutions judiciaires. La municipalité fut dissoute et remplacée par un lieutenant de police. Cette organisation subsista jusqu'en 1797, époque à laquelle, sur une plainte portée à sir Charles Oakley, gouverneur de Pondichéry, les tribunaux furent temporairement suspendus. Un nouveau règlement du 30 mai les rétablit en apportant quelques modifications à la compétence et à la composition du conseil supérieur dont les membres durent prêter serment au gouvernement anglais. Après la capitulation, la garnison de Pondichéry était restée prisonnière de guerre; tous les autres Etablissements français subirent le sort du chef-lieu.

La ruine des Etablissements français avait semé dans l'Inde une multitude d'hommes aventureux, qui avaient préféré, au retour dans leur patrie, les chances de fortune que leur offraient les révolutions dont la Péninsule était travaillée. Il y en avait à la cour de presque tous les princes du pays, chez les Mahrattes, chez Tippou, chez Nizam-Ali où ils avaient formé un parti qui pouvait devenir redoutable aux Anglais. Après l'évacuation de Pondichéry, plusieurs officiers passèrent au service du Soubahdar du Dékhan. Ils y trouvèrent un officier de mérite, nommé Raymond, qui avait déjà su captiver la bienveillance du prince. Il commença par commander un corps de 1,000 hommes, et, en 1791, ayant obtenu des commissaires civils de Pondichéry le grade de général, Nizam-Ali lui confia le commandement d'un corps de 25,000 hommes d'infanterie, discipliné à l'européenne et ayant des officiers européens, 24 pièces de campagne et 52 de gros calibre. C'était la principale force de Dékhan. L'influence qu'acquéraient tous les jours les Français chez Nizam-Ali était telle, que Raymond en avait conçu l'espérance de voir se renouveler les projets de Dupleix. Il forma le plan d'une alliance entre le Soubahdar et Tippou, alliance qui devait être cimentée par le mariage du fils de Nizam avec la fille du Sultan.

Après la prise de Pondichéry, Raymond voyant l'influence de l'Angleterre augmenter considérablement à la cour d'Hayderabad, ainsi que le crédit du visir Mouchir-El-Molouck, ennemi des Français, et prévoyant qu'à la mort de Nizam-Ali, son second fils, gendre du visir, monterait sur le trône au préjudice de son aîné, Ali-Khan-

Bahader, ce qui entraînerait la ruine du parti français, Raymond sollicita et obtint un *Kaoul* ou autorisation d'acheter des armes dans les Etats du Sultan. Sous ce prétexte, il envoya des émissaires à Chiringapatnam pour proposer à Tippou de passer à son service avec les troupes qu'il commandait et le fils aîné du Soubahdar. Le plan de Raymond était habile et bien conçu. Une révolte simulée du radjah de Salapour servait de prétexte au prince Bahader pour se mettre à la tête de l'armée, et aller réduire le rebelle; de là, passant dans le Maïssour, il aurait épousé la fille de Tippou, et serait resté chez ce prince avec le parti français, jusqu'à la mort du vieux Nizam, époque à laquelle, se portant sur Aurengabad, il se serait emparé du gouvernement qui lui aurait été ainsi dévolu par droit de conquête et par droit de naissance. Mais Tippou refusa d'adhérer à ce plan; on croit qu'il en fut détourné par son ministre Mîr-Saïd qui le trahit depuis.

Vers cette époque (1794) les Mahrattes, réclamant le *chout*, déclarèrent la guerre au Nizam. Ce prince comprit alors quel parti il pouvait tirer des Français et de Raymond, et, pour se les attacher plus particulièrement, il abandonna à son général la régie de huit provinces pour la solde des troupes. Il marcha ensuite contre l'armée des Mahrattes avec 300,000 hommes et un corps de cavalerie d'élite de 16,000 sous les ordres de Raymond. Les Mahrattes avaient 200,000 combattants et le Peschwa à leur tête. L'armée du Dékhan ayant été tournée prit la fuite, abandonnant artillerie, bagages et trésors; mais tout fut sauvé par Raymond qui parvint à rejoindre les fugitifs sans avoir été entamé. Nizam-Ali, vaincu, fit la paix moyennant 50 millions en garantie du payement desquels il donna son visir pour ôtage. Vers la fin de la même année, Raymond défit l'armée d'Ali-Khan-Bahader qui s'était révolté contre son père et le fit lui-même prisonnier. En récompense des services que Raymond venait de lui rendre, le Soubahdar lui conféra le titre de Molouck et accorda celui de Sing à trois de ses officiers. En lui donnant l'accolade musulmane devant toute sa cour: «Voilà les roses de mon armée, dit-il, Raymond m'a sauvé de mes ennemis, tandis que tous les musulmans et mon propre sang lui-même m'avaient abandonné.»

La prépondérance du parti français à la cour du Dékhan était pour les Anglais un sujet perpétuel de jalousie et d'inquiétude. La mort de Raymond, arrivée le 6 mars 1798, marqua un changement d'époque et de système qui prépara la prodigieuse influence que les Anglais y exercèrent depuis. Après lui l'influence française disparut dans le Dékhan, où il ne resta plus que sa mémoire, vénérée des populations, et son tombeau au pied de la forteresse de Golconde, où l'on voit encore, au fond d'une niche creusée dans un petit obélisque de granit, brûler une lampe qu'entretient sans cesse le zèle pieux d'un fakir musulman. La succession de Raymond échut à Perron, d'origine française, officier qui s'était distingué au service du Soubahdar; mais la conduite de ce dernier et les fautes qu'il commit accélérèrent la décadence du parti français. Perron passa les jours et les nuits dans la débauche, négligea les relations de son prédécesseur avec le Soubahdar et avec ses ministres, abandonna au prince la régie des huit provinces dont les revenus assuraient la solde du corps français qu'il laissa même disperser par le visir Mouchir-El-Molouck. Enfin, le 28 octobre, une colonne anglaise l'investit dans son camp et le somma de se rendre lui et ses compatriotes. Perron voulait résister; mais le visir lui fit dire que s'il tirait un seul coup de fusil, 30,000 hommes du Nizam se joindraient aux Anglais pour désarmer sa troupe qui n'aurait plus alors aucune capitulation à attendre. Il fallut céder. Une convention fut signée par Perron et par le commandant anglais, qui portait que tous les officiers français se retireraient dans une ville de la Côte, où ils jouiraient jusqu'à la paix d'un traitement égal à celui qu'ils avaient au service du Nizam. Les propriétés de Perron furent estimées à la somme d'un million qui lui fut comptée, et, le 23 octobre, le camp français était au pouvoir des Anglais. La destruction de ce parti mit le Soubahdar dans la dépendance absolue du gouvernement britannique, et prépara l'envahissement des Etats de Tippou-Saheb.

Cependant Tippou ne se tenait pas pour battu ; il songeait à reconquérir les provinces qu'il avait perdues dans la guerre désastreuse de 1792. C'était le seul homme qui restât debout avec son empire, de tous ceux que le souffle de Mahomet avait répandus sur la vieille terre de Brâhma. Tous les vieux acteurs du grand drame historique que nous avons retracé, disparaissaient de ce théâtre, où ils avaient joué le rôle de victimes. Le chef des Rohillas était mort (1794), dépouillé dans sa postérité par les Anglais, qui conférèrent son héritage au Nabab d'Oude, qui mourut aussi, léguant au gouvernement de Calcutta quelques embarras dont il se tira avec profit, en soutenant les prétentions de Saadit-Ali, proclamé quatre ans après. Le 13 octobre 1795, le dernier témoin de cette lugubre histoire, Méhemet-Ali, mourut aussi à l'âge de 78 ans. Captif, aveugle, presque mendiant, le grand Mogol était lui-même arrivé sur le bord de la tombe, lorsque, après la nomination de lord Cornwallis comme vice-roi d'Irlande, l'Angleterre envoya, en qualité de gouverneur général, le comte de Mornington, depuis marquis de Wellesley. Il arriva à Calcutta le 18 mai 1798. Le parti français ruiné à la cour du Nizam, il ne restait plus aux Anglais d'ennemis que les Mahrattes et le Sultan du Maïssour. Ils résolurent d'en finir d'abord avec Tippou-Saheb.

L'avènement de la république française avait laissé espérer au fils d'Hayder-Ali que ce changement de gouvernement chez ses anciens alliés, ferait naître des circonstances plus favorables à sa politique. La guerre entre la France et l'Angleterre semblait le présager. Tippou avait à sa cour un grand nombre d'aventuriers français et d'anciens officiers de Lally et de Bussy, qu'il y avait attirés par des faveurs, et qui, en le servant de leur mieux, s'y partageaient ses bonnes grâces. Un club de Jacobins fut organisé à Chiringapatnam. Un certain Ripaud, ancien corsaire, présida à cette fondation. Tippou-Saheb lui-même y reçut le titre de *citoyen*, après la plantation de l'arbre de la liberté et le serment de mort aux tyrans. Tippou-Saheb, obéissant au transport de sa haine pour l'Angleterre, se laissa persuader par Ripaud qu'une ambassade à l'Ile de France lui procurerait des moyens de reprendre l'offensive contre ses ennemis. Ses envoyés arrivèrent à l'Ile de France le 19 janvier 1798. Le Gouverneur leur promit tout ce qu'ils voulurent, et leur donna, comme à-compte, un général, un amiral, 8 officiers de marine ou d'artillerie, 26 officiers et sous-officiers d'infanterie et environ 300 hommes, Européens ou mulâtres, qui s'embarquèrent au mois de mars suivant sous les ordres du colonel Chapuis, et prirent terre à Mangalore, sur la côte de Malabar.

Bonaparte était alors en Egypte et cherchait à nouer des relations avec le Sultan du Maïssour. Un des rêves de son enfance avait été de réaliser une grande destinée dans l'Orient. Après le siège de Toulon, il songea, dit-on, à passer en Turquie. Plus tard il fit reprendre ce projet d'une expédition en Egypte, remontant déjà à Louis XIV. On connaît son mot après le siège de Saint-Jean-d'Acre à propos de sir John Smith : « Cet homme m'a fait manquer ma fortune. » Les Anglais surprirent, dit-on, une lettre par laquelle le vainqueur de l'Egypte annonçait au souverain hindou, qu'il était sur le bord du Nil avec une armée nombreuse, et l'invitait à lui faire connaître sa situation politique. La présence des Français sur la vieille terre des Pharaons, causa de grands motifs de crainte et d'alarme aux dominateurs de l'Hindoustan. Mais, loin de les abattre, elle ne fit que redoubler leur activité et leur énergie. Deux mois après, en décembre 1798, ils avaient renouvelé leur alliance avec les Mahrattes et le Nizam, et deux armées sorties, l'une de Madras, l'autre de Bombay, fortes de 75,000 hommes, se trouvèrent prêtes à envahir le Maïssour. Alarmé du danger qui menaçait ses Etats, et cherchant à gagner du temps, Tippou consentit à recevoir des parlementaires. Mais les formes diplomatiques n'étaient qu'un jeu de la part des Anglais : ils ne voulaient rien autre chose que le renversement du trône de Tippou et le démembrement de ses Etats.

Les deux armées anglaises, l'une sous le commandement du général Harris, partie de Vélour, l'autre de Bombay sous les ordres du général Stuart, opérèrent leur jonction dans la ville de Kananor. Tippou se hâta de jeter des garnisons dans toutes ses places importantes, et, après s'être mis à la tête d'une armée de 60,000 hommes, il vint camper à Periapatnam. La guerre fut courte et vive ; le Sultan perdit coup sur coup deux batailles, l'une à Sedeazer, l'autre à Mallavely (27 mars 1799). Après ces deux échecs, il vint s'enfermer dans Chiringapatnam, où les Anglais arrivèrent le 5 avril. Chiringapatnam est bâtie sur une île du haut Kavery. Elle avait été entourée d'une ligne de redoutes, reliées entre elles par un fossé profond et protégées par une citadelle très-forte. En avant de cette ligne, et de l'autre côté de la rivière, un autre système de redoutes, ouvert sur son front par une haie-rempart de bambous, d'aloës et de raquettes, était protégée en arrière par la rivière qui empêchait de tourner la position, et était appuyée à gauche par un marais profond. Depuis le dernier siège, Tippou avait encore ajouté aux fortifications de la place. Le 3 mai, la brèche était praticable, et les Anglais se préparèrent à l'assaut. Sur le bord de l'abîme, Tippou avait perdu non son courage de soldat, mais sa fermeté d'esprit comme général. Il consultait sans cesse ses femmes, ses flatteurs, ses astrologues. Cependant, quand la dernière heure fut venue, le sang du guerrier se ranima dans ce corps que l'âme du chef avait abandonnée. La 4 mai, à une heure après midi, au plus fort de la chaleur, le général Baird sortit l'épée à la main de la tranchée à la tête des colonnes anglaises qui traversèrent le fleuve sous un feu terrible de la place. Chaque ouvrage, chaque défilé, chaque rempart devinrent le théâtre d'une action sanglante; on se battit longtemps au milieu même de la ville; les Français et le colonel Chapuis firent des prodiges de valeur. Tippou s'était précipité au plus fort du danger; après avoir reçu trois blessures, renversé de son cheval tué sous lui, et placé par quelques serviteurs fidèles sur un palanquin, il est renversé par les ondulations de la foule, et reste perdu sous un tas de cadavres. Un soldat anglais le reconnut à la richesse de son baudrier et voulut le lui enlever. Le Sultan ramasse ses forces et blesse au genou l'Anglais, qui, lui appuyant aussitôt son mousquet sur la tempe, lui fait sauter la cervelle.

Ainsi finit Tippou-Saheb, et avec lui la dynastie de Hayder-Ali qui ne régna que 35 ans. Chiringapatnam et tout le Maïssour changèrent de maîtres; le sac de la capitale dura trois jours; plus de 10,000 victimes périrent dans cette catastrophe. On se ferait difficilement une idée des richesses que les vainqueurs trouvèrent dans cette malheureuse ville. La seule part de prise du général en chef s'éleva à 864,000 livres. Tippou laissait quatre enfants; ils furent conduits à Vélour et depuis au Bengal. Le 22 juin, un traité, fait à Chiringapatnam, partagea le Maïssour entre les Anglais, le Nizam, les Mahrattes et Krischna-Radjah-Oudivar, petit-fils du radjah qu'Hayder-Ali avait détrôné. Après s'être adjugé tout ce que Tippou avait sur la côte de Malabar, ainsi que les districts de Coïmbatour et de Darapouram, les places et forteresses commandant les défilés des Ghattes, Chiringam et l'île sur laquelle elle est bâtie, et s'être fait ainsi la part du lion, les Anglais donnèrent au Nizam les districts riverains du fleuve Krischna, tout en retenant les forteresses qui lui eussent créé une frontière trop redoutable, et, aux Mahrattes, une partie de la province de Kanara. Ce fut alors qu'ils crurent se donner un grand air de magnanimité et de justice en profitant d'un petit coin de terre qui restait, pour y rétablir les descendants de l'ancien radjah du Maïssour dépossédés par Hayder-Ali.

La chute de Tippou fut également fatale à l'héritier de Méhémet-Ali, Omdut-el-Omrah, qui avait été reconnu son successeur légitime au trône du Karnatick sous la protection de l'Angleterre. Ce prince mourut le 31 juillet 1801. Dix jours avant sa mort, un corps de 800 Anglais, avec un train d'artillerie, s'empara des jardins et du palais du Nabab, à l'insu de son fils, Hussein-Ali. A peine eut-il rendu le dernier soupir, que deux délégués anglais déclarèrent à son fils, qui croyait lui succéder, que la souveraineté du pays était réclamée par la Compagnie anglaise. Cette prétention était le résultat d'une accusation portée contre le Nabab défunt, qui aurait, disait-on, entretenu avec Tippou, sultan, une correspondance hostile à l'Angleterre. Hussein-Ali protesta. Il fut séparé de sa famille et de ses amis. Il en vint à offrir la cession de quatre provinces; mais cette proposition fut rejetée et, le 31 juillet, une salve d'artillerie du fort Saint-George annonça la déposition de Hussein-Ali et l'élévation du neveu du dernier nabab au trône du Karnatick. En même temps, un ordre général du gouvernement déclarait que le nouveau prince cédait formellement ses

Etats à la Compagnie qui s'empara de tout ce qu'elle trouva à sa bienséance, et laissa le reste à ce fantôme de souverain qui ne fut plus qu'un instrument docile dans ses mains.

En 1802, la paix d'Amiens rendit à la France ses possessions de l'Inde telles qu'elles existaient en 1793, en y ajoutant le district de Valdaour. Ce qui produisait en plus un revenu de 450,000 livres. Pondichéry, qui avait si souvent subi la loi du vainqueur, attendait avec impatience un changement qui la remît sous les lois protectrices de la mère-patrie. Depuis dix ans, elle était au pouvoir des Anglais, lorsque parut la division française commandée par le contre-amiral Linois, avec des troupes de débarquement sous les ordres du général Decaen, gouverneur des Etablissements français à l'est du cap de Bonne-Espérance. La joie qu'excita l'arrivée de cette division ne peut être comparée qu'à la tristesse qui suivit, lors de son départ subit, qui eut lieu en juin 1803 pour aller combattre dans d'autres parages. La position favorable des îles de France et de Bourbon, situées sur le passage des vaisseaux qui font le commerce entre l'Europe et l'Asie, avait permis aux corsaires français appuyés de quelques frégates que la république avait envoyées dans ces colonies, de jeter la terreur dans le commerce anglais de l'Inde. D'intrépides marins, de vaillants soldats s'y illustrèrent et causèrent, dans quelques années, à l'Angleterre, un préjudice de 200 millions. Parmi eux on doit citer les noms de Renaud, de Legrand, de Willomnez, de Tréhouart et surtout celui de Surcouf, le hardi corsaire malouin. Un mois auparavant, la frégate la *Belle-Poule* avait apporté à Pondichéry 152 hommes avec l'adjudant-commandant Binot, dans le but d'assurer la remise de la ville et de faire les préparatifs nécessaires à la réception des troupes expéditionnaires. Mais les Anglais avaient retardé la rétrocession des possessions françaises qui se trouvaient encore entre leurs mains lors de l'arrivée et du départ de la division du général Decaen. Ces délais avaient été évidemment combinés avec la rupture de la paix. Le 11 septembre 1803, Binot et les 152 braves qu'il commandait, avec quelques officiers militaires et civils restés à Pondichéry, furent obligés de capituler devant des forces dix fois supérieures. C'était pour la plupart de vieux soldats qui avaient fait la campagne d'Égypte et s'étaient trouvés à Marengo; n'ayant que trois coups à tirer, sans autre secours, ils dictèrent la loi à un corps d'armée de 2,400 hommes. Le détachement reçut les honneurs de la guerre ; il sortit de son quartier avec armes et bagages, tambours battants, et déposa ses armes sur la place, à l'exception des officiers qui conservèrent leur épée. Depuis cette époque, toutes nos possessions de l'Inde, ainsi que les îles de France et de Bourbon, que les Anglais convoitaient depuis longtemps et dont ils firent la conquête en 1810, restèrent en leur pouvoir jusqu'à la reprise de possession de 1815. A son passage pour se rendre dans l'Inde, lord Minto prit possession des deux îles sœurs, qui, dénuées de moyens de défense, étaient tombées sans coup férir.

Au commencement du XIXe siècle, les Anglais avaient conquis la plus grande partie de l'Inde et n'avaient plus devant eux que quatre puissances qu'il leur était désormais facile de contenir sinon de vaincre. Le grand Mogol, Schah-Alem II, qui n'avait guère été empereur que de nom, mourut à Delhy le 16 novembre 1806. Son fils, Akbar-Schah, lui succéda, mais sous la tutelle des Anglais. Les Sciks, population la plus septentrionale de l'Hindoustan, avaient, depuis quelque temps, fondé une république féodale, dont Lahore était la capitale et Rundjet-Sing le chef le plus important. Le gouvernement anglais employa à leur égard la politique qu'il avait suivie envers les princes Mahrattes, en semant parmi eux des germes de mésintelligence et en profitant de leurs divisions intestines. En 1808, ils obtinrent de Rundjet-Sing la cession du Sirhing, qui s'étend jusqu'au Sutledje, dont le passage est défendu par le fort de Ludhnaïa. En 1809, ils pénétrèrent dans le Rondet-Scind et en firent la conquête. Le soubahdar du Dekhan, Nitzam-Ali, ne montrait plus qu'un caractère faible vers la fin de sa carrière, se laissant gouverner par son visir Mouchir-el-Moulouck. Il mourut le 5 août 1803, et les Anglais, ses alliés, de concert avec le visir, placèrent sur le trône de la Soubabie Chinder-Schah, second fils du Nizam et gendre de Mouchir-el-Moulouck. Ce prince consentit à entretenir une armée régulière et permanente de 30,000 hommes composée de deux régiments européens et de bataillons indigènes, commandés par des officiers anglais, de sorte qu'il se trouva bientôt dans une dépendance absolue du gouvernement britannique.

L'empire mahratté se trouvait alors organisé sur des bases qui en faisaient en quelque sorte une république militaire de princes indépendants et confédérés à la tête desquels était le Peschwa. Le général français Montigny avait résidé, depuis 1772 jusqu'en 1788, à la cour du gouvernement de Pounah, et avait su s'y ménager des relations amicales avec tous les princes du pays. D'autres Français y étaient venus depuis et avaient été favorablement accueillis. Ils rendirent du reste de grands services aux princes de ce pays qui voulurent mettre à profit leur courage et leurs talents. Au nord de Pounah, étaient situés les États de Rao-Holkar et de Mahdadjî-Sindiah, ce dernier le plus puissant des Mahrattes septentrionaux. D'un esprit vaste et d'une habileté qui n'avait d'égale que son ambition, ce prince possédait un revenu de 50 millions et une force militaire respectable. Il fut assez heureux pour rencontrer un officier d'un rare mérite, M. de Boigne, qu'il nomma son généralissime, et qui, infatigable dans ses projets de guerre et de négociations, étendit le domaine de Sindiah, et acquit pour son compte une fortune princière dont il fit, à sa mort, le plus noble emploi. Fils d'un marchand de pelleteries, Benoît le Borgne, comte de Boigne, naquit à Chambéry le 8 mars 1741 et y mourut le 21 juin 1830. Successivement au service de la France, de la Russie, de la Compagnie des Indes anglaises, du nabab d'Oude, en 1783, il était à Delhy où il prit le parti de passer au service de Sindiah, alors visir du grand Mogol contre lequel il avait d'abord combattu; ce fut là l'origine de sa fortune. Il dressa à l'Européenne les armées de ce prince, aux succès duquel il contribua activement, en lui faisant remporter une victoire complète sur Rao-Holkar, son rival de puissance et de gloire (1792). Il comprima la révolte de Pertaub-Sing, radjah de Djeypour, qui, assiégé par Boigne dans sa capitale, dut se soumettre et payer, avec l'arriéré de ses revenus, 20 millions d'indemnité. Aussi bon administrateur que bon guerrier, Boigne rétablit l'ordre dans les finances, et imprima à l'organisation de l'armée une régularité et une discipline inconnues dans ces contrées. Il fut magnifiquement récompensé de ses services. A la mort de Sindiah, en 1794, il refusa les offres que lui firent plusieurs princes hindous; et, après avoir retardé son départ pendant deux ans, afin d'instruire et de diriger Daoulah-Rao-Sindiah, neveu et successeur du précédent radjah, il se rendit à Calcutta, où il vendit pour 900,000 francs, à la Compagnie des Indes, le régiment de cavalerie persane qui lui appartenait. C'est sur cette vente et d'autres circonstances, que l'on s'est basé pour l'accuser d'avoir trahi Tippou-Saheb, dans l'intérêt de l'Angleterre; mais rien n'a pu justifier cette grave accusation; il paraît même que Boigne n'eut aucune relation avec le sultan du Maïssour. En quittant l'Inde, il alla d'abord se fixer en Angleterre où il épousa la jeune marquise d'Osmond; plus tard, ne trouvant pas le bonheur dans cette union, il vint s'établir dans une retraite, la villa Buisson, située aux portes de sa ville natale, où il employa les dernières années de sa vie à faire un tel usage de son immense fortune, que les libéralités dont il gratifia sa patrie devraient seules faire honorer sa mémoire.

Après la mort de Mahdadjî, Sendiack, son successeur, ne montra ni ses talents ni sa fermeté. Les veuves, ses tantes, voulurent lui disputer le trône, mais il les vainquit. Dans plusieurs circonstances, le gouverneur général, lord Wellesley, fit des propositions d'alliance au prince mahratte. Il était alors en guerre avec Rao-Holkar; mais rien ne put vaincre la répugnance de celui-ci pour une alliance avec la Compagnie anglaise. Cependant, à la suite d'une guerre dans laquelle une grande bataille, gagnée devant Pounah sur son armée et celle du Peschwa, livra aux vainqueurs cette capitale, le Peschwa fugitif, Baladjî-Rao fut obligé de se réfugier de forteresse en forteresse jusque dans le Konkan. Le gouverneur général, plus obstiné que jamais à la réalisation de ses projets, fit porter à Baladjî-Rao des propositions par lesquelles il s'engageait à le restaurer dans la plénitude de son autorité usurpée par Amrit-Rao, son fils adoptif, et à conclure *un traite d'alliance défensive et de garantie réciproque*. Le 31 décembre 1802, fut signée une convention par laquelle le Peschwa admettait à son service des forces anglaises permanentes, dont l'entretien serait assuré par une cession de territoire. En vertu de ce traité, les troupes anglaises, en observation dans le Maïssour, se hâtèrent d'intervenir. D'autres forces furent également rassemblées à Bombay et à Hayderabad, capitale du Nizam, sous les ordres du major général sir Arthur Wellesley, si célèbre depuis sous le nom de duc de Wellington, qui commençait alors cette grande carrière militaire aux deux extrémités de laquelle se rencontrent Tippou-Saheb et Napoléon. Il n'eut qu'à passer la Toumbhoudra pour forcer Holkar à la retraite, et, après une marche de trente heures, ayant surpris avec sa seule cavalerie le Peschwa usurpateur qui s'empressa de quitter Pounah, le major général rétablit, avec la plus grande solennité, Baladjî-Rao sur son trône.

La Compagnie fomenta encore de nouvelles inimitiés entre Sindiah et Holkar ; elle provoqua même une guerre à l'occasion de laquelle les deux chefs Mahrattes auraient dû se liguer contre l'ennemi commun. Mais, trop aveuglés sur la situation du moment et sur leurs véritables intérêts, ils combattirent séparément, avec courage et énergie sans doute, mais en définitive avec une impuissance marquée contre le génie politique et les combinaisons militaires de leurs ennemis. La défection des officiers européens, notamment des généraux Perron et Bourquien, après la prise d'Agra, amena des traités favorables aux vainqueurs, avec une perte de territoire et de Delhy au préjudice de Sindiah. Le 24 décembre 1805, Holkar, vaincu à son tour, céda à la Compagnie toutes ses provinces maritimes avec 45 lieues du reste de ses domaines.

Les Mahrattes orientaux avaient montré depuis longtemps une prudence et moins d'ambition sous le gouvernement de Ragodjî-Bounslah, leur chef. C'était cependant le souverain légitime de toute la nation, le descendant direct de Civadjî; mais, craignant de perdre ses propres domaines, il n'avait jamais songé à réclamer l'administration d'un empire qui n'en avait plus que le nom. Ses quatre fils s'étaient disputé sa succession après la mort de Ragodjî, l'aîné (1772). Deux ans après, Sambadjî, le second, perdit la vie dans une bataille gagnée par ses deux frères, dont l'un, Mohdadjî, prit le gouvernement de Bérar et de l'Orixa et confia le surplus à Benbadjî, son frère puîné. En 1805, le Radjâh de Bérar céda aux Anglais la province de Kattack, y compris le port et les districts de Balassore.

A partir de ce moment, la Compagnie anglaise fut maîtresse de presque tout l'Hindoustan. Deux siècles auparavant, elle avait pris pied à Bombay, à Madras, à Calcutta; il y avait 50 ans à peine qu'elle s'était étendue dans les provinces du Bengale, Bahor et Orixa; alors survint la lutte avec la France qui lui disputa la prépondérance. Hayder et Tippou se présentèrent ensuite dans la lice et furent vaincus; les Mahrattes, auxquels se rallièrent les Etats indépendants, leur succédèrent et subirent le même sort. Les révoltes de Benguelour et de Mazulipatam, les massacres d'Hayderabad et de Vélour, en 1807, laissèrent croire un instant que les troupes indigènes pourraient facilement ébranler et renverser, même, un jour, la puissance formidable qui employait cet instrument dangereux à l'extension de sa domination sur l'Hindoustan. Mais la Compagnie est restée souveraine et maîtresse absolue de l'Inde entière, du cap Comorin au pied de l'Hymalaya, des bouches du Gange à celles de l'Indus, jusqu'au moment où, après avoir fait encore de nouvelles et immenses conquêtes et être venue à bout d'une révolte dans le nord, qui avait menacé de tout engloutir, il lui a convenu de déposer le sceptre de cet immense empire entre les mains de la souveraine qui préside en ce moment aux destinées de l'Angleterre.

CHAPITRE X.

SOMMAIRE. — Reprise de possession. — Conventions relatives au sel et à l'opium. — M. le comte Dupuy. — M. Desbassayns de Richemont. — Droit de propriété accordé aux Hindous. — Situation actuelle des Établissements. — Topographie. — Pondichéry, Karikal, Chandernagor, Yanaon, Mahé et Surate. — Ethnographie. — Langues et idiomes. — Religions. — Le Christianisme. — L'Islamisme. — Le Brahmanisme. — Castes. — Les Brahmes. — Les Kchatryas. — Les Vaycias. — Les Soudras. — Les Pariahs. — Conclusion.

Les traités des 20 mai 1814 et 7 mars 1815 rendirent définitivement à la France Pondichéry et les autres Etablissements, mais réduits dans leurs limites, et en quelque sorte sous la protection de l'Angleterre. Par l'article 12 de la première convention, la France s'engagea à n'y élever aucune fortification et à n'y mettre que le nombre de troupes nécessaire pour le maintien de la police. L'expédition, partie de France pour en opérer la reprise de possession, arriva à Pondichéry le 26 septembre 1816; mais la remise de Pondichéry et de Chandernagor n'eut lieu que le 4 décembre de la même année; celle de Mahé, le 12 janvier 1817; celle de Karikal, le 14 du même mois; et celle d'Yanaon, le 12 avril suivant.

Une convention conclue le 7 mars 1815 avec le gouvernement anglais établit: 1° que la France renonçait au bénéfice d'un traité fait, le 30 avril 1787, entre M. de Souillac, gouverneur de Pondichéry, et le colonel anglais Cathcart, au nom de son gouvernement, par lequel elle avait droit de réclamer à la Compagnie anglaise 300 caisses d'opium au prix de fabrication; à l'avenir la cession des 300 caisses n'aurait lieu qu'au prix moyen de vente à Calcutta; 2° que le gouvernement anglais acquérait le droit d'acheter, à un taux déterminé, le sel fabriqué dans nos Etablissements et excédant les besoins de leur consommation. En compensation, le gouvernement anglais s'engageait à nous payer une rente annuelle d'un million de francs qui est payé trimestriellement par le trésor de Goudelour. Par un second traité, du 13 mai 1818, la Compagnie anglaise a racheté le droit que nous avions de fabriquer le sel, moyennant 33,600 francs, et s'est engagée à nous livrer, au prix de fabrication, le sel nécessaire à la consommation de nos Etablissements. Voilà à quelles conditions un peu humiliantes on a permis à la France de posséder aujourd'hui : dans le Karnatick, Pondichéry ; au Bengale, Chandernagor avec les loges de Kassim-Bazar, Jougdia, Dacca, Balassore et Patna ; dans le Tanjaour, Karikal ; dans la province de Golconde, Yanaon avec une loge et une aldée à Mazulipatam ; sur la côte de Malabar, Mahé avec une loge de Kalicut ; et, dans le Guzerate, la factorerie de Surate. Une loge est un Etablissement composé d'une maison avec un terrain adjacent, où la France a le droit d'établir un comptoir et de faire flotter son pavillon.

M. le comte Dupuy, pair de France, fut le premier appelé au gouvernement de ces Etablissements. En 1819, nos codes métropolitains y étaient promulgués ; toutefois nous prenions l'engagement de laisser aux populations indigènes leurs lois, leurs coutumes et leur indépendance religieuse. C'était non seulement de la bonne politique, mais encore de l'équité. Ces populations que nous gouvernons n'ont point été conquises ; elles se sont données à nous, et nous ne sommes, en quelque sorte, que les délégataires de leurs anciens souverains. Ce n'est guère qu'en 1827 que nos Etablissements se relevèrent de leurs ruines, tout en gardant les infimes proportions que leur avaient faites les hasards de la guerre et les conséquences des traités. Sous l'administration réparatrice de M. le vicomte Desbassayns de Richemont, tout s'organisa et tout fut bientôt reconstitué. Deux ans suffirent au jeune Gouverneur pour satisfaire à tous les besoins qui suivent d'ordinaire un long interrègne. Il ouvrit la voie. Aux grandes perspectives d'autrefois succédèrent les vues bienfaisantes et les améliorations pratiques. Depuis trente-cinq ans les Gouverneurs se sont succédé avec le même esprit et les mêmes directions, ne cessant d'appeler l'intérêt de la métropole sur ces tristes débris de notre ancienne puissance.

L'abaissement et la conversion de l'impôt, la propriété du sol attribuée aux Indiens sont venus à tout jamais démontrer à ces douces et paisibles populations qu'elles ne restaient pas étrangères à la sollicitude du gouvernement de l'Empereur, qui les a dotées des deux plus grands bienfaits que jamais sujets puissent recevoir de leur souverain.

Topographie.

Les Etablissements français de l'Inde se composent aujourd'hui de fractions de territoires d'une superficie totale de 49,622 hectares. Ce sont :

1° Sur la côte de Coromandel, dans le Karnatick, Pondichéry et son territoire comprenant une superficie de 29,069 hectares avec les deux districts de Villenour et de Bahour ; dans le Tanjaour, Karikal et les quatre maganoms ou districts qui en dépendent ;

2° Au Bengale : Chandernagor et son territoire avec les loges sus-désignées de Balassore et Kassim-Bazar, de Jougdia, de Dacca et de Patna ;

3° Sur la côte d'Orixa : Yanaon avec son territoire et la loge de Mazulipatam ;

4° Sur la côte de Malabar : Mahé et son territoire avec la loge de Kalicut ;

5° Dans le Guzerate, la factorerie de Surate.

Pondichéry.

La ville de Pondichéry, chef-lieu des Etablissements français de l'Inde, est située sur la côte de Coromandel, dans le Karnatick, par 11° 55' 41'' de lat. nord, 77° 31' 30'' de long. est. Elle est entourée d'un boulevard planté d'arbres d'environ une lieue de tour, et divisée en deux parties, la ville Blanche et la ville Noire, séparées par un canal. Les rues sont bien percées, larges, et se coupent à angle droit. Les principaux édifices sont : l'hôtel du gouvernement, l'église paroissiale, l'église des missions étrangères, la pagode d'Isparainc, celle de Moutoumariammin, le bazar, la tour de l'horloge, celle du phare, la Cour impériale, le collége, la caserne, l'hôpital militaire, la fontaine et le pont débarcadère, ou *pier*, sur le point d'être terminé.

Outre la ville qui comporte une population de 50,000 âmes, l'Etablissement de Pondichéry, avec les districts de Villenour et de Bahour, comprend une agglomération de 93 aldées principales et de 141 villages secondaires. Le sol du territoire, composé en partie de terres argileuses plus ou moins mêlées de sable, et en partie de terres sabloneuses légères, ne devient productif qu'au moyen de constantes irrigations. Il est arrosé par huit cours d'eau dont le plus considérable est la rivière de Gingy, qui donne naissance à la rivière d'Ariancoupan et à celle de Chounambar. On compte, en outre, dans les trois districts, neuf grands canaux de dérivation, cinq barrages, cinquante-neuf étangs, deux cent deux sources et cinquante-deux réservoirs.

Quoique déchue de son ancienne splendeur, Pondichéry n'en conserve pas moins la physionomie d'une capitale. Chef-lieu des Etablissements français de l'Inde, elle est la résidence du Gouverneur et des Chefs des diverses administrations de la colonie. Un Tribunal de paix et de simple police, un Tribunal de première instance, une Cour impériale avec une chambre criminelle, y rendent la justice dans les matières de leur juridiction et dans les limites de leur compétence. Une force militaire, composée d'un détachement d'infanterie de marine et du bataillon des cipahis indigènes, y forment une garnison suffisante pour fournir des détachements à Karikal et à Chandernagor, tout en assurant le maintien de la paix et de la tranquillité publiques. La mission catholique y possède un vaste établissement d'instruction pour les natifs, et y entretient une pépinière féconde d'hommes dévoués dont les uns fournissent au collége des professeurs éclairés, et dont les autres vont porter au loin dans l'intérieur le zèle et les vertus de l'apôtre, et qui, ardents à prêcher la parole divine, ramènent chaque année aux croyances pures de la religion catholique des milliers d'Hindous dont la conversion seule témoignerait en faveur de leur œuvre civilisatrice. Des sœurs de Saint-Joseph de Cluny y desservent l'hôpital et y dirigent l'éducation des filles dans une école de demoiselles et dans un orphelinat. Elle possède, en outre, une bibliothèque de 12,000 volumes.

Karikal.

La ville de Karikal est située sur la même côte dans le Tanjaour, par 10° 55' de lat. nord et 77° 24' de long. est, à 26 lieues au sud de Pondichéry. Elle a une agglomération de 17,000 âmes, et s'élève à un mille de l'embouchure de l'Arselar, l'une des branches du Kavéry, qui, pendant la saison des pluies, permet aux petits navires de venir prendre charge dans l'intérieur du fleuve. Son territoire, d'une superficie de 13,515 hectares, se divise en cinq districts ou maganoms, portant les noms de Karikal, Tirnoular, Nellajendour, Nédouncadou et Kotchéry, renfermant ensemble 109 aldées. Le sol des cinq districts est très-productif, arrosé qu'il est par six rivières qui sont autant de bras du fleuve, lequel, dans son débordement périodique, comme le Nil, fertilise les terres qu'il inonde de ses eaux bienfaisantes.

Chandernagor.

La ville de Chandernagor est située dans le Bengale sur la branche du Gange appelée Hougly, par 22° 51' 26″ lat. nord et 86° 9' 15″ long. est, à 7 lieues au nord de Calcutta à laquelle elle est reliée par un chemin de fer et à environ 400 lieues N.-N.-E. de Pondichéry. Bâtie sur la rive droite du fleuve qui forme en cet endroit une courbe grâcieuse, la ville s'élève au fond d'une anse et déploie sur la promenade qui borde le Gange une rangée de maisons dont l'architecture laisse supposer, au simple aspect, un degré de splendeur tout autre que celui dans lequel se trouve l'Etablissement français. D'un territoire restreint à une superficie de 940 hectares, sans y comprendre le jardin de Gorretty, la ville occupe la plus grande partie du territoire français dont le surplus est couvert de jardins mal entretenus, qui donnent plutôt au pays la physionomie d'une forêt que d'un endroit habité.

Les loges de Balassore, de Dacca, de Kassim-bazar, de Patna et de Jougdia consistent chacune en une maison entourée d'un petit territoire qui leur vaut de magnifiques prérogatives de souveraineté, de juridiction civile et criminelle sur quelques dizaines d'Hindous dont ces territoires sont peuplés. Ces cinq loges sont aujourd'hui en location.

Yanaon.

Yanaon est située dans l'ancienne province de Golconde, par 16° 43 de lat. nord et 82° 5' de long. est, à 140 lieues N.-N.-E. de Pondichéry. Bâtie au point où le Godavéry divise ses eaux et forme cet affluent qui prend le nom de rivière de Coringuy, elle possède un territoire de 1,429 hectares qui s'étend entre le fleuve et la rivière sur une longueur de deux lieues et demie. Le sol en est très-fertile.

Mazulipatam est à 30 lieues au sud d'Yanaon. La France y possède une loge, et, à trois kilomètres, l'aldée de Francepett, avec deux terrains habités par 200 natifs environ dépendant de la loge de Mazulipatam qui relève elle-même d'Yanaon.

Par une convention conclue le 31 mars 1853 avec l'Angleterre, nous avons abandonné le droit de vente et de fabrication des spiritueux dans cette loge, moyennant le payement d'une somme annuelle de 8,520 francs.

Mahé.

Mahé est située sur la côte de Malabar par 11° 42' 8" de lat. nord et 73° 12' 23" de long. est, à 104 lieues à l'ouest de Pondichéry. Son territoire est d'une superficie de 5,909 hectares. A 13 lieues S.-S.-E., sur la côte, se trouve la loge de Kalicut, qui a pour hôte unique le concierge chargé de garder le pavillon.

La factorerie de Surate est située dans la ville indo-anglaise de ce nom. Un agent français y avait été établi en 1819. Il y mourut en 1823 et ne fut point remplacé. L'Etablissement est occupé aujourd'hui par un gardien et un pion. Le jardin et les bâtiments qui en dépendent sont loués, en ce moment, 2,000 francs.

Population.

Au 1er janvier 1864, la population totale des Etablissements français de l'Inde s'élevait à 229,057 individus, ainsi répartis : 127,182, non compris la garnison européenne, pour Pondichéry; 26,967 pour Chandernagor, non compris les rares justiciables des loges qui y sont annexées;

60,889 pour Karikal; 7,149 pour Mahé; 6,739 pour Yanaon. Total: 229,757.

Ethnographie.

Au point de vue ethnographique, la population de nos Etablissements a une quadruple origine :

1° Les Européens et les descendants d'Européens ou créoles; 2° les Topas ou gens à chapeau, race métisse provenant du croisement des Européens avec les indigènes, notamment dans l'origine avec les Portugais dont ils parlent encore la langue; 3° les Hindous descendants des peuples autochtones, aryens et tamouliens; 4° l'élément musulman introduit par la conquête.

Sectateurs de Brahma, disciples de Mahomet ou adorateurs du Christ, les natifs parlent tous communément la même langue ; à Pondichéry, à Karikal, à Mahé, le tamoul ou malabar, idiome contemporain du sanscrit, d'aucuns disent même antérieur à cette langue morte aujourd'hui, mais qui subsiste encore comme langue savante, une des plus parfaites et des plus anciennes qui aient été parlées sur la terre. Le tamoul est regardé comme la langue mère de trois autres dialectes du Dékhan : le karnatique, usité surtout à partir de Madras jusqu'au fleuve Krischna; le télinga ou télougou parlé à Yanaon et dans les circars du nord; et le maléyalam en usage à Mahé et dans les montagnes environnantes.

A Chandernagor, le bengali, langue usuelle des populations du delta du Gange, avec l'hindoustani et ses nombreux dialectes, compris par les hautes classes de toute la presqu'île, est généralement parlée depuis Calcutta jusqu'à Bombay.

Religions.

Trois religions ici sont en présence : le christianisme, l'islamisme et le brahmanisme.

Le Christianisme.

Le christianisme dans l'Inde remonte aux premiers siècles de l'ère chrétienne. Suivant quelques-uns, l'apôtre Saint-Thomas serait venu lui-même évangéliser ces contrées lointaines. Dans la répartition qui se fit entre les disciples de Jésus, de toutes les contrées où ils résolurent d'aller porter la bonne nouvelle, l'Inde serait échue à Didyme, qui, après avoir prêché l'évangile dans l'Arabie heureuse et dans l'île de Diascoride (Socotora), arriva à Kranganor où résidait alors le principal souverain de la côte Malabare. Ce fut là que lui arrivèrent les aventures qu'on peut lire dans sa vie écrite par Abdias Babylonien. L'apôtre fonda plusieurs églises dans le pays de Kranganor, passa ensuite à Coulan, sur la même côte, et vint sur celle de Coromandel, à Méliapour, appelée plus tard San-Thomé, où il convertit le roi et une grande partie de la population. De la il passa en Chine d'où il revint à Méliapour où les conversions nombreuses qu'il avait opérées lui attirèrent la haine et l'envie de la caste sacerdotale indigène. Deux brahmes soulevèrent le peuple contre le saint apôtre qui fut, dit-on, lapidé. Après l'exécution, un de ces brahmes, ayant remarqué un souffle de vie qui restait encore au martyr, l'acheva d'un coup de lance.

Quelque degré de créance que l'on doive ajouter à cette tradition qui ne devrait son origine, suivant quelques auteurs, qu'aux fables des Manichéens, qui ont supposé plusieurs actes fabuleux aux apôtres, notamment à saint Thomas, et dont on peut encore lire le récit dans un manuscrit de la bibliothèque impériale où aurait peut-être puisé le prétendu Abdias Babylonien, il n'en est pas moins vrai que l'importation du christianisme aux Indes remonte à une époque très-reculée. En effet, Kasma, dit Indico-Pleustes, c'est-à-dire, voyageur aux Indes, qui a écrit sa relation de voyage l'an 547 de J.-C., relate qu'il a trouvé « dans l'isle Taprobone, dans l'Inde intérieure, une église de chrétiens, des clercs et des fidèles. De même, ajoute-t-il, dans les pays de *Malé* où croît le poivre, et dans la *Collianne*, il y a un évêque qui vient de Perse, où il est ordonné. » Le Vénitien Marco Paulo au XIIIe siècle, trouva des chrétiens établis dans l'Inde, et à la Chine, et les premiers missionnaires, les jésuites, saint François-Xavier en tête, l'ont constaté. Ces chrétiens portaient le nom de chrétiens de Saint-Thomas, chrétiens syriaques ou *saurianis*. La tradition veut également que l'église de Méliapour, après la mort de son fondateur, fût longtemps florissante : elle aurait eu ses évêques, ses prêtres, ses fidèles. Mais, dans la suite des temps, les chrétiens y auraient été si violemment persécutés, qu'un grand nombre se retira vers le cap Comorin, et alla s'établir parmi les premières populations que saint Thomas avait évangélisées sur la côte de Malabar. . .

Que si l'on ne peut pas ajouter une foi entière et complète à ces récits dont les faits tels qu'ils sont racontés ont quelquefois l'air de narrations fabuleuses, il y a pourtant lieu de croire que cette tradition n'est pas sans quelque fondement, mais qu'elle repose sur des faits authentiques qui peuvent avoir été amplifiés. On trouve en effet, dans les souscriptions du concile de Nicée (325), celle d'un prélat qui prend le titre d'évêque de Perse et des grandes Indes, *nai ty meyaly india*. Suidas rapporte aussi que les habitants de l'Inde intérieure furent baptisés ainsi que les Arméniens sous Constantin-le-Grand. Les historiens hindous ont eux-mêmes relaté que, vers l'an 825, l'empereur de tout le Malabar, Ceram-Péroumal, fondateur de Kalicut, accorda de nombreux privilèges aux chrétiens hindous de ses Etats, qui eurent même le pas sur les *Naïrs* ou guerriers. Ces privilèges étaient écrits sur des lames de cuivre et s'étaient conservés jusqu'à l'arrivée des Portugais, qui ont pu s'assurer eux-mêmes de leur existence. Alexis de Ménezès, archevêque de Goa, en vit plusieurs écrits sur cuivre en caractères malabars, kanarins, bisnagars et tamouls. Les chrétiens hindous devinrent si puissants à la Côte occidentale, qu'ils secouèrent le joug des princes infidèles, et élurent un roi de leur religion dont le premier, Baliarté, prit le titre de roi des chrétiens de Saint-Thomas. Ils se conservèrent quelque temps dans l'indépendance, sous leurs propres lois, jusqu'à ce qu'un d'eux, étant mort sans enfants, ils passèrent sous l'autorité du roi de Cochin, auquel ils étaient soumis à l'arrivée des Portugais dans l'Inde. C'est ce qui résulte de la relation d'un historien portugais, Antonio de Gauvéa.

Les premiers missionnaires qui vinrent ensuite travailler

à l'instruction des chrétiens de la caste malabare furent des cordeliers parmi lesquels l'un, nommé frère Vincent, avait accompagné dans l'Inde le premier évêque de Goa, don Juan d'Albuquerque. Il bâtit à Kranganor des églises sur le modèle de celles d'Europe, celles des chrétiens de Saint-Thomas ne différant presqu'en rien, au moins extérieurement, des pagodes des gentils. Après eux vinrent les jésuites avec le grand apôtre saint François-Xavier, dont le tombeau se voit encore à Goa, et est entouré de la vénération des fidèles. Ils établirent leur premier collége à une lieue de Kranganor, dans un endroit appelé Vaïpicota (1542). Puis arrivèrent successivement les carmes déchaussés, les augustins, les capucins. Les jésuites détruisirent le vieux diocèse d'Angammale et établirent, dans la suite, l'inquisition à Goa. Ce n'est que vers la fin du XVIIe siècle qu'Antoine de Verjus, également de la compagnie de Jésus, institua les missions françaises des grandes Indes et de la Chine. Peu de temps après la fondation de Pondichéry, au commencement de l'administration de Martin, il vint y établir une mission qui prit immédiatement une grande importance. Les capucins vinrent aussi s'y établir de bonne heure. Ce fut un capucin, le frère Louis, qui dirigea les travaux de fortifications de la place après le premier siége qu'en firent les Hollandais. Depuis cette époque, l'influence chrétienne a toujours rayonné autour de Pondichéry, non seulement de manière à attirer des cathécumènes, mais encore à faire aimer le nom et le drapeau de la France.

L'Islamisme.

La population musulmane de l'Inde a une quadruple origine. Les *Saïds* qui prétendent descendre de Mahomet par Houçaïn, son petit-fils; les Cheikhs, ou convertis, appelés anciennement Maures; les Pathans ou Afghans, et les Mogoles.

Ils pratiquent tous la religion de Mahomet, l'islam, c'est-à-dire la résignation du corps et de l'âme à la volonté de Dieu. Ils sont *chias* ou chites, c'est-à-dire dissidents, sectateurs d'Ali, et forment une des deux principales sectes qui divisent les musulmans. On ne voit pas à Pondichéry d'individus appartenant à la première et à la troisième divisions. Les Cheikhs et les Mogols forment à eux seuls le contingent de notre population mahométane, surtout à Pondichéry et à Karikal, où elle se subdivise en cinq classes qui se distinguent par leurs professions. On y trouve: 1° des cipahis ou soldats indigènes ; 2° des panjicotis ou matelassiers ; 3° des darsis ou tailleurs ; 4° des mochis ou cordonniers; 5° et des marécars ou commerçants.

Le Koran est l'unique livre sacré des musulmans; il embrasse les lois civiles et religieuses, le spirituel et le temporel. La religion de Mahomet, dont le dogme fondamental est le monothéïsme pur, se résume en quelques doctrines et en quelques devoirs que l'on trouve expliqués dans le Kholaset-el-Ahkam (en français : *essence des jugements*).

La foi mahométane, Din, qui consiste à se pénétrer, par la pensée, de l'unité de Dieu, en même temps qu'on la confesse par la parole, comporte six articles principaux auxquels on doit croire :

1° L'unité de Dieu, c'est-à-dire que la divinité ne peut être attribuée à un autre; qu'il n'a ni commencement ni fin ; qu'il n'a aucune forme; qu'il n'éprouve aucun besoin; qu'il est l'être pur par excellence.

2° Les anges; qu'ils sont les serviteurs de Dieu; qu'ils sont exempts de péchés; qu'ils ne sont d'aucun sexe; qu'il y en a quatre principaux : Gabriel, le messager de Dieu; Michel, qui prévient les besoins de créature; Raphaël, destiné à la résurrection des morts; Azraël, qui préside à la déstinée des êtres.

3° Les livres inspirés : admettre qu'ils sont la parole de Dieu lui-même; qu'il en est descendu quatre du ciel, l'ancien testament (Taouret) remis à Moïse ; les Psaumes (Zabour) à David ; l'évangile (Angil) à Jésus-Christ ; et le Koran (Fourqan) à Mahomet.

4° Les prophètes ; qu'ils sont les serviteurs de Dieu; que ce qu'ils ont prédit est juste et vrai ; qu'ils ont été envoyés par Dieu; que le premier fut Adam et le dernier Mahomet, et que, de tous, Mahomet est le plus grand et le plus juste.

5o La fin du monde; croire qu'elle aura lieu par la volonté de Dieu qui aime le bien et déteste le mal.

6o La résurrection: c'est-à-dire, qu'au premier son de la trompette toutes les créatures périront; qu'ensuite elles résusciteront et, après le jugement, seront punies ou récompensées suivant leurs œuvres.

Les obligations religieuses auxquelles sont soumis les musulmans sont: d'observer le *salam* ou prière, le *zaqout* ou aumône, le *saoum* ou jeûne, et le *hadj* ou pélerinage de la Mecque.

La tolérance indienne est venue diminuer dans l'Inde le fanatisme musulman. Là n'existe point, en effet, cette animosité qui divise ailleurs les Turcs et les Persans, les Arabes et les Chrétiens. Hindous et Mahométans vivent ordinairement en bonne intelligence et prennent même part, à peu d'exception près, aux mêmes fêtes religieuses. Les pélerinages n'y sont pas empreints de la même sévérité que celui de la Mecque et de Médine; les musulmans vont même aux tombeaux de saints personnages dont quelques-uns ne sont pas même musulmans. Le culte que l'on rend à ces saints consiste à aller processionnellement à leurs tombeaux pour y réciter des prières et y déposer des offrandes (*fatiha*).

Les mahométans ont plusieurs fêtes dont la plus importante, dans l'Inde, est la fête du mois de moharrem, qui se célèbre en l'honneur du martyre d'Houçaïn pendant les dix premiers jours de la lune de Daha, et qu'on appelle, à Pondichéry, fête des Jhamsés. Houçaïn et son frère aîné Haçan, étaient fils d'Ali et de Fatime, fille de Mahomet. L'an 61 de l'hégire (10 octobre 680), Houçaïn quitta Médine, suivi de soixante-douze personnes, tous ses amis chéris, qui lui étaient restés fidèles. Cernés de toutes parts, dans la plaine de Kerbéla, ils restèrent trois jours sans nourriture et furent ensuite égorgés, à l'exception d'Ali, fils d'Houçaïn qui était malade. Cette fête est encore appelée fête du *taazia* ou fête du deuil.

A Pondichéry, cette fête est, de toutes les solennités musulmanes, celle qui se célèbre avec le plus de pompe et d'appareil. Des chars appelés *Gouns* représentant la tombe du martyr, ou pour mieux dire la chapelle qui renferme son tombeau sont portés en triomphe dans les principaux quartiers de la ville. Ces cénotaphes sont plus ou moins richement ornés. La fête se termine par une procession à l'étang de Tirouvalli-Keini ou du Poyet. Là on dépose les chars par terre, et, après une légère aspersion, chacun distribue ses offrandes, puis rentre chez soi en récitant des prières. Il y a encore deux autres fêtes remarquables, l'Id-Al-Fitk, ou fête de la rupture du jeûne, et l'Id-Al-Zouah, ou fête du sacrifice. La première se célèbre après le jeûne rigoureux de 30 jours qui commence le 1er du mois de Ramadan, et la seconde, le 10 du mois de Hadj, en mémoire d'Abraham sacrifiant un bélier à la place de son fils Ismaël.

Le Brahmanisme.

Le Brahmanisme ou la religion enseignée dans le livre de Manou, qui est le Koran des Hindous, tire son origine des Védas, livres sacrés écrits à diverses époques en vieux style sanscrit, et réunis dans la forme où nous les connaissons vers le XIVe siècle avant l'ère chrétienne. Il y a 3,500 ans environ, un petit peuple pasteur et guerrier, parti des plaines situées entre la mer Caspienne et le lac Aral, descendait des froides régions de la Haute-Asie vers les belles contrées arrosées par l'Indus et le Gange. Ce petit peuple, c'était les Aryens, que les historiens grecs nous montrent plus tard établis dans leur nouvelle patrie sous le nom d'Indiens. Ces Indiens, qui se nommaient eux-mêmes *Aryas*, hommes vénérables, ne formaient que l'un des trois rameaux de la grande famille asiatique, dont les plaines de la Chaldée avaient été le berceau. Des deux autres branches, l'une resta sur le sol natal : ce fut le peuple Zend, d'où sortirent les Mèdes et les Perses ; l'autre, s'écoulant par le Caucase et suivant les deux rives de la mer Noire, donna naissance aux nations qui se répandirent dans l'Asie-Mineure et dans l'Europe : ce furent les Grecs, les Romains, les Celtes, les Germains, les Slaves, etc. Voilà, en deux mots, l'histoire de la race japhétique, de ces enfants du second fils de Noé dont la Bible dit : « C'est d'eux « que sont issus les peuples les plus éloignés, qui se sont « répandus dans les pays divers, chacun avec son langage et ses familles.» La philologie a pleinement confirmé la *Genèse*. Elle a démontré l'existence du lien commun qui unit entre eux tous les idiomes anciens et modernes parlés par les peuples des trois branches de la race Aryenne.

La doctrine fondamentale des Védas, c'est l'unité de Dieu. « Il n'y a, en vérité, qu'un seul Dieu, l'esprit su-« prême, le seigneur de l'univers, dont l'univers est l'ou-« vrage. » Brahmâ, Vischnou et Civa sont les principales manifestations de la divinité. La morale prêchée par le législateur est pure; elle tend plus souvent à élever l'âme et à inspirer de généreux sentiments ; mais les objets de l'adoration des fidèles ne sont plus aujourd'hui ce qu'ils étaient dans le principe. Le monothéisme, c'est-à-dire la vraie foi enseignée par les Védas, a été supplantée par un système de politheisme et l'idolatrie grossière. Les livres saints de cette nouvelle religion, ce sont les dix-huit Pouranas, attribués à un nommé Viaza, le compilateur des Védas, mais en réalité écrits par plusieurs auteurs qui ont vécu du VIIIe au XVIe siècle de notre ère.

En dehors des trois grandes divinités que nous avons nommées, la dévotion des Hindous se répand sur une multitude de dieux et de déesses, dont, avec leur exagération ordinaire, quelques-uns de leurs écrivains fixent le nombre à 330,000,000. Cependant il y a 17 divinités principales dont nous allons donner les noms : 1° Brahmâ, le principe créateur ; 2° Vischnou, le principe conservateur ; 3° Civa, le principe destructeur. Chacun a sa déesse représentée mythologiquement comme sa femme, et métaphysiquement comme la puissance qui developpe le principe attribué à chaque membre de la trinité. Ce sont : 1° Sarasvaty ; 2° Latchoumy ; 3° Parvathy, ou Dévy, ou Bhavani ou Dourga.

Viennent ensuite : 1° Indra, dieu de l'air ; 2° Varouna, dieu des eaux ; 3° Pavana, dieu du vent ; 4° Agni, dieu du feu ; 5° Yama, dieu des enfers et juge des morts ; 6° Kouvera, dieu des richesses ; 7° Cartikeia, dieu de la guerre ; 8° Kama, dieu de l'amour ; 9° Souriya, le soleil ; 10° Soma, la lune ; 11° Ganesha ou Pouléar, dieu de la sagesse, de la prudence, qui préside aux portes de tous les édifices et qu'on invoque au début de toutes les entreprises. A ces divinités on pourrait ajouter les planètes et les fleuves sacrés, tels que le Gange adoré sous la forme d'une déesse (Gangha) et l'objet d'un culte enthousiaste.

Brahmâ, Vischnou et Civa forment le Trimourthy ou la célèbre trinité hindoue.

Brahmâ, le seul mentionné par Manou et qui semble avoir eu jadis une sorte de prééminence sur les deux autres, n'a plus, dans l'Inde, un culte très-florissant. S'il est invoqué dans les prières de chaque jour, il ne compte pas d'adorateurs spécialement voués à ses autels.

Il n'en est pas de même de Vischnou et de Civa. C'est à ces dieux ou à leurs incarnations que s'adressent les sentiments religieux des Hindous. Voici la peinture que les Pouranas tracent de Civa : « Il erre entouré d'une légion « de démons et d'esprits, ivre, nu, les cheveux épars, cou- « verts des cendres des bûchers funèbres, paré d'osse- « ments et de crânes humains, quelquefois criant et quel- « quefois riant. » Les images du dieu sont parfaitement en rapport avec cette description lugubre ; mais, quoique toutes ces images s'accordent avec son caractère de dieu de la destruction, le seul emblême sous lequel il est adoré, le *lingam*, exprime, de la façon la plus significative, que la destruction ou la mort n'est, aux yeux des Hindous, qu'un mode de régénération. Bhavany ou Dourga, l'épouse de Civa, est décrite sous des couleurs encore plus effrayantes. Elle est représentée sous la forme d'une belle femme montée sur un tigre, dans une attitude fière et menaçante, et, principalement au Bengale, sous la forme d'une femme à la peau noire, au visage hideux et terrible, dégoûtante de sang, enlacée de serpents qui lui font, avec des crânes humains, un horrible collier. On offre à Civa et à son épouse des sacrifices sanglants, et c'est en leur honneur qu'on voit tant de gens, à de certains jours de fêtes, s'infliger volontairement d'horribles tortures. Dans sa foi naïve, le pauvre Hindou attribue à la divinité qu'il adore un contrôle sur les actions des hommes. Mêlant, peut-être sans en avoir conscience, aux absurdités de ses pratiques religieuses l'idée pure de l'être suprême, il croit que l'idole récompense les bons et punit les méchants dans ce monde et dans l'autre.

Vischnou.

Il est ordinairement représenté sous la forme d'un beau jeune homme couleur d'azur ou de ses dix incarnations principales, *avatars*, que nous allons brièvement faire connaître.

Dans la première, il prit la forme d'un poisson pour sauver les Védas du déluge. Dans la deuxième, il se transforma en sanglier, pour repêcher le monde au fond de l'Océan. Dans la troisième, sous la forme d'une tortue, il porta une montagne fameuse dans les légendes hindoues, le mont Mérou. Dans la quatrième, il prit la forme d'un homme à tête de lion, et mit en pièces un roi qui avait osé élever des doutes sur ses facultés ubiquitaires. La cinquième nous montre le dieu sous la forme d'un nain, demandant à un autre roi autant de terre qu'il en pourrait mesurer en trois pas. Le roi, riant de sa petite taille, lui accorda sa requête; mais, d'un premier bond, Vischnou traversa la terre, du second l'Océan, et ne trouvant plus d'espace pour la troisième, il remit sa promesse au roi, à la condition qu'il descendrait dans le royaume de Yama. La sixième incarnation nous présente le dieu sous la forme de Parassourama, héros brahme, qui fit la guerre à la caste des Kchatrias, et l'extermina. Dans sa septième incarnation, il se montra sous la forme de Rama, roi d'Oude, l'époux de la belle Sîta, qui fut enlevée par le géant Râvana; Rama se mit en campagne pour la délivrer, traversa le Dékhan, pénétra dans l'île de Ceylan dont Râvana était le roi, et reconquit Sîta après une victoire complète sur son ravisseur. Ce personnage, dont les actes présentent quelque caractère historique, est le héros de la grande épopée hindoue, le Ramayana. Dans la huitième incarnation, Vischnou, sous la forme du guerrier Bella-Rama, délivra la terre des géants Rakchassas. Dans sa neuvième, il se produisit, comme Boudha, auteur d'une fausse religion. Dans la dixième, qui est encore à venir, le dieu sera métamorphosé en cheval, fera périr tous les hommes, renouvellera la face de la terre et donnera naissance à un nouvel âge qui remplacera le Kali-Youga qui a commencé le règne du péché.

Cependant une autre incarnation de Vishnou, qui n'est pas comprise dans les dix grandes, bien qu'elle jouisse d'une popularité qui a mis dans l'ombre les neuf autres, est celle de Khrischna ou le berger noir qui naquit et fut élevé sur les rives de la Djemna. Khrischna est le plus populaire des dieux hindous. Ses exploits ont été célébrés dans le grand poëme héroique, le *Mahabhârata*.

Latchoumy est l'épouse de Vischnou; elle n'a pas de temple, mais, comme elle est la déesse de l'abondance et de la fortune, il n'y a pas à craindre de voir tomber son culte dans l'oubli.

De tous les autres dieux, Ganésha et Sourya sont les seuls qui aient des temples, Ganésha, surtout, représenté sous la figure d'un homme très-corpulent, avec une tête et une trompe d'éléphant. Aucun des neuf autres dieux n'a aujourd'hui d'adorateurs particuliers. Les uns ont une fête annuelle pour la célébration de laquelle on leur fait une statue, qu'on adore toute la journée et qu'on jette le lendemain à la rivière. Les autres ne figurent que dans les prières.

Les Hindous ont plusieurs fêtes qu'ils célèbrent avec une certaine solennité: 1° celle du Pongol dans les premiers jours de janvier, en l'honneur de l'entrée du soleil dans le signe du capricorne, d'autres disent, en commémoration du déluge Maha-Prâlaya; 2° celle de Tiroucanjy qui consiste en ablutions dans les eaux de la rivière de Tiroucanjy, qui ont, dit-on, les propriétés purifiantes de celles du Gange; 3° la fête de Villenour, qui se célèbre cinq jours avant la nouvelle lune de mai dans la grande pagode consacrée à Civa, dans le but d'attirer la bénédiction du dieu sur les récoltes et sur les entreprises de ses adorateurs; 4° celle de Pouléar-Tchouti, fête des dieux pénates, divinités protectrices des villes et des villages; 5° l'Ayoudapoudjé, communément appelée *fête des armes*, en l'honneur des trois déesses épouses des trois principaux dieux; 6° Tibavali, *fête des morts*, en mémoire de la victoire de Vischnou sur le monstre Narugasaura; 7° la fête des Kartiguay ou des *Catiaux*, en mémoire du triomphe de Kartiguay, fils de Civa, sur le géant Kayamongasaura, monstre à tête d'éléphant.

Castes.

Le trait le plus caractéristique de la société hindoue, c'est sa division en quatre classes ou castes : les castes sacerdotale, militaire, industrielle et servile. D'après la loi de Manou, le brâhme est le chef de tous les êtres créés; le monde lui appartient; il doit être traité avec plus de respect qu'un roi. La peine capitale ne peut lui être appliquée, même pour les plus grands crimes. On croirait que cette élévation du brâhme au-dessus des autres créatures a dû en faire le tyran de la société; il n'en est rien : sa vie est une vie d'études, de retraites et d'austérités. Du pouvoir temporel, le brâhme ne s'est réservé que l'administration de la justice, laissant toute l'autorité exécutive à la caste militaire, aux kchatrias.

Les devoirs imposés à celle-ci sont de défendre le peuple, de faire l'aumône, de sacrifier, de lire les Védas. C'est dans cette classe qu'on choisissait les rois. Le gouvernement appartenait à un prince absolu. Aucune autorité humaine n'exerçait de contrôle sur sa conduite; néanmoins il devait être soumis aux lois et se montrer charitable envers les brâhmes.

La troisième caste n'est pas d'un rang aussi élevé. Les Vaïcias ont la charge d'élever les troupeaux, de faire le commerce et de cultiver la terre. L'aumône, les sacrifices, la lecture des Védas leur sont en outre recommandés.

Le devoir d'un Soudra, c'est de servir les autres castes et principalement les brâhmes. Le nom de soudra, dit la loi, est l'expression du mépris, et l'amende, pour le meurtre d'un homme de cette classe, n'excède pas celle dont est passible le meurtrier d'un chat ou d'un chien.

Quoique les Hindous aient conservé leurs lois et coutumes plus qu'aucun autre peuple du monde, il ne faut pas croire, cependant, qu'elles n'ont éprouvé aucun changement depuis plus de trente siècles. De grandes modifications ont été apportées à la position et à la division des castes. Celle des brâhmes a seule survécu intacte. Depuis son origine elle a résisté à toutes les vicissitudes, à toutes les convulsions de l'Hindoustan. La caste des kchatryas est éteinte aujourd'hui, au dire des brâhmes; mais les Radjpouts affirment qu'ils tirent leur origine des kchatryas par une descendance non interrompue. Quoi qu'il en soit, les kchatryas ne sont pas à l'état de caste dans les Etablissements français.

Les vaïcyas eux-mêmes auraient disparu, s'il faut en croire la tribu sacerdotale, et les soudras seraient devenus eux-mêmes très-rares; cependant c'est dans ces deux catégories qu'il faut chercher aujourd'hui le gros de la population hindoue. Les castes actuelles, à l'exception de celle des brâhmes, offre une multitude de subdivisions telles que vellajas, agmodéars, yadavals, comouttys, chettys, rettys, cavareys, nattamans, odéans, vannias, vaniens, camallers, macouas et autres, qui correspondent aux désignations d'agriculteurs, cultivateurs, bergers, marchands, commerçants, cultivateurs ne travaillant pas, laboureurs travaillant, fabricants d'huile, forgerons, charpentiers, orfèvres, pêcheurs, etc. Les Hindous tiennent à leur caste comme la noblesse tenait autrefois à ses titres, et c'est de cet attachement inviolable et sans borne à leur caste, que découle le respect qu'ils ont en général pour leurs usages qui en constituent toute la police.

Les castes, à Pondichéry, sont encore divisées en main droite en en main gauche, distinction qui a souvent donné naissance à des discussions et à des troubles d'une certaine gravité. Cette institution paraît moderne. La main droite est composée de tous ceux que la tradition représente comme provenant de l'ancienne tribu des vaïcyas, et de quelques autres classes dérivant probablement de la tribu des soudras. La main gauche se compose des prétendus représentants des classes élevées des vaïcyas et des soudras. Ce qui distingue une main de l'autre, ce sont certains privilèges exclusifs que chacune revendique.

A l'époque de la formation de la société hindoue, la population vaincue et les individus exclus de leur caste formèrent une cinquième catégorie d'individus que l'on réduisit à un état d'ignominie et de dégradation, et que l'on considéra comme le rebut de la société sous le nom de *pariahs*. Frappés d'une espèce de réprobation, repoussés par les quatre castes comme des objets d'opprobre et de souillure, ils continuent encore de porter le fardeau d'une hérédité à laquelle est attaché l'odieux préjugé qui frappa leurs ancêtres. Les pariahs sont asservis aux autres castes et traités partout avec dureté et mépris. C'est la catégorie la plus nombreuse de toutes; elle forme à elle seule plus d'un cinquième de la population. Bannis de la société hindoue, considérés comme un élément impur, les pariahs sont obligés d'avoir des demeures isolées, de former une colonie particulière. Ainsi, dans les aldées, ils habitent un lieu retiré appelé *parcherie*, et, par analogie, leurs filles sont désignées sous le nom de *parchis*. C'est dans cette classe que les Européens recrutent leurs domestiques.

Tel est, en quelques mots, l'état actuel de nos Etablissements français de l'Inde, réduits à n'être plus que de simples comptoirs. Quand on songe qu'il y a un siècle à peine la France a régné dans cette partie du monde sur 35,000,000 d'habitants, et que, pour arriver au point où ils en sont aujourd'hui, les Anglais n'ont eu qu'à adopter la politique de Dupleix, on ne peut, sans un sentiment d'amertume et de regret, contempler la situation de prospérité inouïe où s'est élevée l'Angleterre, et considérer en même temps la décadence de notre puissance qui y fut autrefois la rivale de la sienne et qui, plusieurs fois, même, lui dicta des lois. Lorsque les nations occidentales eurent envahi l'Hindoustan, elles luttèrent entre elles, se disputant les richesses et les ressources de l'extrême Orient. La France vint des dernières, prendre sa part de ces luttes, et marquer, d'un cachet particulier, l'origine de ses progrès, l'apogée de sa puissance et la décadence de sa fortune. Ce sol que nous foulons a été le théâtre de glorieux évènements. Pour ma part, je n'ai pu échapper à l'attraction qu'exercent irrésistiblement, sur tous ceux qui l'interrogent, cette période de notre histoire et cette terre si féconde en grands souvenirs, que nos derniers aïeux ont tant de fois arrosée de leur sang, et dont la Providence, un instant indécise, sembla, il y a cent ans à peine, vouloir confier les destinées à la France. D'un autre côté, n'est-ce-pas une des consolations de l'exilé que l'étude des lieux où s'écoule sa vie? Les héroïsmes et les faiblesses de nos pères, leurs grandes actions et leurs défaillances, voilà ce que j'ai voulu raconter en quelques traits rapides. Je n'ai point eu la prétention de faire de l'histoire, mais seulement de tracer une modeste esquisse. Résumer en quelques pages les documents épars où sont consignés les faits les plus mémorables de notre existence dans l'Inde, relever quelques dates, rectifier quelques erreurs, rendre hommage à de grandes illustrations et à de nobles dévouements, qui ont passé par les gémonies, pour ne recevoir de la postérité qu'une tardive et stérile réparation, tels ont été les motifs qui m'ont engagé à porter mes regards vers ce grand et mélancolique passé. Toutefois ne le regrettons pas. S'il fut glorieux, il fut aussi plein de deuil et de larmes. Ces populations si douces, nous les entraînions dans notre orbite, et leur donnions, en reconnaissance de leurs services et de leur dévouement, les horreurs de la guerre et les angoisses de la misère et de la faim.

Depuis la dernière reprise de possession, Pondichéry et les Etablissements secondaires vivent, pour ainsi dire, de la vie de famille. Le temps des expéditions militaires et des combinaisons politiques est passé; ils ne peuvent aujourd'hui acquérir d'importance que comme entrepôts de commerce. Le mouvement commercial de nos Etablissements, non compris Chandernagor où le négoce maritime est nul, a été, en 1863, de 16,529,841 fr. 39 cent. Protectrice des intérêts de tous, l'administration de M. le gouverneur Bontemps fait tous ses efforts pour y développer la production des richesses industrielles et agricoles. Que des chemins de fer viennent bientôt relier Pondichéry et Karikal au réseau des voies ferrées qui traversent le sud de la Péninsule, et mettre en communication ces deux Etablissements avec les grands centres de commerce et avec les pays éloignés de production, et l'on verra décupler leur prospérité, et l'émigration, organisée sur un vaste système, fournira à l'avenir un contingent suffisant de travailleurs à nos grandes colonies qui manquent de bras.

FIN.

CHRONOLOGIE

Des Gouverneurs, sont succédés à Pondichéry depuis l'établissement des Français dans l'Inde.

1672	Caron, directeur de la Compagnie.
1680	Martin (François).
1699	Martin (François), gouverneur général.
1705 (15 juin).....	Dulivier (P), par intérim.
1707 (1er janvier)..	Dulivier (P), confirmé.
1708 (juillet)......	Le chevalier Hébert.
1713 (7 octobre) ..	Dulivier (P).
1715 (août).......	Le général Hébert.
1718 (19 août).....	De la Prévostière
1721 (11 octobre)..	Le Noir (Pierre-Christophe).
1723 (6 octobre)...	Beauvallier de Courchant.
1726 (4 septembre).	Le Noir (P-C).
1735 (19 septembre)	Dumas.
1741 (14 janvier)...	Dupleix.
1754 (2 août).....	Godeheu.
1755 (10 février)...	Duval de Leyrit.
1758 (28 avril)....	De Lally-Tollendal.
1765	Law de Lauriston gouverneur général.
1765 (mai)........	Nicolas (François), par intérim.
1766 (mai).......	Boyelleau (A), par intérim.
1767 (mars).......	Law de Lauriston.
1777 (janvier).....	De Bellecombe (Guillaume-Léonard).
1778 (28 janv.)....	D'Albignac, par intérim.
1778 (juillet)......	De Bellecombe (G-L).
1785	De Bussy, gouverneur général.
1785 (8 janvier)...	De Coutenceau, par intérim.
1785 (21 mai).....	De Souillac.
1785 (24 sept.)....	De Cossigny (David).
1787 (20 sept.)....	De Conway.
1789 (octobre)....	De Fresne.
1793 (5 février)...	Leroux de Touffreville, par intérim.
1793 (18 février)...	De Chermont.
1803	Le général Decaen.
1803 (13 juillet.)...	Binot, par intérim.
1816 (26 septembre)	Le comte du Puy, pair de France, Gouverneur civil.
1825 (15 octobre) .	Cordier, capitaine de vaisseau, par intérim.

1826 (19 juin).....	Le vicomte Desbassayns de Richemont, commissaire général de la marine, administrateur général.
1828 (12 août)....	Scipion, par intérim.
1828 (14 août)....	Cordier, par intérim.
1829 (10 avril)....	De Mélay, capitaine de vaisseau.
1835 (5 mai)......	Le marquis de Saint-Simon, maréchal de-camp.
1840 (27 avril)....	De Nourquer du Camper, capitaine de vaisseau.
1844 (16 novembre)	Pujol, capitaine de vaisseau.
1849 (5 janvier)....	De Lalande de Calan, capitaine de frégate.
1850 (14 juin).....	Malassis, commissaire de la marine, par intérim.
1851 (6 janvier)....	Bédier, commissaire général de la marine.
1851 (1er décembre).	Malassis, commissaire de la marine, par intérim.
1852 (29 juillet)...	De Verninac Saint-Maur, contre-amiral.
1857 (1er avril)....	Durand d'Ubraye, commissaire général de la marine.
1863 (18 janvier)..	Bontemps, commissaire général de la marine.

NOTES JUSTIFICATIVES.

[1] Le passage du N.-O. a été découvert en 1852 par le capitaine anglais Mac-Clure, commandant de l'*Investigator*. Parti de la mer de Berhing, il traversa, vers la fin d'avril et le commencement de mai, le détroit de Banks sur la mer Gelée, et arriva au quartier d'hiver des navires de découverte la *Résolute* et l'*Intrépid*, pris par les glaces, vers le 75° de lat. nord et le 109° de long. ouest de Greenwich, et qui avaient pénétré par l'Océan atlantique.

[2] La réputation des habitants de Madagascar, après les premiers voyages de découverte, fit croire pendant quelque temps que les Malgaches ou naturels du pays étaient d'une douceur et d'une bonté inaltérables et inconnus aux autres populations visitées par les Français dans l'océan Indien. Cette opinion ne tarda pas à disparaître en présence des actes de férocité auxquels on les vit se livrer, depuis, envers les colons français. Il est certain, cependant, que ce sont les exactions des Européens qui ont poussé à bout les peuples qu'ils ont visités, et c'est, en grande partie, à la barbarie qu'ils ont déployée contre les natifs, que les Portugais et les Hollondais durent la perte de leurs conquêtes les plus importantes.

[3] Louis XIV s'associa de grand cœur au succès de cette vaste entreprise ; il prit des actions, ainsi qu'un grand nombre de membres de la famille royale. Il pensa, comme son ministre, qu'il était plus utile et plus honorable d'aller à travers l'Océan chercher les produits d'un autre monde, que de les recevoir de nations rivales ou ennemies. Il y voyait ensuite une excellente école de navigation pour former des matelots et des officiers pour la marine royale, qui se bornait alors à un seul vaisseau. C'est surtout dans ce but qu'il accorda des honneurs et des titres héréditaires à tous ceux qui se distingueraient dans les voyages maritimes faits sur les bâtiments de la Compagnie, et l'on sait à quel degré de gloire et de puissance la marine atteignit sous son règne. D'un autre côté, toutes les richesses de la France appartenaient alors à la noblesse, et le meilleur moyen de procurer des ressources à la Compagnie, était d'y intéresser d'abord la classe opulente.

[4] Pondichéry n'était, à cette époque, qu'un endroit habité par de rares et pauvres pariahs. La première concession fut faite par Schir-Khan-Lodi, gouverneur de Gingy pour le roi de Visapour, dont la principauté de Gingy relevait, ainsi que

le Karnate, c'est-à-dire une grande partie de la côte de Coromandel, pays qui passa ensuite successivement sous la domination des Mahrattes et du Grand-Mogol.

[5] Les habitations des natifs ont quatre murs construits en terres recouverts d'*olles*, feuilles de palmier ou de cocotier, qui leur servent de toiture. Quelque fois même c'est une espèce de jonc appelé *vejal*. A une certaine distance on dirait de la paille; de là le nom de *paillotte*.

[6] C'est en 1640 que les Anglais s'etablirent, pour la première fois, à Madras. A cette époque, Guillaume Langhorne acquit d'un petit prince indigène l'emplacement sur lequel on éleva plus tard le fort Saint-Georges, dans le voisinage d'une petite rivière et d'une petite localité qui s'appelait Tchina-patnam, et qui, dans l'origine, avait été une colonie de Chinois. Pondichéry se trouve à trente lieues au sud, sur la même côte connue anciennement sous le nom de Sora au Sora-Mandalom, suivant Ptolémée, d'où l'on a fait Choromandel et ensuite Coromandel.

[7] On a beaucoup de peine à se former une idée exacte du caractère de ce prince extraordinaire. Ses crimes sont trop affreux pour qu'on puisse les passer sous silence. Il versa sans pitié le sang de sa famille, n'épargna aucun de ses ennemis, et, cependant, dans le cours de sa longue vie, il déploya de nombreuses et d'importantes vertus. Mais si, pour arriver à l'empire, l'ambition sembla faire disparaître tout autre sentiment dans son âme, les forfaits qu'elle lui fit commettre restèrent, pour sa vie, un sujet de remords cruels. Assis sur le plus grand trône du monde, doué de tous les talents qui pouvaient l'y faire briller, Aureng-Zeb ne mena qu'une vie misérable. Quelques lettres qui nous ont été conservées, et qu'il écrivait à ses fils quand il sentit approcher la mort, donnent une idée effrayante des émotions qu'il dut ressentir, lorsque les grandeurs humaines, qu'il avait achetées à un prix si terrible, allaient le quitter pour jamais. « Le temps que j'ai passé au « pouvoir ne m'a donné que des regrets. Je n'ai rien apporté « dans ce monde, et, sauf les infirmités de l'homme, je n'en « emporte rien. Je crains pour mon salut, et je n'envisage « qu'avec terreur les châtiments qui m'attendent. Bien que « j'aie confiance dans la miséricorde de Dieu, cependant, quand « je considère ce que j'ai fait, la crainte m'assiège et me pour-« suit sans relâche. »

[8] Depuis l'établissement des Français dans l'Inde, l'introduction des instances judiciaires avait lieu conformement aux dispositions de l'ordonnance de Moulins de 1667. Le conseil établi par l'édit du mois de février 1701 était chargé de rendre la justice, tant au civil qu'au criminel, à tous ceux qui « habitent « ou habiteront le fort et la ville de Pondichéry et ses dépen« dances, ainsi que les comptoirs d'Hougly, Chandernagor, « Balassore, Kassimbazar, Kabripatnam, Mazulipatam et autres « qui pourront être établis. »

Les membres du conseil étaient investis du pouvoir de commettre telles personnes pour requérir tant au civil qu'au criminel, de désigner un greffier pour l'expédition de leurs arrêts, qui devaient être intitulés « *au nom du roi* » et scellés d'un sceau qui restait déposé entre les mains pu président. Ce conseil représentait, en outre, la Conpagnie dans l'Inde; il gouvernait et administrait en son nom. Chacun des conseillers avait des fonctions spéciales. Le premier conseiller était juge au tribunal de la Chaudrie, ce qui ne l'empêchait pas de siéger au conseil souverain. Le deuxième était commissaire des troupes. Le troisième était garde-magasin. Le quatrième était chargé des armements. Le cinquième remplissait les fonctions de procureur général, et, en cette qualité, avait mission de défendre les intérêts de la Compagnie et de concentrer en ses mains la tutelle de tous les biens vacants.

La juridiction civile était composée de deux tribunaux. Le tribunal de la chaudrie était composé d'un seul juge et d'un assesseur, dont les décisions étaient déférées au tribunal supérieur qui était le conseil souverain. Le tribunal de la chaudrie rendait la justice aux Hindous d'après leurs lois et coutumes.

[9] Le gouvernement de Martin fut remarquable à toute espèce de point de vue. C'est lui qui créa Pondichéry, c'est-à-dire qui fit d'une bourgade de pariahs une des villes les plus florissantes de l'Inde dans l'espace de moins de 30 ans. Son administration fut paternelle à l'égard des sujets de la France, amicale vis-à-vis des populations et des princes voisins. Il avait acquis une profonde connaissance des hommes et des choses de l'Inde, et c'est à son expérience, servie par une intelligence d'élite que Pondichéry dut la prospérité de ses premières années. Il ne cessait d'entretenir de bonnes relations avec Daoud-Khan, gouverneur du Karnatick pour Aureng-Zeb et lui envoyait souvent des présents en marchandises et en curiosités de France. Ses successeurs suivirent cette politi-

que (Régistre des délibérations du conseil de la Compagnie tenues à Pondichéry, 1er février 1701, 11 mars 1702, 15 janvier 1703). C'est ainsi que lui et ses successeurs surent se concilier les bonnes grâces de Daoud-Khan, d'Abdel-Nolay, gouverneur de Chellambrum, de Chouroup-Sing, rajah de Gingy qui se montrèrent reconnaissants des bons procédés des Français à leur égard et leur concédèrent le droit de se fortifier et la faculté de s'étendre au moyen d'acquisitions territoriales.

10 Les monnaies en usage dans l'Inde sont : les pagodes, les roupies, les fanons, les caches.

La pagode est l'ancienne monnaie de l'Inde. C'est une pièce d'or qui a la forme d'un petit bouton et qui vaut 8 fr. 75 cent. Le dessous, qui est plat, représente une idole du pays ; le dessus qui est rond, est semé de petits grains.

La roupie est une monnaie d'argent d'une valeur de 2 fr. 40 cent., que l'on compte en général dans le commerce à 2 fr. 50 cent., pour simplifier le calcul. Une face portait ces mots : l'an....... du règne glorieux de Mahomet ; et l'autre, cette roupie a été frappée à......... Celles de Pondichéry et de Madras portaient également le nom d'Arkat, parce que le droit de les frapper avait été octroyé par le Nabab de cette ville ; mais on distinguait les roupies de Pondichéry par un croissant et celles de Madras par une étoile. Il y avait aussi des roupies d'or qui valaient 13 roupies d'argent.

Le fanon est une petite pièce d'argent d'une valeur d'environ 30 centimes. Il a la forme d'une pagode en or. On appelle cache une petite monnaie de cuivre dont 24 valent un fanon.

Sans démonétiser les anciennes espèces qui ont encore cours, c'est l'Angleterre aujourd'hui qui bat monnaie dans tout l'Hindoustan. Même sous le gouvernement de la Compagnie, les pagodes, les roupies et les fanons étaient frappées à l'effigie de la reine Victoria.

11 Nous avons peu de connaissance sur l'Inde ancienne, c'est-à-dire sur l'origine, l'organisation primitive et l'histoire des peuples qui l'habitent. Ce que nous en savons n'émane pas d'historiens du pays. Soit que le zèle aveugle les destructeurs des premiers chrétiens qui ont visité l'Inde, soit que le fanatisme des musulmans ait détruit les monuments historiques hindous, soit que les chroniques, les livres sacrés aient disparu, les matériaux pouvant servir à combler les lacunes que l'histoire a constatées entre l'expédition d'Alexandre et les premières invasions des Arabes n'existent pas. D'après eux les Hindous n'ont jamais eu ni géographie, ni annales. Les tradi-

tions qui peuvent servir de matériaux à l'histoire ont éte consignées dans des poëmes où l'imagination joue un très-grand rôle pour que la vérité des faits n'ait pas été altérée. Les Pouranas ont la prétention de faire connaitre l'Inde pendant une période antérieure de 2,000 ans à l'ère chrétienne. Les historiens grecs, Hérodote qui écrivait 441 ans avant J.-C. en tête de tous, nous donne quelques notions confuses de sa partie occidentale. L'expédition d'Alexandre donna une connaissance plus étendue de l'Inde ; puis vinrent Strabond, Diodore de Sicile, Pline, Adrien et Quinte-Curce qui vulgarisèrent les notions recueillies sur ce pays par Megasthène, ambassadeur de Seleucus. Quelque temps après, Ptolémée écrivit sa géographie d'où il résulte que les deux presqu'îles de l'Inde avaient été visitées. De cette époque au commencement des conquêtes des musulmans, on ne trouve que le voyage de Cosmos on VIe siècle et celui de deux Arabes mahométans dans la IXe. Jusqu'à Ferishta, écrivain persan, on ne connaît pas l'histoire de l'Hindoustan, appuyée sur des matériaux ou mémoires recueillis par les Hindous. Ils n'étaient pas dans l'usage d'écrire l'histoire de leur pays et s'ils avaient des annales, ellés ont dû être détruites ou soustraites à tous les regards. A partir du Xe siècle, ce sont les historiens arabes, persans, mogols qui ont fourni les matériaux pour la construction de l'édifice historique de l'Hindoustan.

[12] Quoique l'usage ait fait, dans le principe, donner le nom de Golconde à la capitale du royaume du Nizam, elle se nommait proprement Bag-Nagar. Golconde est une forteresse sur un énorme rocher qui en est éloigné d'environ deux lieues. La ville de Bag-Nagar fut fondée par un prince du pays à la sollicitation d'une de ses femmes qu'il aimait passionnément, et qui se nommait Nagar. Ce lieu n'était auparavant qu'un jardin de plaisance pour le Nizam, qui fit prendre à la ville nouvelle le nom de sa femme : Bag-Nagar veut dire jardin de Nagar.

[13] Jaghire veut dire pension sur le trésor royal, inséparable d'un titre que le souverain donnait. Bien souvent aussi il avait la même signification que fief, et consistait alors dans la donation d'un territoire avec son revenu.

[14] Les historiens ont exagéré le nombre des victimes qui périrent au sac de Delhy. Quelques-uns l'un porté à 1 million, ce qui est invraisemblable. D'autres l'ont porté à 100 mille, ce qui est probablement encore exagéré. D'autres, enfin, prétendent qu'il ne périt pas moins de 40 mille individus. Ce

chiffre nous paraît le plus rationnel. Il y a quelques raisons de croire que Nadir entra dans Delhy avec l'intention d'en protéger les habitants contre les violences de ses soldats. En effet, les Persans observèrent, pendant deux jours, la discipline la plus parfaite. Mais, le second jour, le bruit de la mort de Nadir s'étant répandu, les Hindous attaquèreur quelques hommes isolés. Nadir entra dans une violente fureur, et ordonna de massacrer les habitants de toutes les maisons et de toutes les rues ou l'on trouverait le cadavre d'un Persan. Jusqu'à midi, les rues de Delhy furent inondées de sang. Le conquérant resta 35 jours pendant lesquels il se fit livrer, par tous les moyens, les trésors enfouis dans cette splendide capitale.

[15] C'est ce qui resulte de délibérations qui existent encore aux archives de Pondichéry.

[16] On appelait *paleakarens* ou *paleagars* des espèces de radjahs au petits souverains hindous tributaires des nababs dont les domaines étaient principalement situés dans le Maduré et dans les Etats circonvoisins.

[17] Quelques historiens disent Chanda-Saheb de race mogole, né dans le Dékhan et s'étant illustré dans la carrière des armes. D'autres le font naître de race arabe, dans les environs de Jérusalem et s'étant, de bonne heure, livré au pillage des caravanes dans le désert de Syrie.

[18] J'ai été étonné de trouver, dans les historiens consultés, Anna-Saheb et Baba-Saheb comme fils de Tukodjî, c'est-à-dire, de voir un prince mahratte qui avait implanté dans le Tanjaour, avec sa dynastie, les mœurs, les usages et coutumes mahrattes, donner à ses enfants des noms et des titres honorifiques mogols. Mais, après diverses recherches à cet égard, j'ai cru devoir m'incliner devant l'autorité d'Anquetil-Duperron à qui ce scrupule ne semble même pas être venu.

[19] *Kazena,* signifie caisse royale ou impériale, c'est-à-dire, le trésor du prince ou le trésor de l'Etat.

[20] *Banquè* ou *Bang* est le suc d'une plante de l'Inde presque semblable au chanvre. C'est cette herbe appelée en Egypte *Kkonab* et d'où l'on tire le hatchis. Mêlé avec l'opium et l'arack, le bang énivre et rend furieux.

[21] *Serpeau*, veut dire présent qui consiste en un habit d'usage pour la nation qui l'offre.

[22] Tout le sud du Dékhan à partir du fleuve Krischna jusqu'au cap Comorin et la ligne des Ghattes était divisée en plusieurs principautés ou royaumes dont les gouverneurs prenaient les titres de Nababs, de Radjahs ou de Paleagars. Quelques gouverneurs de forteresse prenaient aussi le titre de Nababs, bien qu'en principe ce titre n'appartînt qu'au Soubahdar du Dékhan ou bien, après lui, aux Phousdars ou sous-gouverneurs pour le Grand-Mogol. En général, cependant, les nababs étaient tous des princes mogols ou afghans, les radjahs de petits rois idolâtres et gentils et les paleagars des seigneurs hindous souverains dans leurs Etats moyennant un tribut.

[23] Délibération du conseil supérieur en date du 17 août 1722 (archives de Pondichéry).

[24] On appelle topas à Pondichéry et à Karikal les mulâtres qui ont le droit de se vêtir à l'européenne et notamment de porter le chapeau ou *topi*.

[25] Omrah est le titre que le Grand-Mogol donnait aux fonctionnaires de l'ordre le plus élevé de l'empire. Il y avait 24 omrah à la cour de Delhy. C'était parmi eux que l'empereur choisissait ses ministres et les généralissimes de ses armées.

[26] *Karol* ou *Krour*, somme valant 100 lacs, le lac vaut 100 mille roupies. La roupie valant 2 fr. 50 cent., le krour vaut donc 25 millions.

[27] Mansoubdar, dignité militaire qui répondait à celle de colonel de cavalerie. Cette dignité était plus ou moins considérable en raison du nombre de cavaliers que le dignitaire avait sous ses ordres. Le jaghire était aussi proportionné au degré de la dignité de mansoubdar. Celui de Valdaour était d'un revenu considérable et comportait une place forte dont on voit encore les débris dans le voisinage de cette aldée qui est enclavée dans le territoire de Pondichéry.

[28] La mémoire du général de Lally a été réhabilitée par les soins de son fils le comte de Lally-Tollendal qui alla venger son père devant les parlements de Paris et de Dijon. Louis XVI ne lui accorda pas une faveur sans ajouter : *en récompense des services de son père;* Louis XVIII lui envoya plus tard cette devise : *intaminatis fulget honoribus.*

FIN DES NOTES JUSTIFICATIVES.

www.ingramcontent.com/pod-product-compliance
Ingram Content Group UK Ltd.
Pitfield, Milton Keynes, MK11 3LW, UK
UKHW021042200726
13857UKWH00003B/762

9 782012 928015